Susanne Tschirner

PROVENCE

Inhalt

LAND & LEUTE

Im Land des Ölbaums

Das Licht der Provence 12
›Steckbrief‹ Provence 14

Landschaften und Naturraum
Zwischen Meer und Bergen 15
Auf der Suche nach Wasser – Pflanzen und Tiere 15
Thema: Wenn der Mistral bläst 18

Wirtschaft und Umwelt
Landwirtschaft 19
Industrie, Handel, Technologie 20
Umwelt 21
Thema: Weißes Gold aus der Provence 22

Geschichte im Überblick 23

Kultur und Leben

Provenzalische Lebensart
Bevölkerung und städtische Zivilisation 30
Mediterranes Savoir-vivre 30
Jagdleidenschaft 30
Thema: Identitätsfindung – Provenzalisch in Politik und Dichtung 31
Brauchtum, Musik und Feste 32
Thema: Santons – Die Provence in Miniatur 33

Architektur und Kunst
Römische Zweckbauten 34
Erben Roms: die Romanik 35
Malerei: das Licht der Provence 37
Thema: Jean-Henri Fabre – Forschen aus Liebe zur Natur 39

Essen und Trinken
Olivenöl und Herbes de Provence 39
Wenig Fleisch, viel Fisch 39
Süßes zum Dessert 40
Nicht ohne mein Brot: Ess-Sitten 40

Tipps für Ihren Urlaub

Die Provence als Reiseziel
Highlights 44
Strände 44
Trubel 44
Ruhe und Natur 45
Urlaub mit Kindern 45
Urlaubsaktivitäten: Radfahren, Reiten, Steilwandklettern, Wandern, Wassersport, Wellness 47
Rundreise 48
Reisezeit und Kleidung 49

UNTERWEGS IN DER PROVENCE

Der Norden: Orange, Carpentras, Avignon

Rund um den Mont Ventoux
Orange 54
Vaison-la-Romaine 57
Thema: Spiel und Spaß im Römischen Theater 58
Thema: Kugelschießen für die Galerie: Pétanque 61
Dentelles de Montmirail: Séguret, Gigondas, Crestet 62
Mont Ventoux 64
Carpentras 65
Comtat Venaissin: Venasque, Le Beaucet, Pernes-les-Fontaines L'Isle-sur-la-Sorgue, Fontaine-de-Vaucluse 69

Inhalt

Avignon und Rhone-Umgebung

Avignon 73
Thema: Päpste und Gegenpäpste 76
Villeneuve-lès-Avignon 84
Chartreuse-du-Val-de-Bénédiction 85
Thema: Masse und auch Klasse – Weinlagen in der Provence 86
Châteauneuf-du-Pape 88
Tarascon 89

Der Südwesten: Das Goldene Dreieck

Die Alpilles

St-Rémy-de-Provence 92
Les Baux-de-Provence 95
Thema: Ölfieber in den Alpilles – Olivenanbau und Ölmühlen 98
Fontvieille und Umgebung 100
Abbaye de Montmajour 101
Mouriès, Maussane, Eygalières 102

Arles

Vom Amphitheater zur Arena 105
St-Trophime 108
Thema: Course camarguaise – Stier ist Trumpf 109
Museen und Van Goghs Café 111
Thema: Im Reich der Sinne – Wochenmarkt in Arles 112
Außerhalb der Stadtmauern 115

Die Camargue 104

Eine junge Landschaft 118
Reis und Wein 118
Thema: Fromme Mythen – Die heiligen Marien und Sara 119
Les Stes-Maries-de-la-Mer 120
Thema: Die Zigeunerwallfahrt zur schwarzen Sara 121
Rundfahrt um den Etang de Vaccarès 124
Thema: Weiße Pferde, schwarze Stiere 126
Aigues Mortes 129
St-Gilles 130

Nîmes und das Département Gard 132
Nîmes 132
Uzès 139
Pont du Gard 141

Marseille und Umgebung

Marseille
Der alte Hafen 145
Das Panier-Viertel 148
La Joliette 149
Canebière und Palais Longchamp 150
Südlich des Vieux Port 150
Thema: Auf dem Weg in die multiethnische Gesellschaft? 152
La Treille und Château Gombert
Die Corniche 154

Etang de Berre und die Küste bei Marseille
Die Calanques 158
Cassis 160
La Ciotat 161
Aubagne 161
Salon-de-Provence 161
Rund um den Etang de Berre 162

Der Osten: Aix, Luberon und Haute-Provence

Aix-en-Provence und Umgebung
Um die Kathedrale 166
Thema: Den Kelten auf der Spur – Entremont 168
Um den Cours Mirabeau 170
Thema: Die Paläste der Parlamentarier 173
Quartier Mazarin 174
Außerhalb der Innenstadt 175
Montagne Ste-Victoire 178

Gordes, Pays de Roussillon und Luberon 180
Abbaye de Sénanque 180

Inhalt

Gordes 181
Thema: Der Parc Régional du Luberon – Sanfter Tourismus 182
Roussillon und Colorado provençal 185
Cavaillon 185
Apt 186
Petit Luberon: Bonnieux und Lacoste, Ménerbes, Oppède-le-Vieux, Mérindol und Gorges du Régalon 188
Grand Luberon: Fort de Buoux, Lourmarin, Cucuron, Ansouis La Tour d'Aigues, Saignon 191

Haute-Provence
Manosque 194
Riez 195
Thema: Atommacht Frankreich – Vabanque oder Rien ne va plus? 196
Moustiers-Ste-Marie 197
Gorges du Verdon 198
Pays de Forcalquier: Forcalquier, Limans, Banon, Plateau d'Albion St-Christol, Simiane-la-Rotonde 201
Südlich von Forcalquier: Opedette und St-Michel-l'Observatoire, Ganagobie und Tal der Durance 203
Thema: Die Farbe der Provence – Lavendel 204
Sisteron 206

REISEINFOS VON A-Z

Übersicht 210
Sprachführer 223
Register 226

PROVENCE-ATLAS 229

Abbildungs- und Quellennachweis 240

PROVENCE

DUMONT REISE-TASCHENBUCH

LAND & LEUTE

»Die Luft war ruhig, und der würzige Duft der Hügel erfüllte wie ein unsichtbarer Dunst die tiefe Schlucht. Thymian, Lavendel und Rosmarin mischten sich mit dem Geruch des goldgelben Harzes, dessen lange, unbewegliche Tränen wie Glas auf dem lichten Schatten der schwarzen Baumrinde glänzten. Ich marschierte lautlos in der Stille dieser Einsamkeit.«

Marcel Pagnol

boutique
d'Arlequin
THEATRE

Im Land des Ölbaums

Oliven der Provence auf dem Markt in L'Isle-sur-la-Sorgue

DAS LICHT DER PROVENCE

Er ›blaut‹, der Himmel über der Provence, wie Gustave Flaubert so schön schrieb, einer der vielen Künstler und Schriftsteller, die diesem Land der Zikaden und Schirmpinien, der Ölbäume und des Pastis verfielen. Besungen haben auch Jean Giono, Marcel Pagnol und Henri Bosco, das Dreigestirn der provenzalischen Literatur, die zerklüfteten Kalksteinmassive, den Kräuterduft der Garrigue und die windgepeitschten Hochebenen ihrer Heimat.

Einen wahren Boom aber haben die launig-liebevollen Reiseberichte des Engländers Peter Mayle über seine Wahlheimat Provence ausgelöst. Die Provence ist heute die französische Region mit der höchsten Zweitwohnsitz-Dichte, ein altes Haus in einem der berühmten Felsnester der Region rarer als ein Lottogewinn. Kein Zweifel, dass Mayle einen Nerv getroffen hat: Die ›Marke‹ Provence mit ihrem Sonnenlabel verkauft sich gut. Die Sehnsucht des gestressten Nordeuropäers nach dem provenzalischen Savoir-vivre, nach den satten Gerüchen und Geräuschen eines Wochenmarkts, den amphibischen Mythen der Camargue ist ungebrochen. Einmal in flirrender Hitze durch einen Olivenhain streifen, sich am Farbenmeer der Ockerbrüche berauschen.

Überhaupt die Farben: Im Frühling streifen Mandel- und Obstbäume dem steinigen Land ein weißes Kommunionskleid über, Ende Mai beginnt die Sonne die prallen Melonenleiber orange zu färben, rote Klatschmohn- und gelbe Sonnenblumenfelder leuchten, unter der sengenden Sommersonne legt sich eine lila-bläuliche Samthaut über die Lavendelflächen. Und erst die Küche! Nach Kräutern duftende Gemüse, frische Meeresfrüchte, fruchtiges Olivenöl, samtige Rot- und süffige Roséweine – der liebe Gott muss gute Laune gehabt haben, als er dieses Land schuf.

Die Provence zieht die Besucher seit jeher durch ihren Reichtum an kulturel-

Frühling in Brantes am Mont Ventoux

len Sehenswürdigkeiten an. Kaum eine Region weist eine solche Fülle antiker römischer Baudenkmäler auf, und noch im kleinsten Dorf entdeckt man eine romanische Kirche.

»Ein kaltes Land, auf das die Sonne heiß brennt«, hat der Autor André Siegfried die ehemalige Provincia der Römer genannt. Recht hat er, wie jeder auf Sonnenanbetung eingestimmte Urlauber erfahren muss, der im Mai bibbernd eine Mistral-Phase durchsteht. Dieses Karge, Harte, das sich in der Haute-Provence, der steinigen Crau-Ebene oder den abweisenden Adlernestern auf schroffem Felsen manifestiert, steht in überraschendem Widerspruch zum Traum von Badefreuden und warmen Sommernächten auf der Hotelterrasse. In der Tat ein Land der Kontraste, die das gleißende Licht der Provence unbarmherzig herausmeißelt: Der Mythos Provence schillert zwischen dem paralysierten Industriekraken um Fos und den Lifestyle-Oasen der Besserverdienenden, zwischen der multiethnischen Großstadthektik Marseilles und den betulichen Folkloreinszenierungen der Landstädtchen. Und vereint alle Gegensätze mühelos.

›STECKBRIEF‹ PROVENCE

Fläche: 31400 km^2

Bevölkerung: ca. 4 506 000 (davon Vaucluse ca. 500 400; Bouches-du-Rhône ca. 1 834 000, Alpes-de-Haute-Provence: 131 000). Die Region PACA (Provence-Alpes-Côte d'Azur ist damit die drittgrößte Region Frankreichs. 92 % leben in Städten über 2000 Einwohnern, womit die Provence die am zweitstärksten urbanisierte Region Frankreichs nach der Ile de France ist. Drei Viertel aller Provenzalen blicken optimistisch in die Zukunft und vertrauen auf die positive Entwicklung ihrer Region.

Regionalhauptstadt: Marseille (800 000 Einwohner). Der Großraum Marseille mit 1,35 Mio. Einwohnern ist nach dem Großraum Paris der zweitgrößte Frankreichs.

Bevölkerungsdichte: ca. 140 Einwohner/km^2 (Vaucluse 135; Bouches-du-Rhône 352; Alpes-de-Haute-Provence 19,5)
Das Bevölkerungswachstum ist mit ca. 0,6 % seit 1990 leicht gesunken. Jede Frau bekommt statistisch 1,72 Kinder. Der provenzalische Mann wird durchschnittlich 75,4, die provenzalische Frau 82,6 Jahre alt.

Beschäftigung: 1 496 000 (ca. 52%) Berufstätige; in der Landwirtschaft: 1,3 % – in der Industrie: ca. 13 % – im Tertiärsektor: ca. 80 %
Das durchschnittliche Nettojahreseinkommen beträgt ca. 17 000 €. Ein höherer Angestellter verdient ca. 32 000, ein unqualifizierter Arbeiter ca. 11 000 €. Eklatante Unterschiede bestehen zwischen durchschnittlichem Einkommen für Männer (ca. 19 000) und Frauen (ca. 14 000 €).

Arbeitslosigkeit: knapp 12 %. Arme: 520 000
Vom Bruttoinlandsprodukt erwirtschaften die Landwirtschaft 2,3 %, die Industrie 15,7 % und der Dienstleistungssektor knapp 80 %. Das totale Bruttoinlandsprodukt beträgt 95 675 Mio. €, auf jeden Einwohner entfallen damit 21 020, auf jeden Berufstätigen 59 128 €.

Landwirtschaft: Ein knappes Drittel der provenzalischen Erdoberfläche gehört der Landwirtschaft. 83 % der landwirtschaftlichen Erzeugnisse gehen auf das Konto der vier Großen Wein, Gemüse, Obst und Blumen. Das Departement Bouches-du-Rhône ist französische Spitze im Export von Obst und Gemüse.

Handelspartner: Italien, Deutschland, Spanien, USA, Maghreb-Staaten
Tourismus: 35 Mio. Besucher jährlich, Schwerpunkt urbaner Tourismus. 80 000 Personen arbeiten in der Tourismusbranche.

LANDSCHAFTEN UND NATURRAUM

Zwischen Meer und Bergen

Mit den Füßen badet die Provence im Meer, doch ihr Kopf – der Mont Ventoux mit 1909 m – kratzt am Himmel. Dazwischen erstrecken sich die Flussniederungen und Küstenebenen der sog. ›Niederen Provence‹ (Basse-Provence), in denen heute das provenzalische Leben pulst: Hier wohnt der Großteil der Menschen, befinden sich nahezu sämtliche Arbeitsplätze und Unternehmen. Durch das Rhône-Tal, seit der Antike ein bedeutender europäischer Handelsweg, verbindet der supermoderne TGV Paris und Marseille. Die Durance, der zweitgrößte Fluss der Region, galt einst wegen der häufigen Hochwasser als eine der drei ›Geißeln‹ der Provence. Heute ist sie längst durch Staustufen gezähmt und genutzt, ganz wie ihr großer Bruder, le Rhône, mit 812 km Frankreichs zweitlängster und wasserreichster Strom.

Im Quartär, das vor etwa 2,5 Mio. Jahren einsetzte, erledigten eiszeitliche Gletscher an den felsigen Meeresklippen und azurblauen Badeparadiesen der Calanques letzte Feinarbeiten. Vor erst 10 000 Jahren nach der letzten Eiszeit schwemmte die Rhône die Camargue an, deren Sümpfe, Salzsteppen und Sanddünen eine von der übrigen Provence deutlich unterschiedene Wasserwelt mit ganz eigenem Charme darstellen (s. S. 118ff.).

Die Hälfte der Region jedoch machen jene zerklüfteten Mittelgebirge zwischen 500 und 1300 m ü.d. M. wie Alpilles, Montagne Ste-Victoire, Luberon oder Plateau de Vaucluse aus, die das gängige Bild der Provence prägen. Sie bestehen allesamt aus Kalkstein und wurden im Tertiär, vor etwa 70–2,5 Mio. Jahren, in west-östlicher Richtung aufgefaltet, was man an den Gesteinsformationen noch gut ablesen kann. Die karge und bevölkerungsarme Haute-Provence mit ihren Hochebenen und Lavendelfeldern beginnt um Forcalquier und Manosque – in ihr Kalksteinmassiv hat der Verdon das Weltwunder seiner Canyons gegraben.

Auf der Suche nach Wasser – Pflanzen und Tiere

Die typisch mediterrane Pflanzenwelt der Provence ist aufgrund der milden, regenreichen Winter eine vorwiegend immergrüne. Sie erneuert ihr Laub in mehrjährigem Turnus, so dass die Pflanzen nie kahl werden. Im heißen Sommer ist Wachstumspause, die größte Blütenfülle herrscht von März bis Mai, und der Herbst beschert der Provence einen zweiten, allerdings nicht ganz so üppigen Frühling.

Der Kampf um das begehrte und seltene Nass brachte besondere Anpassungsformen hervor. Die Trockenpflanzen (Xerophyten) der Garrigue setzen besondere Tricks zur Wasserspeicherung bzw. Verhinderung von Verdunstung ein: Ölbaum und Steinei-

Forstbotanischer Garten

Das **Ecomusée de la Forêt méditerranéenne** bei Gardanne informiert in einem großen Park anschaulich und auch kindergerecht über Tiere, Pflanzen, Ökologie des Mittelmeerwaldes, tgl. Sept–Juni 8.45–17.45 Uhr, Juli/Aug. 9.45–18.45 Uhr, www.fondation-pour-la-foret.enprovence.com.

che besitzen z. B. verdickte, wachs- oder harzbeschichtete Blattaußenwände und filzartige Blattunterseiten, und fast alle Garriguekräuter schützen sich mit ›Dufthüllen‹ aus ätherischen Ölen.

Die Namen der typisch mittelmeerischen, immergrünen Großgebüschformen **Macchia und Garrigue** leiten sich von dem korsischen Wort für Zistrose, *mucchio*, bzw. dem okzitanischen Wort für die Kermeseiche, *garoulia*, her. Die Hartlaubgewächse der Macchia werden etwa 2–4, die der Garrigue nur noch bis zu 2 m hoch, doch sind beide Pflanzengemeinschaften durch ähnliche Arten gekennzeichnet und von daher nicht streng zu scheiden. Beide wuchern auch, da alle Felsheidensträucher von der Wurzel wieder ausschlagen können, nach Waldbränden schnell nach. Typische Sträucher sind neben den namengebenden Zistrosen und Kermeseichen Granatapfel, Baumheide, Erdbeerbaum, Pistazie, Stechginster, Oleaster – die wilde Urform des Ölbaums –, Wacholder, Lorbeer, Tamariske sowie Oleander.

Neben zahlreichen Orchideenarten wachsen und duften hier die berühmten **Herbes de Provence:** Rosmarin, Lavendel, Thymian, Salbei, Basilikum, wilder Fenchel, Minze, Zitronenmelisse, Majoran. Die Kräuter werden seit alters her als Gewürze benutzt, und man macht aus ihnen Liköre – berühmt ist der *Farigoule*, ein Likör aus Thymian. Auch magischen und medizinischen Zwecken dienten die Kräuter: Bei Taufe, Hochzeit und Tod galt z. B. Rosmarin als probater Geisterbanner.

Die klassischen südfranzösischen **Nadelbäume,** Schirmkiefer *(pin parasol)* und Zypresse, stellen mit ihrem auffallenden Wuchs erprobte Anpassungsformen an die wasserarme Mittelmeerwelt dar: Der Schirm der Pinie, der sich erst in höherem Alter ausbildet, vermag den nachts von der Erde aufsteigenden Dunst optimal ›aufzusaugen‹, und die nadelspitze Zypresse lässt die wasserzehrende Sonneneinstrahlung wirkungslos abgleiten. Weitere Wahrzeichen der Provence sind Wacholder, Atlaszedern sowie vor allem die **immergrünen Eichen:** die Steineiche mit dunkelgrünen, ledrigen Blättern mit filzig-weißer Unterseite und die Kermeseiche, die Leitpflanze der Garrigue, mit beidseitig glänzenden, stachlig gezähnten Blättern.

Bei genügender Wasserversorgung trifft man oft auf teils verwilderte Feigen-, Mandel- oder Walnussbäume, auf meterhohe Schilfrohr- und Bambushecken zur Einfriedung der Felder. In den Städten beschatten **Platanen** mit ihren weit ausladenden Kronen und der hellen, sich schälenden Rinde Ringboulevards, Alleen und Plätze – eben-

Im Reich der Singzikaden: Montagne Ste-Victoire

falls ein südfranzösisches Markenzeichen. Dichte **Wälder** sind relativ selten – wenn wir einmal von lockerem Kiefernbestand und Macchia absehen –, die größten finden sich am Mont Ventoux, im Luberon und in der Ste-Baume.

Die Provence ist besonders reich an **Insekten,** Reptilien und Vögeln, Tierarten also, die ebenso wie ihre pflanzlichen Nachbarn verhältnismäßig wenig Wasser brauchen. Schlanke Eidechsen in Grün- und Brauntönen, behäbig wirkende, aber blitzschnell nach Mücken züngelnde Geckos mit Chamäleon-Eigenschaften, Wespen, Bienen, dicke schwarze Hornissen und bunt schillernde, teilweise sehr große Libellen kann man überall beobachten. Die Camargue ist nicht nur ein Paradies für Vögel, sondern auch für Birdwatcher.

Kein provenzalischer Sommerabend ist vollständig ohne die **Singzikaden** und ihr als so typisch mittelmeerisch empfundenes Konzert, mit dem die Männchen ihre – stummen – Weibchen anlocken. Die bräunlich-grünen Tiere mit den filigranen Flügeln passen sich bis zur Unsichtbarkeit ihrer Umgebung an, nachdem sie zwei Jahre als Larven unter der Erde verbracht haben. Zwei Schuppen an ihren hinteren Gliedmaßen und schallverstärkende Membranen setzen sie in der Lage, ihr namengebendes Zirpen lautstark zu absolvieren.

WENN DER MISTRAL BLÄST

›Meister‹, *Mistrau,* heißt der kalte, alles austrocknende Nordwind im Provenzalischen, und ein altes Sprichwort schimpft ihn neben der Durance und dem Parlament von Aix als die dritte Geißel der Provence. Wirbelt einen der Wind durch die Gassen von Avignon, der ›Stadt der Winde‹, so spürt man am eigenen Leib, dass der Mistral auch heute noch eine Geißel ist, obwohl er doch auch den Himmel blau fegt und Regenwolken vertreibt. Dann glaubt man gern, dass Van Gogh seine Staffelei mit eisernen Pflöcken im Boden verankert haben soll, um auch bei Mistral nicht aufs Malen verzichten zu müssen.

Angeblich bläst der Meister drei, sechs oder neun Tage lang und nachgewiesenermaßen 100–150 Tage im Jahr. Bis um 10° sinken die Temperaturen. Tiere wie Menschen werden nervös und gereizt, wenn der mangio fango, der ›Schlammfresser‹, in südöstlicher Richtung durch das Rhône-Tal stürmt, das durch seine Tunnelwirkung die Kraft des Windes verstärkt – auf dem Gipfel des Mont Ventoux wurden Geschwindigkeiten von 260 km/h gemessen. Die kalten Hochdruckgebiete des Massif Central finden so vor allem in Frühling und Sommer ihren Ausgleich mit den Tiefdruckgebieten des Mittelmeers, dessen wärmere Luftmassen hoch steigen und wie eine Ansaugpumpe den Windzauber zusätzlich anfachen.

Die Provenzalen haben der Macht des Windes schon immer kluge Vorkehrungen entgegenzusetzen gewusst. So haben die romanischen Baumeister ihren Kirchen auf der Nordseite keine Fenster gegeben, und die filigranen schmiedeeisernen Glockenkäfige lassen die anstürmenden Windmassen widerstandslos passieren. Die alten Kerne der Dörfer und Städte sind so angelegt, dass sie dem Wind aus dem Norden die kalte Schulter zeigen und keinen Einlass in das Gassengewirr gewähren. Die cabanes, die Hütten der camarguesischen Fischer und Gardians, besitzen eine gerundete Nordseite, die den Mistral windschnittig ableitet, während der Eingang immer nach Süden liegt. Durch dichte Zypressen- und Bambushecken schützen die Bauern der Rhône-Ebene ihre Kulturen, und die Winzer legen ihre Terrassen möglichst windgeschützt an und binden die Rebstöcke im Rhône-Tal windsicher fest.

Nur moderne Städteplaner meinten auf die Mistral-Vorsorge verzichten zu können, so dass manch ein Betonbunker der 1970er Jahre inzwischen unter dem Ansturm des Windes bröckelt.

Midi-Kritiker behaupten, die Architekten des supermodernen TGV-Bahnhofs in Avignon hätten sich auch nicht mit Ruhm bekleckert: Der Wartebereich für die Reisenden nach Marseille – der Pavillon Départ ist eine 350 m lange Halle, ein idealer Windtunnel – sei nahezu ungeschützt den Mistralböen ausgesetzt. Reisende nach Norden haben es dagegen gemütlich warm. Ein Schelm, wer Böses dabei denkt und ein Pariser Bubenstück gegen die Provinz argwöhnt.

WIRTSCHAFT UND UMWELT

Landwirtschaft

»Ici l'aigo es d'or« – hier ist Wasser Gold, weiß ein provenzalisches Sprichwort. Die groß angelegten **Bewässerungsprojekte** des 19./20. Jh. führten einen tief greifenden sozialen Wandel herbei: Die teilweise noch aus dem Mittelalter überkommenen Formen gemeinschaftlicher Wasserwirtschaft und -rechte entfielen, zusammen mit den dazugehörigen sozialen Bindungen, zugunsten des Staatsmonopols.

In den Flusstälern von Rhône und Durance, den Ebenen um Avignon, Cavaillon und Carpentras konzentrieren sich die intensiven Kulturen von **Frühgemüse und -obst**, die mehrere Ernten pro Jahr abwerfen. Es sind Großbetriebe mit Hunderten von Angestellten, wahre Agrarindustrien, die teils mit investitionsintensiven, computergesteuerten Gewächshausflotten in guter EU-Tradition subventionierte Überschüsse produzieren. Zur Ernte stellen sie Trupps von Wanderarbeitern an, unter ihnen viele Spanier, Araber, Zigeuner sowie Schwarzafrikaner. Auch die großflächigen *manades* und Reisflächen der Camargue gehören einigen wenigen Agrarkapitalisten.

Die Mehrzahl der provenzalischen Betriebe ist jedoch nicht größer als 20 ha. Im Zuge eines gestiegenen Lebensmittel- und Umweltbewusstseins erobern sich auch diese **Kleinbetriebe** ihre Marktanteile, wenn sie Naturprodukte wie Honig oder Käse auf den regionalen Märkten, z. B. auch für den touristischen Bedarf, feilbieten. Ohnehin kann die Hälfte aller provenzalischen Bauern nur mit einem Nebenerwerb über die Runden kommen.

Zwischen den Wurzeln der Haselnusssträucher und Steineichen im Tricastin und Luberon werden von Allerheiligen bis Ende März die **Trüffelsucher** bzw. deren Hunde fündig. Auf den in der Trüffelsaison stattfindenden Märkten bringt 1 kg der schwärzlichen, intensiv müffelnden und entfernt kartoffelähnlichen Schlauchpilze, provenzalisch *rabasso*, vierstellige Eurobeträge. Dass es hier nicht um Hobby-Pilzsucher geht, zeigen auch die mafiaähnlich organisierten Diebstähle berühmter Trüffelhunde, *rabassiers,* im Raum Avignon/Nîmes im Jahr 2002.

Die knapp 1 Mio. **Schafe** wandern heute meist auf die Teller der Schlemmer dieser Welt. Schon während ihres Lebens wandern sie – in den Spuren der uralten, für den Mittelmeerraum so typischen halbnomadischen Wirtschaftsform der Transhumanz. Von Oktober bis Juni auf den mageren, aber relativ frostfreien Kieselpisten der Großen Crau und in anderen Tallagen grasend, ziehen sie in der heißen Jahreszeit auf die fetteren Sommerweiden der Alpen.

Früher war die Zusammenstellung des Trupps, die Wahl des Anführers, das Herausputzen des Leithammels und der Zug durch die Dörfer ein sozial wichtiger, identitätsstiftender Ritus, der Schäfer eine vom Bauern gefürchtete und verfemte, wegen seiner naturverbundenen, magischen Heilkräfte aber auch respektierte Persönlichkeit. Heute ziehen meist nur noch Wandertouristen auf den *carrairos,* den jahrhundertelang ausgetrampelten Herdenpfaden, ins Gebirge, während Schafe und Hirten in Lastwagen reisen. Mitte Februar dann findet in St-Martin-de-Crau *die* Schafmesse statt.

Der **Fischfang** war schon immer eine traditionell von den Provenzalen eher vernachlässigte Wirtschaftsform – die meisten Marseiller Fischer sind z. B. italienischer Abstammung. Fischereihäfen sind Les Stes-Maries-de-la-Mer, Carry-le-Rouet, Cassis und vor allem Martigues und Marseille. Ein Großteil der in den Restaurants der Region verzehrten Meeresbewohner stammt indes aus fremden Ozeanen.

Industrie, Handel, Technologie

Um Fos, den Etang de Berre und Marseille erstreckt sich das ›Ruhrgebiet des Mittelmeers‹, einer der größten Industriekomplexe Frankreichs, dessen Hauptsektoren chemische Industrie, vor allem Raffinerien und Stahlindustrie sind. Letztere kränkelt ebenso wie die Werften von La Ciotat oder die Raffinerien von Fos – das Departement Bouches-du-Rhône hat eine der höchsten Arbeitslosenraten Frankreichs.

Um Städte wie Avignon, Arles, Aix, Orange und Nîmes haben sich kleine bis mittlere Unternehmen angesiedelt, z. B. der Nahrungsmittelindustrie. Die Provence ist eine der ökonomisch aktivsten Regionen des Hexagons. So erwartet man denn in den hiesigen Rathäusern und Vorstandsetagen auch vom europäischen Binnenmarkt, dass er der Provence, der uralten Kultur- und Handelsschneise, zentrale und vermittelnde Drehscheibenfunktionen mit Verbindungen in alle Himmelsrichtungen beschert: Italien und Schweiz, Languedoc/Nordspanien, Paris und Nordeuropa sowie Afrika.

Trüffelmarkt

Der bedeutendste französische Trüffelmarkt findet November bis Anfang April jeden Samstagmorgen im hübschen Dorf Richerenches bei Valréas statt. Dort zelebriert der Pfarrer am dritten Sonntag des Januar um 10 Uhr eine Trüffelmesse, während die auf dem Altar versammelten gestifteten Trüffel müffeln. Freitags in der Saison kann man Trüffel in Carpentras, mittwochs in Valreás kaufen.

Die ›Straße der Hochtechnologie‹

Ein zukunftsweisender Wachstumspol ist auch die sog. Straße der Hochtechnologie, die postindustrielle Unternehmen des vierten Sektors zusammenschließt. Sie beginnt bei Avignon-Montfavet mit den Laboratorien des nationalen Agrarforschungsinstituts und setzt sich über das atomare Forschungszentrum Manosque-Cadarache sowie die mikroelektronischen Betriebe von Aix-les-Milles nach Château-Gombert fort, wo das neu gegründete Institut Méditerranéen im

Am frischsten auf den Wochenmärkten der Provence: Melonen aus Cavaillon

Norden Marseilles thermische, energetische und industrieinformatische Studien durchführt.

Umwelt

Alle **Dürreperioden** wieder jagen dramatische Meldungen zur Wasserqualität durch die Zeitungen, wenn nämlich Rhône-Stand und Grundwasserpegel sinken und die Schadstoffkonzentration bedenkliche Ausmaße annimmt. 50 Risikounternehmen im Rhône-Tal sorgen dafür, dass ihr ›Abwasserkanal‹ laut Greenpeace der schmutzigste Mittelmeerzufluss ist, der u.a. Schwermetalle, Pestizide und Düngemittel aus der Landwirtschaft sowie organische Abfälle ins **Mittelmeer** spült. Andererseits haben inzwischen fast alle Küstenstädte Kläranlagen installiert, was die Badewasserqualität erheblich verbessert und die chemische Verschmutzung des Mittelmeers deutlich verringert hat. Feine Öl- und Schmierfilme auf den Stränden zeigen aber, dass Unrat auch mit Mittelmeerströmungen aus Oberitalien, vom Industriegebiet um Fos oder direkt von Hochseetankern stammt. Die Verschmutzung des Etang de Berre hat mittlerweile so katastrophale Ausmaße angenommen, dass die zu seiner Rettung angetretene Gruppe Gipreb auf verlorenem Posten zu stehen scheint.

WEIßES GOLD AUS DER PROVENCE

Das ›weiße Gold‹, das Salz des Meers, ›wächst‹ im Süden aus dem Ozean, um in den Salins du Midi in Aigues-Mortes und in Salin-le-Giraud ›geerntet‹ zu werden, etwa 1,3 Mio. t jährlich: eine Terminologie, die auf die Zwitterstellung der Meersalzgewinnung zwischen Landwirtschaft und Industrie hinweist. Auf riesigen, flachen und von Deichen eingehegten Salzgärten zirkuliert von März bis September mit Hilfe von Pumpanlagen das Mittelmeerwasser, um auf natürliche Weise durch die Sonneneinstrahlung zu verdunsten. Die konzentrierte Lake wird zunächst in Solebecken zwischengelagert, dort weiter konzentriert und von Ende August bis Oktober geerntet. Der rosafarbene Hauch über den Salzfeldern weist auf ein Drama nach darwinschen Regeln: Wenn die *Artemia salina* – mikroskopisch kleine Krabben, die von den *Dunaliella salina,* mikroskopisch kleinen und roséfarbenen Algen, leben – aufgrund zu großer Populationsdichte sterben, triumphieren die sonst Gefressenen und setzen sich auch farblich durch. Das salzige Endprodukt wird zu langen und bis zu 17 m hohen *camelles* aufgeschüttet und von Erntebaggerungetümen und Fließbändern zu Verpackung und Versand weiterbefördert: In der Küche, auf winterlich vereisten Straßen und in der chemischen Industrie findet Meersalz heute Verwendung.

Was im Sommer Mangelware ist, kommt während der **Herbstunwetter** in tödlichen Überdosen. Die Unwetterkatastrophen von 1988 und 1992, die vor allem in Nîmes und Vaison-la-Romaine zahlreiche Opfer forderten, führen Umweltschützer auf die Zubetonierung der Landschaft zurück, die *bétonnage:* Das Regenwasser kann nicht mehr im Boden versickern und schwillt zu meterhohen Flutwellen an. Die suchen sich ihren Weg in den alten Flussbetten, die bebaut worden waren.

Ein uraltes provenzalisches (und mittelmeerisches) Übel sind auch die **Waldbrände**, seien sie ›Baulandschaffung‹ durch Spekulanten, seien sie durch achtlos weggeworfene Zigaretten oder gar durch Selbstentzündung via Glasscherben oder Blitz gestiftet. Mit Brandwachen in den gefährlichen Sommermonaten, Brandschneisen, der Schaffung einer *zone rouge,* einer absoluten Gefahrenzone, Zisternen im Gebirge und Flugzeugen, die Wasser über Waldbränden ausschütten, kämpfen die Menschen gegen das Feuer.

Eine gewaltige Gefahr für das gesamte Mittelmeer stellt die **›Killeralge‹** *Caulerpa taxifolia* dar, die wohl irrtümlich aus einem Meeresforschungsinstitut in die freie Natur gelangte. Das Gift dieser mutierten karibischen Sorte, die sich explosionsartig ausbreitet, erstickt alles Leben und reduziert die Artenvielfalt bedrohlich. Bonny und Clyde im Mittelmeer: Inzwischen dezimiert auch eine neue Art, *Caulerpa racemosa*, die angestammte Meeresflora und -fauna.

GESCHICHTE IM ÜBERBLICK

Vorgeschichte und Griechen

ca. 900 000 v. Chr. Erste Funde von bearbeiteten Handwerkzeugen: Die Grotte du Vallonnet bei Menton ist die älteste bekannte Wohnhöhle Europas.

ca. 600 000 v. Chr. Die weltweit frühesten bekannten Feuerstellen des Homo erectus fanden sich in der Grotte von l'Escale bei St-Estève-Janson.

ca. 5000 v. Chr. Sog. Neolithische Revolution: Sesshaftwerdung, Ackerbau, Viezucht (bei Châteauneuf-lès-Martigues die weltweit ältesten Funde von domestizierten Schafen) und Keramik (früheste Funde in Westeuropa).

ca. 1800 v. Chr. Beginn der Bronzezeit; Megalithgräber (Hypogäen von Arles) und befestigte Oppida (Wohn- und Handelszentren mit politischen, strategischen und religiösen Funktionen).

600 v. Chr. Handel treibende und seefahrende Griechen aus Phokäa, einer athenischen Kolonie in Kleinasien, gründen Marseille. Sie treffen auf die recht rückständig lebenden Ureinwohner, die Ligurer, die Eisen noch nicht kennen. Die Griechen beeinflussen durch ihre Kultur Ligurer und Kelten: Weinstock, Ölbaum, Schrift, Geld, Kunst (z. B. in Glanum).

5. Jh. v. Chr. Die indoeuropäischen Kelten dringen auf ihren europaweiten Wanderzügen auch in die Provence ein und vermischen sich mit den Ligurern zu den sog. Keltoligurern. Die kriegerischen Völker errichten Oppida, die Saluvier z.B. Entremont.

Die Römerzeit

154 und 125 v. Chr. Die Massalioten rufen Rom zu Hilfe gegen angreifende Keltoligurer; Rom lässt sich nicht lange bitten.

122 v. Chr. Sextius Calvinus gründet Aquae Sextiae Salluviorum (Aix), während Domitius Ahenobarbus sukzessive die keltoligurischen Saluvier, Vocontier, Allobroger und Arverner besiegt und den Grundstein zu Roms dauerhafter Präsenz in Gallien legt. Beginn der durchgreifenden Romanisierung der *provincia*.

102 v. Chr. Marius schlägt die germanischen Kimbern und Teutonen vernichtend bei Aix – 100 000 Invasoren wurden getötet.

49 v. Chr. Marseille wird von Caesar belagert, erobert und seiner Privilegien beraubt, da es während des römischen Bürgerkriegs zu seinem Gegner Pompeius gehalten hat.

22 v. Chr. Augustus reorganisiert die Provincia Gallia Narbonensis, die sich bis Vienne im Norden und von den französischen Alpen bis Toulouse erstreckt.

Paradebeispiel der Augusteischen Klassik: Maison Carrée in Nîmes

Anfang 5. Jh. n. Chr. Die ersten christlichen Klöster Europas entstehen: St-Victor in Marseille und das Kloster auf den Lérins-Inseln bei Cannes. Die christliche Durchdringung geht zügig voran in der Umwälzungszeit der Völkerwanderung, als germanische Westgoten, Burgunder, Ostgoten und schließlich die siegreichen Franken (534/36) die Provence besetzen.

Das Mittelalter

7.–9. Jh. Die Provenzalen wissen nicht, was schlimmer ist: die Raubzüge des christlichen Karolingers Karl Martell oder die der muslimischen Sarazenen, die z. B. 842 Arles erobern.

972 Wilhelm, Graf von Arles, vertreibt die lästigen Sarazenen aus La Garde-Freinet im Maurengebirge und begründet das unabhängige sog. erste Grafenhaus der Provence.

1032 Rudolph II. hinterlässt sein Königreich mitsamt der Provence den deutschen Kaisern; da er die Diözese Uzès an Frankreich abtritt, verläuft spätestens ab hier die Grenze zwischen Frankreich und deutschem Kaiserreich an der Rhône; inzwischen ist der Kuchen Provence längst unter etwa 20 große Adelsfamilien wie die Häuser von Baux, Fos oder Marseille aufgeteilt.

1112 Die ersten provenzalischen Grafen hinterlassen schon bald nur noch Frauen: Douce de Gévaudan heiratet Raymond Bérenger I., den Grafen von Barcelona, Emma den Grafen von Toulouse.

1125 Ein Teilungsvertrag, der den Katalanen den Löwenanteil (alle Gebiete zwischen Rhône, Durance, Meer und Alpen = Comté de Provence) und den Tolosanern die Länder nördlich der Durance und östlich der Rhône mit Orange, Vaison-la-Romaine, Carpentras und Cavaillon (sog. Marquisat de Provence) einbringt, verhindert nicht, dass sich die Grafen untereinander, mit den Adelsfamilien, die Adelsfamilien unter sich etc. befehden.

12. Jh. Durch die kirchliche Gottesfriedensbewegung werden diese Fehden jedoch begrenzt, eine Blütezeit für die Provence beginnt: Die Bevölkerung wächst, bislang unkultivierte Ländereien werden urbar gemacht. Sümpfe werden trockengelegt und Felslandschaften bewässert.

1209–45 Raymond Bérenger V. erbt als Frucht einer Eheverbindung Toulouse-Barcelona alles. Er residiert permanent in der Provence und gestaltet sie zu einem straff geführten Herrschaftsbereich.

1245 Bei seinem Tod hinterlässt er vier Töchter, die aufgrund ihrer hohen Heiraten auf den französischen, englischen und deutschen Thron die vier Königinnen genannt werden. Die vierte und jüngste, Béatrix, bekommt den jüngeren Bruder des französischen Königs, Karl von Anjou; die straff geführten Steuerlisten der Première Maison d'Anjou lassen auf etwa 400 000 mehr oder weniger glückliche Untertanen schließen

1274 Die Päpste ergattern als Kriegsbeute aus den Albigenser-›Kreuzzügen‹ das Comtat Venaissin um Venasque, das bis zur Französischen Revolution in ihrem Besitz bleiben wird; von der von finanziellen Sorgen und Gattenmord-Reue geplagten Königin Jeanne kaufen sie 1348 noch Avignon dazu

1348 bis ca. 1440 Während Avignon eine Universität bekommt und sich als Residenzstadt von Exil- und Gegenpäpsten zum ›zweiten Rom‹ mausert, verheeren Pest und arbeitslose Söldnerbanden des Hundertjährigen Krieges, die Grandes Compagnies, das Land.

1382 Nachdem er Königin Jeanne zwischen zwei Kissen hat ersticken lassen, stirbt Charles von Duras ohne Erben und vermacht Louis d'Anjou, wieder einem jüngeren Bruder des französischen Königs, die Provence: voilà, la Deuxième Maison d'Anjou.

1434–80 Der ›gute König René‹ beglückt als Mäzen vor allem die Künstler. Die Provence beginnt, sich langsam wieder zu erholen.

Frühe Neuzeit

1481 Mit dem Tode des letzten Angeviners, Karls III. von Maine, fällt die Provence an Frankreich, das Schritt für Schritt die im Übergabetestament verbrieften Rechte, Privilegien, Freiheiten usw. (sog. provenzalische Konstitution) unterminiert und denen des übrigen Königreichs anpasst; hierfür sorgt ein königlicher Gouverneur.

1545 Während der französischen Religionskriege richtet der Adlige Maynier d'Oppède auf Befehl des Parlaments von Aix ein Massaker unter den ketzerischen Waldensern im Luberon an.

1660 Ludwig XIV. zieht persönlich durch eine Mauerbresche ins rebellische Marseille, erobert es und läutet auch für die bislang relativ selbständige Provence das Zeitalter des zentralistischen Absolutismus ein; die Provence ist stramm katholisch.

1713 Im Vertrag von Utrecht darf Ludwig XV. das bis dato den Oraniern von Holland gehörende Fürstentum Orange behalten.

1720–22 Die letzte Pestwoge der europäischen Geschichte dezimiert die Provenzalen, besonders die Marseiller.

1789 Auf der revolutionären Versammlung des Dritten Standes in Versailles machen zwei Kinder der katholischen Provence von sich reden: Graf Mirabeau aus Aix und Abbé Sieyès aus Fréjus. Weil der im Elsass komponierte Revolutions-Gassenhauer von Kontingenten aus Marseille auf den Schlachtfeldern geschmettert wird, heißt er Marseillaise.

1790 Die Provence als Relikt des Ancien Régime wird in nach geographischen Kriterien geschaffene und zentral von Paris kontrollierte Departements gegliedert.

1793 Royalistische Rebellionen und jakobinische Radikalisierung bringen den Terror der Revolutionstribunale auch nach Marseille und Orange.

Vom 19. Jahrhundert bis heute

1814 Napoleon liebten die Provenzalen nie besonders, weshalb er auf der Rückkehr von Elba in Avignon fast (und sein Marschall Brune tatsächlich) gelyncht wird. Der Provenzale gilt seinen nordfranzösischen Landsmännern hinfort als reaktionärer, royalistischer Hinterwäldler.

1851 Die Provenzalen, Widerständler aus Überzeugung, erheben sich gegen Napoleon III. und für die Beibehaltung der Republik – vergeblich; der Provenzale gilt seinen nordfranzösischen Landsmännern nunmehr als radikaler Roter.

2. Hälfte 19. Jh. Mittlerweile hält die Industrielle Revolution zögerlich ihren Einzug auch in die Provence (1849 erste Eisenbahnlinie Marseille–Avignon); in den Städten, vor allem in Marseille, das von Frankreichs über-

	seeischem Kolonialreich profitiert, treffen sich Einwanderer aus der von der Landflucht entvölkerten Haute-Provence, den Cevennen, Korsika und Italien, an der Küste die ersten Touristen der Upper Class.
1942	Das ›freie‹ Vichy-Frankreich, also auch die Provence, wird von deutschen Truppen besetzt; den Immigranten in Marseille und an der Küste wird es immer schwerer gemacht, Europa zu verlassen; bei Aix-les-Milles werden deutsche Intellektuelle in einem Lager interniert.
1944	Die Alliierten landen und bombardieren dabei Marseille und Avignon, die fliehenden Deutschen zerstören u. a. Sisteron, die Abtei von Montmajour und die Papstburg in Châteauneuf-du-Pape.
1962	Mit Ende des Algerienkrieges und des französischen Kolonialreichs kommen Hunderttausende von Algerienfranzosen (*pieds noirs,* ›Schwarzfüße‹) sowie algerischen Kollaborateuren (*harkis*) hauptsächlich über Marseille in den Midi.
ab 1962	Paris ruft das Industriegebiet um Fos ins Leben und ausländische Arbeitnehmer ins Land.
1982/83	Mitterrands Regionalreform macht die Provence zu einer Gebietskörperschaft mit direkt wählbarem Regionalrat, dem Conseil Régional, und eigenem Haushalt; trotzdem bleibt viel Macht bei der Zentrale.
1985	Eine Frostkatastrophe mit Temperaturen bis zu -25° C fordert zahlreich Opfer unter den Flamingos der Camargue und den Ölbäumen.
späte 80er/ 90er	Der traditionell eher rote Midi fühlt sich geplagt von Arbeitslosigkeit, Strukturkrisen in Industrie und Landwirtschaft und dem hohen arabischen Bevölkerungsanteil und schwenkt, vor allem in den großen Städten, teilweise ins Lager des rechtsextremen Front National ab
1998	Aus den Regionalwahlen geht die Linke als Siegerin hervor. Stärkste Partei wird der rechtsextreme, fremdenfeindliche Front National, der bei den Kommunalwahlen die Rathäuser von Marignane, Orange, Toulon und Vitrolles gewinnt. Frankreichs ›multikolore‹ Mannschaft wird Fußballweltmeister. Zweimal traf Nationalheld Zinedine Zidane (›Zizou‹), in Marseille geborener Sohn algerischer Einwanderer.
1999	Eine durch Kriminelle entfachte Feuersbrunst versengt fast 2500 ha Alpilles-Wald.
2002	Die Departements Bouches-du-Rhône, Vaucluse und Alpes-de-Haute-Provence setzen Jean-Marie Le Pen vom Front National mit ca. 25 % (in Frankreich knapp 20 %) auf Platz eins im ersten Gang der Präsidentschaftswahlen. Bei den Wahlen zur Nationalversammlung gewinnt Chiracs UMP die absolute Mehrheit frankreichweit, der FN aufgrund des rigiden Mehrheitswahlrechts kein Mandat. Nach weitflächigen Bränden im Sommer setzt im Dezember eine verheerende Überschwemmung der Rhône Nîmes, Avignon und die Camargue unter Wasser. Der Ausnahmezustand wird ausgerufen.

Kultur und Leben

Arles: schöne Arlesierinnen
vor der Arena

PROVENZALISCHE LEBENSART

Bevölkerung und städtische Zivilisation

Von den zahllosen Völkern – von den Griechen bis zu den heutigen Einwanderern aus Nordafrika –, die ihre Gene und Lebensgewohnheiten in die provenzalische Multi-Kulti-Gesellschaft eingebracht haben, hinterließen die Römer die nachhaltigste Prägung. Sie gaben ihrer Musterprovinz jenes dichte Netz von Groß- und Landstädten, den *bourgs agricoles,* das auch heute den Lebensraum von 90 % aller Provenzalen bildet. Das (touristische) Urbild der Provence spiegeln eben jene auf felsigen Höhen errichteten Landstädte wider, Steinbauten auf Steingrund, eine rund ums Mittelmeer anzutreffende ›Zivilisation des Steins‹.

Für einen Café reicht die Zeit immer

Mediterranes Savoir-vivre

Alphonse Daudet, geboren in Nîmes, doch in den Norden ausgewandert, schuf in »Tartarin von Tarascon« und »Briefe aus meiner Mühle« den Typus des Provenzalen als geselligen, großspurigen, bauernschlauen, im Grunde jedoch sympathischen Vielredner und Gernegroß. Klischee hin, Klischee her: Tatsächlich stehen im provenzalischen Alltagsleben Werte wie Muße und Geselligkeit in hohem Ansehen. Der *apéro* vor dem Abendessen, das Boule-Spiel, die Männerreservate der Nachbarschafts-*bistrots* – das mediterrane Savoir-vivre scheint gesund zu sein: Laut Statistik werden die Menschen hier älter als im Norden. Da erstaunt es nicht, dass die älteste Frau der Welt in Arles lebte. Jeanne Calment (1875–1997) war Vincent van Gogh – »er war hässlich und stank« – noch persönlich begegnet.

Jagdleidenschaft

Unübertroffen ist die Jagdleidenschaft der Provenzalen, der sie von Mitte September bis Mitte März und manchmal auch außerhalb der Schonzeiten mit Hund, Bleischrot und waidmännischem

IDENTITÄTSFINDUNG: PROVENZALISCH IN POLITIK UND DICHTUNG

»Man muss sich der Welt öffnen, aber seine Identität bewahren«, sagte André Ariès, der 1975 die Bewegung ›Parlaren‹ zur Neubelebung des Provenzalischen gründete. Aber Frankreich hat bis heute nicht die europäische Charta der Regional- und Minderheitensprachen unterzeichnet, was die Verteidiger der Regionalsprachen fordern. Der Zentralismus, mit dem Paris im Laufe der Jahrhunderte alle Provinzen unter die Knute der Hauptstadt zwang, richtete sich nicht zuletzt gegen die Sprache des Midi, die *langue d'oc,* als Ausdruck seiner kulturellen Identität. Bis zum Ersten Weltkrieg nahmen die *Prouvènço* nach etwa 400 Jahren des Widerstandes das Französische als Umgangssprache an, nachdem ihre eigene Sprache als *patois*, Dialekt, verunglimpft worden war.

Das Provenzalische, eine Abart des Okzitanischen, sprechen die wenigen, die es heute noch verstehen, in der Familie, im Dorf oder in der Schule, wo man es inzwischen wieder als Fremdsprache lernen kann. In den drei Calendretas-Schulen der Provence – in Orange, Marseille und Gap – wird sogar ausschließlich in Provenzalisch unterrichtet. France 3-Méditerrannée strahlt Radiosendungen in Provenzalisch aus, und Marseiller Pop-Gruppen wie Massilia Sound System und Dupain ziehen in provenzalischen Texten gegen den Pariser Sprachimperialismus zu Felde. Viele Städte fügen ihren Ortsschildern eine provenzalische Variante hinzu: So wird aus Aix-en-Provence Ais de Prouvènço.

Die ›Sprache der Troubadoure‹ wollte schon die Bewegung des Félibrige – abgeleitet vom provenzalischen Wort für ›Dichter‹ – in der zweiten Hälfte des 19. Jh. wieder beleben. Mit dem monumentalen »Lou Tresor dóu Félibrige« veröffentlichte die zentrale Figur dieser frühen regionalistischen Bewegung, Frédéric Mistral (1830–1914), das heute noch maßgebende Wörterbuch samt Grammatik. Mistral schrieb auch die provenzalische ›Nationalhymne‹, den »Coupo Santo«, sowie 1859 das ›Nationalepos‹ »Mirèio«, das ihm 1904 den Literatur-Nobelpreis einbrachte.

Der 1920 in Marseille geborene Lyriker Max-Philippe Delavouët ist wohl der bekannteste zeitgenössische Autor des Provenzalischen. Und Jan-Maria Carlotti, eines der Gründungsmitglieder der Gruppe Mont Joïa, oder der okzitanische Balladensänger Claude Marti führen als provenzalische Liedermacher die Tradition der okzitanischsprachigen Troubadoure fort. Doch trotz aller Bemühungen und trotz Netzpräsenz – der Radiosender Radio Mistral Provence sendet auch unter www.a4a.fr/radio/mistral: Es bedürfte wohl eines zweiten Mistral, um das Provenzalische wieder zum Leben zu erwecken.

Kontakt: Parlaren Païs d'Avignon, 42 bld Sixte-Isnard, Avignon, Tel. 04 90 86 27 76; www.felibrige.com: Website des Félibrige.

Outfit frönen. Zusammen mit den Korsen schießen die Provenzalen im ohnehin jagdbegeisterten Frankreich den Vogel ab, was man auch wörtlich nehmen darf. Die freie Jagd für freie Bürger, eine Errungenschaft der Französischen Revolution, verteidigen heute erfolgreich, wenn auch hier und da von Ökologen und Tierschützern angegriffen, die mächtigen Jagdverbände.

Brauchtum, Musik und Feste

Im hochsommerlichen Dorffest, der *fête votive*, feiert die kommunale Dorfgemeinschaft sich selbst und stärkt ihren Zusammenhalt. Ein großes Festessen, das *Aïoli monstre*, vereint Einwohner und Fremde unter den Platanen des Dorfplatzes. Der Sommer ist *die* provenzalische Festzeit: Folkloregruppen in der farbenfrohen ländlichen Tracht des 18./19. Jh. tanzen zum Ausklang der Dorffeste eine *farandole*, einen Gruppentanz, in dem sich die Tänzer an den Händen oder Taschentüchern halten. Unverzichtbare Bestandteile des vor allem auf dem Land gepflegten altprovenzalischen Brauchtums sind ferner die *tambourinaires*, die mit rechts die umgehängte hohe Trommel schlagen und mit links die *galoubet* spielen, eine kleine Flöte mit drei Löchern.

Neben diesen Patronatsfesten – dem Namenstag des Patrons der jeweiligen Dorfkirche – feiert die gesamte Provence zwischen Juni und September die *Fête de la St-Éloi*. Der Tag des hl. Eligius, des Schutzpatrons der Hufschmiede und Zugpferde, wird in der Region um Marseille mit Pferdeweihen in der Kirche begangen; im Arleser Land galoppieren Zehnergespanne farbenprächtig aufgezäumter Kaltblüter durch die Orte, im Schlepptau den *carreto ramado*, einen hoch mit landwirtschaflichen Erzeugnissen beladenen oder mit Laub geschmückten Karren. Im Mai/Juni findet vielerorts eine *Fête de la transhumance* statt, wenn die Schäfer ihre Herden auf die Sommerweiden treiben.

Dass die Provenzalen gerne feiern, merkt man auch am prall gefüllten und mit internationalen Topevents gespickten Festivalkalender. Die heilige Fest-Dreifaltigkeit steigt im Juli: die Opernfestivals von Aix und Orange sowie das Theaterfestival von Avignon. Weitere Fixsterne der Festszene sind die Mai-Zigeunerwallfahrt in Les Stes-Maries-de-la-Mer sowie die große Pfingst-Feria in Nîmes.

Weihnachten feiert die Provence vom 25. Dezember bis Lichtmess am 2. Februar mit Santon-Krippen in den Kirchen, zahllosen Weihnachtsmärkten und Krippenmessen wie in Marseille und Arles oder mit Schäferspielen: Bei einer solchen *pastorale* oder *pastrage* verwandelt sich beispielsweise ganz Séguret in eine Krippe, das Bethlehem der Provence: Die Opfergabe der Schäfer an das Jesuskind wird nachgespielt und mancherorts noch der uralte *cacho fio* erteilt, die Segnung durch das älteste oder jüngste Mitglied der Gemeinschaft. Während der Mitternachtsmetten, von denen die berühmteste die der Schäfer in Les Baux ist, werden die mittelalterlich anmutenden Weihnachtslieder in Provenzalisch gesungen.

SANTONS – DIE PROVENCE IN MINIATUR

Bethlehem liegt in der Provence. Den Eindruck erwecken zumindest die aus der Souvenirindustrie nicht wegzudenkenden Krippenfiguren, provenzalisch *santoun*. Original sind die kleinen, bunt bemalten Tonfigürchen, die etwas größeren, angezogenen Püppchen, *santons habillés,* gehen auf eine Erfindung des Abbé César Sumien von 1916 zurück. In den Santon-Szenarien ziehen die typischen Vertreter der Landbevölkerung durch eine provenzalische Miniaturlandschaft mit Kalksteinhügeln, Zypressen und Mühlen, um dem neugeborenen Christuskind ihre Geschenke oder ihre Verehrung darzubringen: der Hirte, der ein Schaf auf den Schultern trägt, das Bauernpaar Marguerite und Jourdan, der Jäger mit geschulterter Büchse, die Fisch- und die Gemüseverkäuferin, der Bürgermeister schließlich, um nur einige bekannte Personen aus der vielgestaltigen Santon-Welt zu nennen. Sie alle tragen, da sie die Berufstypen der ländlichen Provence aus der ersten Hälfte des 19. Jh. verkörpern, die jeweils charakteristische Arbeitskleidung.

Erfunden hat die Santons, die ›kleinen Heiligen‹, der Marseiller Jean-Louis Lagnel (1764–1822). Er formte die ersten Modellfiguren, nahm von ihnen einen Abguss, presste Ton in die so gewonnene zweiteilige Hohlform, brannte diesen und bemalte schließlich die fertige Figur – die Reproduzierbarkeit hielt die Kosten niedrig und machte die provenzalischen Krippen zu einem Verkaufshit.

In zahlreichen Ateliers, von denen es mehrere in Crestet und Aubagne gibt, oder bei Jacqueline Peyron in Les Baux kann man den Künstlern bei der Arbeit zusehen. Meist erklären sie dem potenziellen Käufer bereitwillig die einzelnen Arbeitsschritte der Santon-Fertigung. Das Museon Arlaten in Arles und das Musée du Vieux Marseille in Marseille zeigen die schönsten historischen Krippen und Santons, letzteres auch eine Krippe von Lagnel. In Les Baux, Aubagne und Fontaine-de-Vaucluse gibt es ebenfalls Santon-Museen.

ARCHITEKTUR UND KUNST

Römische Zweckbauten

Wie allenorten, wo die Römer Länder erobert und ihrem Imperium einverleibt hatten, gingen sie auch in der Provence alsbald daran, den Unterworfenen die Segnungen der römischen Zivilisation zu bringen. Das hieß zunächst, im unterentwickelten Feindesland eine Infrastruktur zu schaffen, die vor allem anderen militärischen Erfordernissen gehorchte: Um schnelle Truppenverschiebungen zu gewährleisten, erschlossen die römischen Ingenieure das Land mit einem bewundernswerten **Straßennetz**. Via Aurelia und Via Domitia brachten Soldaten und später Handwerker, Händler und Bauern heran.

Romanisierung aber vollzog sich vorrangig im Medium der Urbanisierung. Und diese Städte, die römische Lebens- und Denkweise bei den ›Eingeborenen‹ verbreiteten, brauchten vor allem Wasser. Kilometerlange Leitungen, die teilweise nur einige Zentimeter Gefälle pro Kilometer aufweisen und technische Meisterleistungen in Hinblick auf mathematische Berechnung, Baupläne und Konstruktion darstellen, versorgten die Metropolen und Landstädte, die Veteranensiedlungen und Latifundien mit frischem Quellwasser – zum Trinken, aber auch zum Baden. Die Thermen von Arles zeugen noch heute davon. Schluchten und Wasserläufe wurden mit Hilfe von **Aquädukten** wie dem Pont du Gard überwunden, und in Barbegal nutzte man das Gefälle der Alpilles aus, um eine Mühlenanlage zu betreiben. Hier wird ein Merkmal römischer Kunst sichtbar: Die Bauten werden nicht in die Natur eingepasst, sondern die Natur wird den Zwecken der römischen Herrschaft dienstbar gemacht.

Eine römische Erfindung stellen die **Amphitheater** dar, deren elliptische, nach außen von massigen Arkadenreihen gestützte Baukörper sich nahezu unversehrt noch in Nîmes und Arles erheben: Die Konzentration der Zuschauer wurde ganz auf das blutige Geschehen im Zentrum gelenkt, auf Tierhatzen, Gladiatorenkämpfe und Hinrichtungen.

Ordnung herrschte bei den Römern nicht nur bei der Fugung des Mauerwerks (man vergleiche diese akkuraten Quader nur mit dem unregelmäßigen Bruchsteinmauerwerk keltoligurischer Oppida), sondern auch beim wie abgezirkelt wirkenden **Baudekor,** der aus sich wiederholenden, meist symmetrisch auftretenden Schmuckmustern besteht. Kalt und elegant wirken diese Kassetten, Girlanden, kannelierten Säulen und Pilaster, korinthischen Kapitelle oder Reliefs, beispielsweise an der Maison Carrée in Nîmes oder an den Antiques von St-Rémy.

Die Romanisierung erfasste auch die keltischen **Götter**. Heiligtümer der Keltoligurer ließ man bestehen und verpasste ihnen ein römisches Gewand wie in Glanum bei St-Rémy, wo Agrippa neben dem keltischen Quellheilig-

Trotzt allen Unwettern: Römische Brücke in Vaison-la-Romaine

tum ein der römischen Gesundheitsgöttin Valetudo geweihtes Tempelchen bauen ließ: *interpretatio romana*. Im Laufe der Jahrhunderte wurden die Gallier so römischer als die Römer. Als Rom schon längst untergegangen war, hielten sie im ehemaligen Musterländle noch die Fackel der *romanitas* hoch.

Erben Roms: die Romanik

Erst im 12. Jh. erlebte die Provence eine zweite wirtschaftliche und politische Blüte, die sich in der vergleichsweise spät einsetzenden provenzalischen Romanik einen unvergleichlichen architektonischen Ausdruck schuf. Hierzu rechnet man im Wesentlichen alle zwischen 1125 und 1225 entstandenen Bauten. Der allgemeine Wohlstand sorgte dafür, dass sich auch bescheidene Dorfgemeinden als greifbares Symbol ihrer Gemeinschaft Pfarrkirchen errichten konnten: Noch im kleinsten Nest stößt man oft auf sehenswerte Bauten.

Klar erkennbar ist vor allem der antike Einfluss. Fassadengestaltungen ahmen wie in St-Gilles den Aufbau römischer Triumphbogen oder wie in St-Gabriel römische Tempelfronten nach. Römisch inspiriert sind auch die perfekt mit wenig Mörtel gefugten regelmäßigen Quadersteine des Mauerwerks, die Rundungen, Kuppeln oder sogar komplizierte Treppenwindungen wie in der Vis de St-Gilles samtglatt nachvollziehen und oft noch die Steinmetzzeichen tragen. ›Unordentlich‹ wirkendes kleinteiliges Bruchsteinmauer-

Bestien und Heilige an der romanischen Fassade von St-Trophime in Arles

werk weist fast immer auf eine vor der romanischen Blütezeit liegende Entstehung im 10. oder 11. Jh. hin. Sowohl der Baudekor aus kannelierten Säulen und Pilastern, korinthischen oder Blattkapitellen, Zierfriesen oder -stäben als auch die eingemauerten römischen Spolien wie Grabsteine oder Säulen verweisen auf die Antike.

Auf figürlichen Schmuck wie an den großartigen Bildfassaden in Arles und St-Gilles trifft man in der provenzalischen Romanik dagegen kaum – Ausnahme sind hier die in der Regel auch mit Figurenkapitellen versehenen Kreuzgänge.

Die elegant-schlichten, von außen blockhaft geschlossenen Bauten faszinieren durch ihre harmonischen Proportionen sowie die strenge, geometrisch wirkende Verteilung und Gliederung der Baumassen. Ihr Grundriss ist einfach: in den kleinen Dorfkirchen oft ein einschiffiger Raum, in den Gotteshäusern der Städte der dreischiffige, mitunter auch querschifflose basilikale Plan, an dem besonders die hohen, engen Seitenschiffe auffallen.

Malerei: das Licht der Provence

Das berühmte Licht der Provence, die harte, blaue Klarheit des Himmels und die Leuchtkraft der Farben haben seit jeher Maler angezogen: Renoir, Monet, Signac, Bonnard, Picasso, Chagall, Matisse und Vasarély, sie alle huldigten der Provence. Unlösbar mit dem Mythos Provence verknüpft sind aber die zwei Künstlergiganten Paul Cézanne

(1839–1906) und Vincent van Gogh (1853–90).

Der niederländische Pfarrerssohn **Van Gogh** reiste im Februar 1888 nach Arles. »Gesteigerte und abwechslungsreiche Farben« erwartete er sich vom Süden, und tatsächlich schuf er hier in nur zwei Jahren mehrere Hundert Ölgemälde in leuchtenden, markanten Farben: die berühmten Sonnenblumen und Schwertlilien, sein Zimmer im ›gelben Haus‹, die Nachtansichten von Arles, Fischerboote in Stes-Maries-de-la-Mer, die Brücke von Langlois und die Ebene der Crau, um nur einige zu nennen. Er löste sich vom Stil der Impressionisten, denen er in Paris noch gehuldigt hatte, orientierte sich nun an den klaren Farbkontrasten japanischer Holzschnitte.

Sein Traum von einer Künstlergemeinschaft mit Paul Gauguin, den er in Paris kennen gelernt hatte und mit dem er vom Oktober bis Dezember 1888 in Arles zusammenlebte, scheiterte an Zerwürfnissen zwischen den beiden und an Van Goghs sich verschlechterndem Gesundheitszustand: Am 23. Dezember schnitt er sich in einem Anfall von Wahnsinn einen Teil des Ohrs ab. Nachdem er mehrere Wochen im Hospital von Arles verbracht hatte, entschied er sich aufgrund der ihn immer häufiger und heftiger überfallenden depressiven Schübe im Mai 1889 dazu, in der psychiatrischen Klinik von St-Paul-de-Mausole in St-Rémy Heilung zu suchen.

Hier entstanden die blauschwarzen Sternennächte, die Korn- und Lavendelfelder mit den züngelnden, schwarzen Zypressen, die Ansichten des Klosters und seiner Zelle – Bilder, deren wirbelnde, gekräuselte Schraffuren, deren unruhige Pinselführung und immer düsterere Farbpalette Van Goghs innere Aufgewühltheit erkennen lassen. Im Juli 1890 starb er in Auvers-sur-Oise bei Paris an einer Schussverletzung, die er sich selbst zugefügt hatte.

Auch dem in Aix als Sohn eines Kaufmanns und Bankiers geborenen **Paul Cézanne** war in den Pariser Salons kein Erfolg beschieden. Verbittert durch die Ablehnung, die er dort erfuhr, zog er sich in den 1880er Jahren in seine Geburtsstadt zurück, wo er bald als einzelgängerischer, knurriger Sonderling verschrien war. Wie besessen feilte er an Details, malte bestimmte Ansichten immer und immer wieder wie sein Lieblingsmodell, die Montagne Ste-Victoire. Wie Van Gogh ging es ihm darum, die hinter den Objekten versteckte, ihnen zugrunde liegende Realität zutage zu fördern, mit malerischen Mitteln auf die Leinwand zu bannen. Die Wirkung beider Künstler auf die Entwicklung der modernen Malerei ist kaum zu überschätzen.

Auf den Spuren der Maler

Wer den Spuren der Künstler in der Provence nachgehen möchte, findet in der vom Comité Régional de Tourisme ausgearbeiteten Broschüre **»Route des Peintres de la Lumière de Provence«** einen nützlichen Führer.

JEAN-HENRI FABRE: FORSCHEN AUS LIEBE ZUR NATUR

Einer der lohnendsten Ausflüge von Orange führt nach Sérignan-du-Comtat zum lauschigen *harmas* (von prov. *hermes* = unbebautes Land), dem Landhaus von Jean-Henri Casimir Fabre. 1823 wurde der bedeutendste Insektenforscher Frankreichs in ärmlichen Verhältnissen geboren. Fabre musste sich und seiner vielköpfigen Familie den Lebensunterhalt zunächst als Lehrer verdienen – eine Aufgabe, von der er entbunden wurde, als seine naturalistischen Biologiestunden über die Befruchtung der Blüten die puritanischen Gemüter Avignons erregten. Die Themen der von ihm verfassten Schul- und Sachbücher reichen von Mathematik über Geologie und Chemie bis zur Hauswirtschaft und weisen Fabre als einen der letzten Universalgeister aus, eine der letzten Forscherpersönlichkeiten, die sich nicht auf ein winziges Spezialgebiet konzentrierten, sondern die Natur in ihrer umfassenden, komplexen Form zu ergründen versuchten.

Der fast unverändert erhaltene Harmas gehört heute zu den staatlichen Forschungsstätten und kann besichtigt werden (wegen Restaurationsarbeiten bis voraussichtlich 2004 geschl.). Das zum Museum umfunktionierte Wohnhaus bewahrt zahlreiche Erinnerungsstücke an den ›Homer der Insekten‹ auf: Fotografien, die den Forscher mit seinem Markenzeichen, dem schwarzen Schlapphut, zeigen, Vitrinen mit Schnecken-, Knochen-, Insekten- und archäologischen Sammlungen, das in ledergebundenen, von Motten angefressenen Wälzern untergebrachte Herbarium, Vogeleier und des Meisters Botanisiertrommel . . .

Der Saal im Erdgeschoss zeigt etwa 300 der insgesamt 700 von Fabre gemalten Aquarelle der verschiedensten Pilze. Ausgaben und Übersetzungen von Fabres Büchern, darunter die seines Hauptwerkes, der zehnbändigen »Souvenirs Entomologiques«, seine provenzalischen Gedichte und Wiegenlieder sowie seine Münzsammlung dokumentieren weit reichende Interessen.

Aus der lichtgeschützten und angestaubten Atmosphäre des Hauses gelangt man in den zauberhaften Garten mit seinem Teich, den alten Steineichen und Himalaya-Zedern, den wuchernden Büschen und Blumen. Hier ist der neugieriglebensbejahende Forschergeist noch deutlicher zu spüren als im Haus. Auf den (nachgebildeten) Tontopf, der auf drei Beinen in katzensicherer Höhe steht, platzierte Fabre einen Mäusekadaver, um das Verhalten der Schlupfwespe, eins seiner bevorzugten Forschungsobjekte, beobachten zu können. Seine Arbeitsweise, seine Ethik, seine Kritik an zeitgenössischen Kollegen sind heute noch – oder wieder – gültig: »Ihr weidet das Tier aus, aber ich studiere es lebend. Ihr macht aus ihm ein Ding des Schreckens und des Mitleids, ich mache, dass man es lieb gewinnt, dass es nicht leiden muss. Ihr arbeitet in der Werkstatt der Folter und Zerstückelung, ich arbeite unter blauem Himmel, beim Gesang der Zikaden.«

ESSEN UND TRINKEN

Olivenöl und Herbes de Provence

Die provenzalische Regionalküche gilt als deftig, aromatisch und bodenständig. Aus Fleischmangel hat die Provence seit jeher eine breite Palette von Gemüsegerichten kreiert: gebraten, überbacken, gefüllt, als Püree, Salat oder in einem Teigmantel in Öl ausgebacken, wird Gemüse auf den Tisch gebracht. Bei der Zubereitung auch von Fleisch und Fisch wird das vortreffliche heimische Olivenöl großzügig verwandt und mit getrockneten oder frischen Kräutern aus der Garrigue, mit Rosmarin, Thymian, Oregano, Salbei, Fenchel, Basilikum, Bohnenkraut, Lavendel, mit Knoblauch, Zwiebeln und Safran gewürzt. Eine Küche also, die klug die Ressourcen der Region zu nutzen, das Gebotene zu verfeinern weiß: Die richtige Menge von Kräutern, das passende Kraut zum jeweiligen Gericht bilden eine wahre Kunst der Aromatisierung.

Zwei Gemüsesuppen belegen die Vorliebe der Provenzalen für die fleischlose Küche: die altväterliche, etwas wässrige *aigo boulido,* eine Knoblauchsuppe mit Salbei, Lorbeer, Olivenöl und Croûtons, und die ungleich gehaltvollere (und schmackhaftere), eigentlich aus Genua stammende *soupe au pistou*: in die Suppe aus Bohnen, weiteren Gemüsen und Nudeln wird kurz vor dem Servieren der *pistou*, eine Paste aus Knoblauch, Basilikum, Olivenöl und Parmesan, eingerührt. Weltberühmt ist auch die *ratatouille*, ein arbeitsaufwendiges Gemüsepotpourri aus – unbedingt einzeln geschmorten – Paprika, Zucchini, Zwiebeln, Auberginen, Tomaten und jeder Menge Kräuter.

Hauptsächlich aus Olivenöl, Kapern und Oliven wird die *tapenade* gemengt, eine schwärzliche, salzige Paste, die gut zu Geflügel oder schlicht auf Weißbrot mundet. Die Reihe altehrwürdiger provenzalischer Gerichte vervollständigt das *aïoli,* aus reichlich zerstoßenem Knoblauch, Eigelb, Zitronensaft und Olivenöl. Bei einem *Aïoli monstre* fließt diese scharfe Knoblauchmayonnaise, nach der Frédéric Mistral die Zeitschrift des Félibrige benannte, über gedünsteten Kabeljau oder Stockfisch, über gegarte Kartoffeln, Möhren, Kichererbsen, Porree, Eier und rohe Meerschnecken.

Wenig Fleisch, viel Fisch

Das traditionelle Rinderragout (*daube,* provenz. *adobo*) wird mariniert und dann stundenlang geköchelt, in der Camargue z.B. nach Gardian-Art *(à la gardianne)* mit dem köstlichen AOC-Fleisch der hiesigen Rinder. Lammfleisch findet sich häufig auf den Speisezetteln, meist mit *herbes de Provence* oder Oliven zubereitet. Die Marseiller Spezialität *Pieds et paquets* sind nicht jedermann Sache: Es handelt sich um Schafsfüße, die mit einer Farce gefüllt und in Pansen gewickelt wie ›Pakete‹

aussehen, und die mindestens sieben Stunden schmoren müssen.

An der Küste serviert man naturgemäß neben Fisch die Früchte des Meeres: Austern, Mies- und Venusmuscheln, Seeigel, *violets de mer,* Krabben, Hummer und die nur vor Ort zu bekommenden *tellines*, winzige Muscheln aus den Brackwasserseen der Camargue, die lauwarm in einer Sauce aus Knoblauch, Olivenöl, Zwiebeln und Essig gegessen werden, wozu man sich die Hände schmutzig machen darf. Zu einer Fischsuppe (*bourride* oder *soupe de poisson*), die meist auch schon die billigsten Standardmenüs anbieten, gehören *croûtons*, auf die man die *rouille,* eine *aïoli* mit Safran und scharfem Paprika gewürzt, und geraspelten Käse gibt, um dies dann mit der klaren Fischbrühe zu übergießen.

Mit geröstetem Weißbrot und Aïoli oder Rouille genießt man auch eine wahre Legende unter den Suppen, die *bouillabaisse,* was so viel wie ›auf kleiner Flamme gekocht‹ bedeutet. Ursprünglich eine Armeleutespeise, in die die Fischer des Vieux Port von Marseille ihre Fangüberschüsse warfen, ist die *vraie bouillabaisse*, die ›echte Bouillabaisse‹, heute ein Streitobjekt der Gastronomie. Einige Küchenchefs haben die ›Bouillabaisse-Charta von Marseille‹ unterschrieben und sich zu einer bestimmten Herstellungsart dieser edelsten aller Fischsuppen verpflichtet: Nur fangfrische Fische und Meeresfrüchte, etwa Sankt-Petersfisch, Meerspinne, Seeteufel, Knurrhahn, Seeaal oder Petermännchen und der unverzichtbare Drachenkopf, die unzerteilt und unzerkocht von einer Fischbouillon übergossen werden, ferner Kartoffeln, Zwiebeln, Fenchel, Tomaten, Safran und natürlich Olivenöl sowie Knoblauch sind die Bestandteile.

Süßes zum Dessert

Nach dem (Ziegen-)Käse, einem *chèvre, crottin* oder *Banon*, liebt der Provenzale es süß: kandierte Früchte (*fruits confits*) aus Apt oder die berühmten *Calissons d'Aix* aus Mandelpaste und kandierten Melonen. Das ebenfalls regionaltypische Nougat gehört zu den *Treize Desserts*, den (mindestens) dreizehn Nachtischen des traditionellen provenzalischen Heilig-Abend-Festmahls. Es besteht aus Brot (*fougasse* und *pompe*), Konfitüren, Obst, Nüssen und Trockenfrüchten, darunter die *quatre mendiants*, die ihren Namen der Kuttenfarbe von vier Bettelmönchsorden verdanken.

Nicht ohne mein Brot: Ess-Sitten

Das Frühstück aus einer großen Tasse Milchkaffee, Croissant oder Weißbrot mit Butter- und Marmeladerationen fällt wie in ganz Frankreich karg aus. Sogar in den besseren Hotels bekommt man gerade einmal einen Orangensaft und ein Stück Kuchen dazu gereicht.

Wer es mittags eilig hat, isst ein Tages-Tellergericht, *plat du jour*, Pizza, Crêpe oder Salat in einer Brasserie oder einem Salon de Thé. Letzteres entspricht unserem Café und bietet ne-

Oliven gehören dazu: provenzalische Tafelfreuden

ben Kaffee, Tee und zuckersüßer Pâtisserie, für die der deutsche Begriff des Kuchens viel zu grob klingt, meist kleine warme Speisen an. Im französischen Café gibt es dagegen nur zu trinken, am schönsten den frühabendlichen Anisschnaps Pastis, der sich eintrübt, wenn man ihn mit Wasser verdünnt. Beinahe so etwas wie ein Glaubenskrieg herrscht zwischen den Anhängern der beiden Marken Ricard und Pernod.

Im Restaurant isst man mittags ab ca. 12.30 (*déjeuner*) und abends (*dîner*) ab ca. 19.30 Uhr, also recht spät. In feineren Restaurants sollte man vorbestellen. Auch sucht man sich außer unter freiem Himmel den Tisch nicht selbst aus, sondern wartet, bis der Kellner – der als *Monsieur!,* nicht als *Garçon!* angeredet werden möchte – einen an einen solchen führt. Eine Mahlzeit besteht aus mehreren, mindestens drei Gängen, wobei es meist preiswerter ist, das Menü zu nehmen als à la carte zu essen. Ein Korb mit Baguettestücken sowie eine Karaffe mit Leitungswasser gehören zu jeder Mahlzeit. Bezahlt wird pro Tisch, Einzelrechnungen zu verlangen gilt als unfein. Selbst der einfachste Landgasthof bekocht einen nicht für unter 20 € für ein Drei-Gang-Menü, der mittlere Preis liegt bei 30–40 €.

Den Käse und Nachtisch (in dieser Reihenfolge) bestellt man erst, wenn das Hauptgericht abgeräumt und etwaige Magenfreiräume korrekt einzuschätzen sind. Fast gilt als Barbar, wer zum Abschluss keinen Kaffee nimmt, den oft gefährlich schwarzen *petit noir.* Wie man sich vorstellen kann, dauert dieses Essfest – je nach Gangzahl – bis zu drei Stunden.

Chez MiMi
Chez MiMi

Tipps für Ihren Urlaub

Siesta in Roussillon

DIE PROVENCE ALS REISEZIEL

Highlights

Kaum eine Region Europas weist eine so große Dichte antiker Baudenkmäler auf. **Römerfans** sehen sich – mindestens – die folgenden Bauten an: das Theater und den Triumphbogen von Orange, den Tempel (Maison Carrée) und das Amphitheater von Nîmes, den Pont du Gard, das Amphitheater von Arles sowie ›Les Antiques‹ (Juliermonument und Triumphbogen) und die Glanum-Ausgrabungen in St-Rémy. **Mittelalter-Enthusiasten** bewundern St-Trophime in Arles, die Abtei von Montmajour, die Wehrkirche von Les Stes-Maries-de-la-Mer, die Festungswälle von Aigues-Mortes, die Basilika St-Victor in Marseille und die Abtei von Sénanque.

Die interessantesten **Städte** sind Avignon mit Papstpalast und mittelalterlicher Brücke, das von Platanen umringte St-Rémy mit Van-Gogh-Reminiszensen, das elegante Aix und die zu Unrecht oft vernachlässigte Metropole Marseille samt Canebière, Hafen und Notre-Dame-de-la-Garde.

Die schönsten **Felsen-›Nester‹** sind Les Baux, Gordes, die Ockerstadt Roussillon, Oppède-le-Vieux und Moustiers-Ste-Marie.

Strände

Schöne Sandstrände liegen in der Camargue in Stes-Maries-de-la Mer und an der Plage d'Arles, an der Côte Bleue an der Plage du Rouet in Carry-le-Rouet sowie im Stadtgebiet von Cassis. Ein Badeerlebnis ganz besonderer Art bieten die azurblauen Wasser der Felsenbuchten der Calanques zwischen Marseille und Cassis, die meist am Kopfende einen kleinen Kieselstrand aufweisen und ein Traum für Taucher sind.

Die Wasserqualität ist nicht hervorragend, aber hygienisch einwandfrei und gut zum Baden geeignet bis auf Martigues und den Etang de Berre, wo Baden aber ohnehin nur Hartgesottenen Spaß machen dürfte. Erhöhte Schadstoffkonzentrationen tauchen in der Nähe von Fluss- und Kanalmündungen auf, besonders nach starken Regenfällen. Leichte Ölfilme, Wassertrübung und angeschwemmter Abfall gehören leider hin und wieder zum Badealltag. Der ADAC-Sommerservice informiert von Juni bis September unter Tel. 01805/10 11 12 über Badewasser- und Strandqualität, Wetter, Wasser- und Lufttemperatur an Südfrankreichs Stränden.

Darüber hinaus haben viele Hotels und Ferienhäuser Swimming Pools, die meist von Mitte April bis September geöffnet sind.

Trubel

Die quirligste Szene und das heißeste Nachtleben hat einwandfrei die Kapitale Marseille, aber auch Avignon und die Unistadt Aix verfügen über genügend

Vor Ort schmeckt der Wein am besten: Dorffest in Banon

Kneipen und Clubs. Vor allem zu Zeiten des Theaterfestivals im Juli gibt sich in Avignon die internationale Avantgarde ein Stelldichein. Nicht nur Aficionados machen Nîmes während der Pfingst- und September-Feria zu einem einzigen brodelnden Stierfest, bei dem einem manches spanisch vorkommen darf.

Jede Kleinstadt, ja jedes Dorf hat zudem mindestens ein Café oder Restaurant, wo man im Sommer oft bis spät in die Nacht auf dem Dorfplatz sitzen kann.

Ruhe und Natur

Die schönsten Naturdenkmäler, Paradiese für Wanderer und Liebhaber ruhiger Ferien, sind die Kalksteingebirge Dentelles de Montmirail, Mont Ventoux, Alpilles und Luberon. Für Einsamkeitsfanatiker empfehlen sich das von Lavendelfeldern bedeckte Plateau de Valensole und generell die dünn besiedelte Haute-Provence, die vom Tourismus noch nicht so wie beispielsweise Alpilles und Luberon vereinnahmt wurde.

Die Wasser-Highlights Camargue, Calanques und Gorges du Verdon sind an den Hauptattraktionen (Les Stes-Maries-de-la-Mer, Strände, Panoramastraße) vor allem in der Hochsaison überlaufen, doch abseits davon staunt man über die Abgeschiedenheit, die man noch in den Salzsteppen oder auf felsigen Pfaden finden kann.

Urlaub mit Kindern

Generell kein Problem in der Provence – die Touristenbüros oder bessere Hotels bieten oft einen Babysitterservice,

Autoverleihfirmen einen (zusätzlich zu bezahlenden) Kindersitz, Restaurants, Hotels und Ferienwohnungen Babybetten bzw. Hochsitze. Neben Baden und Plantschen wird den Kids der Besuch eines unblutigen provenzalischen Stierkampfs, ein Ausritt auf den lammfrommen Camargue-Pferden, eine Bötchenfahrt zum Château d'If (das mit dem Grafen von Monte Christo), ein Zoobesuch in La Barben, die Tropfsteinhöhle Grotte de Thouzon, eine Fahrt im Minizug durch Marseille, Avignon oder Orange oder eine Bahnfahrt im Alpilles-Zug von Fontvielle nach Arles Spaß machen.

Der Abenteuerspielplatz Indian Forest Sud bei Bouc-Bel-Air bietet Kletterparcours mit schwankenden Hängebrücken und Tarzannetzen für Kids und Erwachsene (tgl. geöffnet, Erwachsener 15, Kind 9 €).

Machen Sie's wie die Einheimischen mit ihren *pitchounes*, so der umgangssprachliche provenzalische Begriff: mittags eine lange Siesta, dafür abends lange aufbleiben.

Urlaubsaktivitäten

Radfahren

In Frühling und Herbst ist die Provence ein Eldorado für Fahrradtouristen. Bis auf die Camargue sind allerdings in den schönsten Tourengebieten, um den Mont Ventoux, in den Alpilles, im Luberon und in den Gorges du Verdon, erhebliche Steigungen zu absolvieren, die ein 12-Gang-Rad erforderlich machen.

Fährt man mit der Bahn, ist das Rad einige Tage vor Fahrtbeginn als Gepäckstück aufzugeben und am Zielbahnhof abzuholen (Versicherung ratsam, Radfahrerhotline der DB: Tel. 0180/ 3 19 41 94). In Bussen kann man das Rad meist nicht mitnehmen, wohl aber auf mit einem Radsymbol gekennzeichneten Zügen in Extra-Waggons. Auf TGV- und anderen großen Linien darf das Fahrrad auseinander genommen und verpackt als Gepäckstück transportiert werden. Die Broschüre »Guide Train & Vélo« von der SNCF, an Bahnhöfen erhältlich, gibt detailliert Auskunft. Oft werden an Bahnhöfen *vélos* vermietet (›Train + Vélo‹).

Reiten

Die ganze Provence hält vielfältige Möglichkeiten zum Reitsport bereit, vom spontanen zweistündigen Ausritt bis zu organisierten Reiterferien. Der Luberon, die Alpilles und die Camargue sind die bevorzugten Reitgebiete (s. S. 95, 97, 124, 189, 192).

Steilwandklettern

Beliebte Reviere für Kletterer sind die Dentelles de Montmirail, die Alpilles, das Tal der Aiguebrun im Luberon, die Calanques und die Gorges du Verdon (s. S. 63, 161, 191, 201, www.ffme.fr).

Wandern

Vor allem Dentelles de Montmirail, Alpilles, Calanques, Massif de la Ste-Baume, Montagne Ste-Victoire, Plateau de Vaucluse, Luberon und Gorges du Ver-

In Frühling und Herbst ist die Provence ein Eldorado für Fahrradtouristen

don eignen sich zum Wandern. Festes Schuhwerk, Kopfbedeckung, Regenschutz (in Frühling und Herbst) und Wasservorrat sind dringend erforderlich.

Über die schönsten **lokalen Wandermöglichkeiten,** die auch meist leichtere Spaziergänge von ein bis zwei Stunden umfassen, informieren vor Ort die Offices de Tourisme. Ganz Frankreich ist von einem Netz von **Fernwanderwegen** durchzogen, den *Sentiers de Grande Randonnée* oder GR, überall mit einem weiß-roten Querbalken gekennzeichnet. **Regionale Wanderwege,** die *GR de Pays,* sind mit einem gelb-roten Querbalken gekennzeichnet.

Als **Wanderkarten** empfehlen sich die Cartes bleues des IGN, des Institut Géographique National, im Maßstab 1: 25 000 (www.ign.fr).

Wegen der akuten Waldbrandgefahr auf keinen Fall im Wald rauchen, Feuer machen oder, wegen Selbstentzündungsgefahr via Brennlinse, Glas fortwerfen. Besonders gefährdete Regionen, die **Zone Rouge** (z.B. Ste-Victoire, Calanques, Alpilles) werden in den Sommermonaten gesperrt. **Von Anfang Juli bis Mitte September ist in großen Teilen der Provence Wandern nicht möglich!**

Wassersport

Am Meer: Die zerklüftete Küste zwischen Carro und Carry-le-Rouet, an der sich Felsklippen und kleine Buchten mit Sandstrand abwechseln, gilt als Eldorado für Windsurfer, Wellenreiter und Taucher, die hier von Sportzentren mit Schulen und Ausrüstungsverleih, den starken Winden und lohnenden Tauchrevieren wie dem Meeresschutzgebiet von Carry-le-Rouet profitieren. Auch in Les-Stes-Maries-de-la-Mer,

Martigues und Marseille (bekannt bei Tauchern z.B. das Wrack der ›Dalton‹ bei der Ile de Planier) ist jede Art von Wassersport möglich (s. S. 157, 163). Funboarder zieht es nach Les Stes-Maries-de-la-Mer und Port-St-Louis.

Auf Flüssen und Seen: Wildwassersportler werden am Verdon gefordert, gemütlichere Ausflüge in Kanu und Kayak absolviert man auf der Sorgue und den Stauseen des Verdon wie dem Lac de Ste-Croix (s. S. 71, 72, 141, 201). Trotz starker Verschmutzung erfreut sich der Etang de Berre bei Seglern großer Beliebtheit.

Wellness

Entspannen und Kuren mit den Heilkräften des Wassers und der regenerierenden Wirkung von Algen kann man in den Thalasso-Therapie-Instituten von Marseille, Greoux-les-Bains, Les Stes-Maries-de-la-Mer und Aix-en-Provence. Mit Mooranwendungen, Aquagymnastik, Relaxmassagen und Whirlpools geht es gegen Alltagsstress und Falten (s. S. 124, 157, 197).

Rundreise

Eine zweiwöchige Rundreise führt über die Autoroute du Soleil entlang der Rhône nach Orange und Vaison-la-Romaine, auf den Mont Ventoux und in die Dentelles de Montmirail und weiter nach Avignon/Villeneuve-lès-Avignon. Mit einem Abstecher nach Nîmes und zum Pont du Gard geht es in die Alpilles, nach Arles und in die Camague. Marseille, Aix und der Luberon stehen bestimmt auf dem Programm, vom Luberon kann man Ausflüge nach Gordes und Sénanque sowie zu den Gorges du Verdon unternehmen. In Manosque,

Wo Land und Wasser eins werden: Reiten in der Camargue

Forcalquier und der Haute-Provence lässt man den Urlaub sachte ausklingen und fährt an der Durance entlang durch die Alpen (Route Napoléon) heim gen Norden.

Reisezeit und Kleidung

Obwohl die Provence im Süden 3000 und in ihrem nördlichen Teil immerhin noch 2200 Sonnenstunden pro Jahr aufweist und vom milden und trockenen mediterranen Klima bestimmt ist, kann es im Winter, in den höheren Lagen der Gebirge und bei Mistral empfindlich kalt und auch frostig werden. Also auch Pullover und Windjacke einpacken. Die Winter sind vor allem im Küstenbereich mild, die Durchschnittstemperaturen liegen bei 7,2° C.

Mai, Juni und September sind die schönsten Reisemonate: Meist kann man an relativ leeren Stränden baden und Besichtigungen sowie Wanderungen unternehmen, ohne von der sommerlichen Hitze mit Maximalwerten bis zu 40°C erdrückt zu werden. Zudem zieht es während der Großen Ferien von Anfang Juli bis Anfang September zahllose Franzosen an die Strände.

Vorausbuchungen für Hotels und Campingplätze und Tischreservierungen sind für diese Zeit sowie für Oster- und Pfingstferien und Großveranstaltungen wie das Theaterfestival von Avignon oder die Zigeunerwallfahrt in Les Stes-Maries unerlässlich. In der Nebensaison kommt man auch als Spontanreisender gut durchs Land.

Ab der zweiten Septemberhälfte muss man mit starken Gewittern rechnen: Wegen der Gefahr von Erdrutschen und Flutwellen sollte man vor Wanderungen den Wetterbericht befragen und Campingplätze und Feriensiedlungen in ehemaligen Flussbetten meiden.

Einen Sonnenhut sollte man ebenso einpacken wie Sonnenschutzcreme und vor allem im September, wenn die Mücken am stechaktivsten sind, Pflaster, Salben oder Sprays zur Prävention und zur Linderung nach dem Stich. Festes Schuhwerk braucht man zu allen Jahreszeiten, auch wenn man nur kleinere ›Spaziergänge‹ in die steinige, unwegsame Provence unternimmt, in der Dornengestrüpp, Skorpione und Schlangen keine Seltenheit sind.

Wetterbericht auf Französisch: Tel. 08 36 68 02 04 (Alpes-de-Haute-Provence), Tel. 08 36 68 02 13 (Bouches-du-Rhône), Tel. 08 36 68 02 84 (Vaucluse). Im Internet (französisch): www.provenceweb.com und www.crt-paca.fr

Von Eseln lernen

Der letzte Schrei in puncto sanfter Tourismus ist Wandern mit Eseln, denn von Eseln lernen heißt Gelassenheit lernen. Muriel Aucher in Malaucène züchtet z.B. die bis vor kurzem vom Aussterben bedrohte alte Haustierrasse der *ânes de Provence* und bietet geruhsame Ausflüge mit Eseln durch die Naturlandschaft am Fuße des Mont Ventoux an (Asinerie du Devens s. S. 70). Nur Kinder dürfen auf den tierischen Begleitern reiten. Ein halber Tag kostet etwa 23 €.

UNTERWEGS IN DER PROVENCE

Ein Leitfaden für die Reise und viele Tipps für unterwegs.

Genaue Beschreibungen von Städten und Dörfern, Sehenswürdigkeiten und Stränden, Ausflugszielen und Reiserouten.

Die Provence erleben: Ausgesuchte Landhotels und Chambres d'hôtes, Restaurants und Cafés, Weingüter und Wochenmärkte.

Schwindelerregend: Gorges du Verdon

Der Norden: Orange, Carpentras, Avignon

Séguret vor den Dentelles de Montmirail

Provence-Atlas S. 231

RUND UM DEN MONT VENTOUX

Eine Einstimmung auf Süden, Wärme und mediterrane Kultur bieten die Provinzstädtchen Orange und Vaison-la-Romaine mit ihren römischen Highlights, die Weinberge und alten Dörfer am Fuß des Mont Ventoux und die Felszacken der Dentelles de Montmirail. Carpentras, wo Frankreichs älteste Synagoge steht, und das Comtat Venaissin gehörten einst den Päpsten.

Orange

Provence-Atlas S. 231, E 1

Die Provinzstadt (29 000 Einwohner) gegenüber der Atomfabrik von Marcoule zehrt von den römischen Bauwerken ihrer Blütezeit: Die 35 v. Chr. von Oktavian gegründete Veteranenkolonie Aurasio zählte mehr als dreimal so viele Einwohner wie das heutige Orange. Im 12. Jh. wurde das kleine Fürstentum von dem Troubadour Raimbaut d'Orange regiert, im 16. Jh. fiel es auf den verschlungenen Pfaden der europäischen Adelsverbindungen und -erbfälle an Wilhelm von Oranien-Nassau, den ersten Statthalter der Niederlande. Erst 1713 kam es zu Frankreich.

Ein Spaziergang durch die engen Altstadtgassen zwischen **Kathedrale Notre-Dame** [1], Theater und Rathaus vermittelt einen ersten Eindruck von einem typisch provenzalischen Stadtbild: platanenbeschattete kleine Plätze mit antiken Säulentrümmern, Renaissancegiebel und gotische Erker in versteckten Hinterhöfen, die von kleinen Läden gesäumten Einkaufsstraßen und am Donnerstag vormittags der farbenfrohe Wochenmarkt. Im Rathaus sitzt seit 1995 Bürgermeister Jacques Bompard vom rechtsextremen Front National, der mit seiner fremdenfeindlichen Kulturpolitik für Schlagzeilen sorgte.

Dem **Triumphbogen** [2], genau gesagt ein Stadtgründungsmonument, haben Abgase und Steinfraß schwer zugesetzt. Von dem verschwenderisch angebrachten Reliefschmuck blieb der auf der stadtabgewandten Nord- und auf der Ostseite am besten erhalten: Trophäen, Waffen, Schlachtszenen, gefesselte nackte Gefangene, die eindeutig als Kelten, und überlegene waffenstarrende Sieger, die eindeutig als Römer ausgewiesen sind – Stein gewordene Propaganda an der ehemaligen Via Agrippa. Hier wird das Fundament der *pax romana* zur Schau gestellt: militärische Unterwerfung.

War diese abgeschlossen, wurde die wirtschaftliche Basis für die Romanisierung der eroberten Provinz geschaffen, indem das Land an römische Siedler, *coloni*, meist wie hier in Aurasio ausgediente Legionäre, verteilt wurde.

Gegenüber dem **römischen Theater** [3] (tgl. Nov.–Febr. 9–17, März, Okt. bis 18, April/Mai, Sept. bis 19, Juni–Aug. bis 20 Uhr, s. Thema S. 58) bewahrt das **Stadtmuseum** [4] mit Fragmenten verschiedener Kataster, einer Art Grundbücher, für Frankreich einzigartige Dokumente dieser Phase der ›Befriedung‹ auf. Die Wände des Museums schmücken Reste des Amazonen- und Kentaurenfrieses vom Theater (geöffnet wie Theater).

An den nicht mehr sehr substanziellen **Ruinen der Burg** [5] der Grafen von Orange vorbei steigt man auf den **Aussichtspunkt der Colline St-Eutrope** im Rücken des Theaters. Hier bietet sich ein guter Überblick über dieses bedeutendste Monument von Orange und das rote Ziegeldachmeer der Stadt.

Office de Tourisme: 5 cours Aristide Briand, Tel. 04 90 34 70 88, www.provence-orange.com. Im Sommer Minizug durch die Stadt, Abfahrt pl. des Frères Mounet am Theater.

Arène [6]: pl. de Langes, Tel. 04 90 11 40 40, Fax 04 90 11 40 45, hotel-arene@avignon-et-proven ce.com. Angenehmes, traditionelles 3-Sterne-Hotel hinter dem Rathaus, manche Zimmer mit Balkon, DZ 65–90 €.
Camping Le Jonquier: 1321 rue Alexis Carrel, Tel. 04 90 34 49 48, Fax 04 90 51 16 97, www.avignon-et-proven ce.com/le jonquier. 3-Sterne-Platz Nähe Triumphbogen, April–Sept., Pool.

Heute Bühne des Opernfestivals »Chorégies«: das römische Theater in Orange

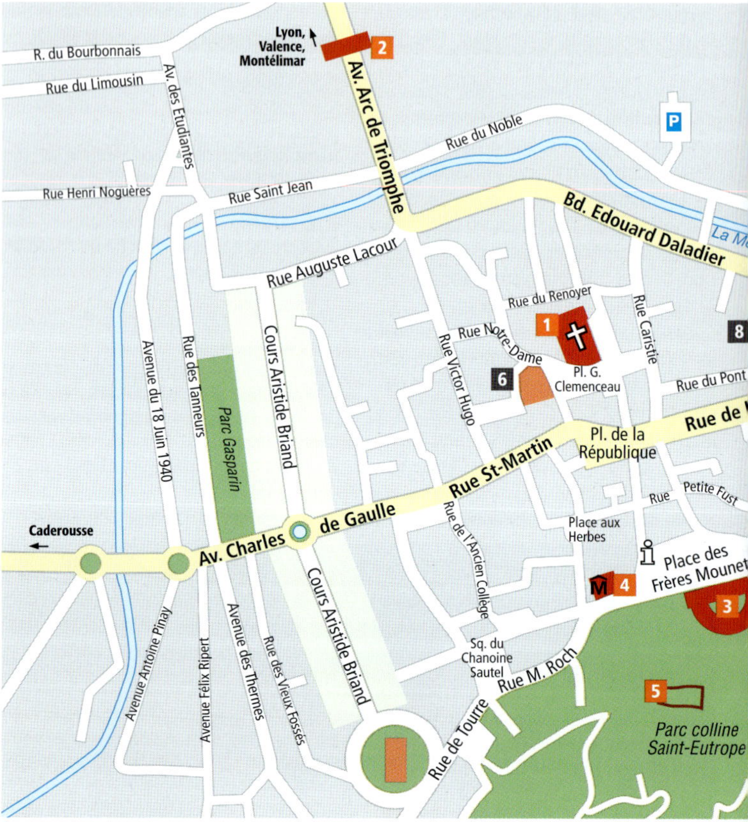

Le Parvis 7: 3 cours Pourtoules, Tel. 04 90 34 82 00, So abends und Mo geschl. Gutes Preis-Leistungs-Verhältnis, Gourmet-Regionalküche, bei schönem Wetter wird auf der Terrasse serviert, Menüs 15–42 €.

Atrium 8: 5 impasse du Parlement, Tel. 04 90 34 34 17, in der Saison Mo, sonst auch Di mittags geschl. Terrasse mit 300-jähriger Magnolie, Spezialität Fischgerichte, Menüs 14–25 €.

Palais du Vin: an der RN 7 nach Avignon, tgl. 9.30–18 Uhr. 120 Winzer von Rhône-Weinen stellen sich vor, Weinprobe, Verkauf, Besuch der Weingüter, Restaurant.

Chorégies: im Juli Opernfestival im Römischen Theater, eins der renommiertesten in Europa, Bestellungen: Chorégies d'Orange, BP 205, 84107 Orange Cedex, Tel. 04 90 34 24 24, Fax 04 90

Sehenswürdigkeiten

1 Kathedrale Notre-Dame
2 Triumphbogen
3 Römisches Theater (Théâtre Antique)
4 Stadtmuseum (Musée Municipal)
5 Ruinen der Burg

Übernachten

6 Hotel Arène

Essen und Trinken

7 Le Parvis
8 Atrium

11 04 04, www.choregies.asso.fr (Kreditkartenzahlung). Oder über FNAC, www.fnac.com. Theaterkasse neben dem Theater, ab Anfang Juni Mo–Sa 10–19 Uhr.

Bahnhof: Avenue Frédéric Mistral, Tel. 08 36 35 35 35, mehrmals tgl. nach Avignon, Marseille.
Busbahnhof: Cours Pourtoules, Tel. 04 90 34 15 59, z. B. nach Châteauneuf, Vaison, Carpentras.

Vaison-la-Romaine

Provence-Atlas S. 231, F 1
Der angenehme, ziemlich touristische Ort (6000 Einwohner) ist wie die meisten mittelgroßen Regionalstädte Umschlagplatz für das überwiegend agrarisch geprägte Umland. Die im 19. Jh. nur unwesentlich restaurierte **römische Brücke** schlägt einen einzigen

SPIEL UND SPASS IM RÖMISCHEN THEATER

Die schönste Wand Frankreichs? Für den Sonnenkönig Ludwig XIV. war das keine Frage: In einem viel zitierten Bonmot pries er die 103 m breite und 37 m hohe Bühnen-Außenwand des Theaters von Orange. Vermutlich in der Regierungszeit Kaiser Augustus' (27 v. Chr.–14 n. Chr.) errichtet, ist es einer der am besten erhaltenen Bauten der Antike. In 36 m Höhe erkennt man am oberen Abschluss der Mauer die doppelte Reihe von Kragsteinen für die Balken, an denen das *velum* befestigt war – eine riesige Leinwand, die bei schlechten Witterungsverhältnissen über das gesamte Theater gezogen werden konnte. Regenpausen wie in Wimbledon mussten die über 10 000 Zuschauer, die in dem Theater Platz fanden, nicht aussitzen.

Ihrem sozialen Rang entsprechend wurden die Besucher in drei Sektoren platziert, durch ca. 2 m hohe Mauern voneinander getrennt: die hochrangigen Gäste auf beweglichen Sesseln direkt um die halbkreisförmige orchestra, dahinter die Mitglieder der Priesterkollegien, Handwerker und Kaufleute – und ganz oben die pullati, das niedere Volk, Bettler, Prostituierte und weitere ›nicht gesellschaftsfähige‹ Gruppen. Treppen teilen die cavea, das Zuschauerhalbrund, in sechs vertikale cunei (Keile). Ein ausgeklügeltes System von Stiegen, überwölbten Gängen und Vomitorien kanalisierte die Zuschauermengen und ›spuckte‹ (lat. vomere = ausspucken) sie auf ihre Plätze aus – vielleicht eins der prägnantesten Bilder für die Lenkbarkeit von Menschenmassen. 37 stufenartig angeordnete Sitzreihen, die sich an die Flanke des St-Eutrope-Hügels lehnen, bilden das Halbrund des Zuschauerraums.

Auch heute noch wenden die Sänger des Chorégies-Festivals bei schwierigen Arien dem Publikum den Rücken zu, um die noch bessere Akustik der Bühnenwand zu nutzen. Wie eine immense Steilklippe ragt sie auf, in der zentralen Nische eine Statue des Augustus. Im Gegensatz zum griechischen Theater, das die umgebende Landschaft in das Theatergeschehen miteinbezog, schloss die hoch aufragende Bühnenwand im römischen Theater den Bühnenraum ab. Der Grund hierfür liegt in der Natur der Aufführungen: In römischer Zeit verdrängten Musikvorführungen, für die eine besonders gute Akustik erforderlich war, die Komödien und Tragödien der Griechen. Tänzer und Tänzerinnen stellten pantomimisch die Geschehnisse dar, die parallel dazu gesungen und von einem opulenten Orchester begleitet wurden.

Waren die griechischen Theater noch ›Schulen des Volkes‹, so hieß das Credo der römischen Theater Zerstreuung. Gigantische Aufmärsche und figurenreiche Revuen ersetzten zum Großteil die griechischen Menschheitsdramen – die Spaßgesellschaft als Mittel der Romanisierung (Öffnungszeiten tgl. Nov.–Feb. 9–17, März, Okt. bis 18, April/Mai, Sept. bis 19, Juni–Aug. bis 20 Uhr).

kühnen Bogen über die Ouvèze – sie widerstand den meterhohen Flutwellen, die sich im September 1992 durch die Stadt wälzten und über 50 Tote forderten.

Die **Ville Haute,** die mittelalterliche Oberstadt mit ihren verwinkelten, steilen Gassen, liegt dicht am Fels zu Füßen der im 12. Jh. errichteten Burg Raymonds V. von Toulouse, heute eine beeindruckende Ruine. Besonders in Rue de l'Eglise, Rue des Fours und um das Stadttor mit seinem Campanile drängen sich Häuser aus Spätmittelalter und Renaissance .

Die Ruinen der antiken Stadt

Die eigentliche Attraktion stellt jedoch das ausgedehnte **Ruinenfeld der antiken Stadt** auf dem östlichen Ouvèze-Ufer dar, die im Gegensatz zu dem regelmäßigen Stadtplan, wie ihn z. B. Orange aufweist, einen gewissen privatbaulichen Wildwuchs erkennen lässt – vielleicht verlebten hier vermögende Pensionäre ihren luxuriösen Lebensabend. Der Keltenstamm der Vocontier, deren Hauptstadt einst an diesem Ort lag, hatte sich mit den sieg-reichen Römern arrangiert: Schon im 2. Jh. v. Chr. erhielt Vasio Vocontiorum mit dem Status einer *civitas foederata* weitgehende Selbständigkeit.

Die Ausgrabungen umfassen das **Quartier du Puymin** und das **Quartier de la Villasse,** die durch die Avenue Charles de Gaulle und einen geräumigen Parkplatz getrennt werden. Komfortable Villenanlagen, *basilica* (Markt- und Gerichtshalle), drei Bäder und die Reste des – stark rekonstruierten – römischen Theaters lassen auf ein mondänes ländliches Städtchen schließen. In dem übersichtlichen, hellen Museum sind die in Vaison gefundenen Kunst- und Alltagsgegenstände ausgestellt wie eine silberne Portraitbüste des 3. Jh., Mosaiken oder Wasserhähne aus Blei. Im Quartier de la Villasse wurden u. a. die Reste einer säulengesäumten Einkaufsstraße mit Abwasserkanal, Straßenpflaster und die Grundmauern der Geschäfte und mehrstöckigen Mietshäuser ausgegraben (tgl. Okt.–März 10–12, 14–17, April/Mai 9.30–12.30, 14–18, Juni, Sept. 9.30–18, Juli/Aug. 9.30–18.45 Uhr). Im Sommer können Sie freitagabends nach römischen Originalrezepten z.B. Dinkelbrei à la Legionär speisen, nachdem Sie sich im Office de Tourisme angemeldet haben.

Die Kathedrale

Die 1150/60 auf einem Vorgängerbau des 11.Jh. (Apsis) und auf römischen Fundamenten (Säulentrommeln außen an der Apsis) errichtete romanische **Kathedrale Notre-Dame-de-Nazareth** wurde ab dem 14. Jh. dem Verfall überlassen, da die Bewohner sich in den kriegerischen Wirren dieser Zeit in die befestigte Oberstadt zurückzogen. Aus dem für die provenzalische Romanik so typischen Kreuzgang mit seinem Kapitellschmuck blickt man auf die berühmte Inschrift an der Kirchennordwand. Verschlüsselt durch Allegorien und Zahlensymbolik, legte sie den Domherrn nahe, den Kreuzgang schnell in Richtung Süden, dem Land der Verheißung, zu durchschreiten (etwas östlich des Quartier de la Villasse, tgl. Okt.–März 10–12, 14–17, April/Mai 9.30–12.30, 14–18, Juni/Sept. 9.30–18, Juli/Aug. bis 18.45 Uhr).

St-Quenin

Die **Kapelle St-Quenin,** nördlich der Stadt an der D 975 nach Orange gelegen, besteht aus einem einzigartigen nach außen hin dreieckigen romanischen Chor (innen hat er Trapezform) und besitzt charmante figürliche, teils recht naive Bauplastik (Schlüssel im Office de Tourisme).

Office de Tourisme: pl. du Chanoine Sautel, Tel. 04 90 36 02 11 (neben den Ausgrabungen, im Haus Maison des Vins mit Wein- und Souvenirverkauf), www.vaison-la-romaine.com.

Le Beffroi: rue de l'Evêché, Tel. 04 90 36 04 71, Fax 04 90 36 24 78, lebeffroi@wanadoo.fr. Drei-Sterne-Hotel in mehreren stilvollen Häusern aus dem 16./17. Jh. in der Oberstadt, Dachpool, DZ 100–130 €.
La Combe: chemin de Ste-Croix, Tel. 04 90 28 76 33, Fax 04 90 28 73 70, www.bastide-lacombe.fr. Chambres d'hôtes im luxuriösen Landhausstil, Frühstück auf der Terrasse, eine Bastide im Grünen etwas außerhalb, DZ 90–130 €.
L'Evêché: rue de l 'Evêché, Tel. 04 90 36 13 46, Fax 04 90 36 32 43, www.avignon-et-provence.com/eveche. Chambres d'hôtes in drei Gebäuden des ehemaligen Erbischofpalasts in der Altstadt, blaue Deckenbalken und Antiquitäten in den Zimmern, Terrasse mit Aussicht, Fahrräder, DZ 69–95 €.
Jugendherberge: Centre d'Accueil à Cœur Joie – Le Moulin de César, Tel. 04 90 36 00 78, Fax 04 90 36 09 89, www.ucrif.asso.fr. Auch für Seminare und Gruppen, Fahrradverleih, Übernachtung 16–18 €.
Camping du Théâtre Romain: Quartier des Arts, chemin du Brusquet, Tel. 04 90 28 78 66, Fax 04 90 28 78 76, camping.du.theatre.romain@wanadoo.fr. 3-Sterne-Platz mit Pool, Fahrradverleih, komfortabel.

Le Moulin à Huile: quai Maréchal Foch, Tel. 04 90 36 20 67, So abends und Mo außer in den Ferien geschl. Aromenreiche, sternengekrönte Mittelmeerküche, im Winter Trüffelmenü, ausgefallene Desserts, Menü 53–60 €.
La Fête en Provence: pl. du Vieux-Marché, Tel. 04 90 36 36 43, Mi außerhalb der Saison geschl. Mittelmeerküche in der Altstadt, z.B. gefülltes Kaninchen mit Knoblauch und Tomaten, Menüs 15, 23 €.

In Rasteau westlich von Vaison wird u.a. ein roter natürlicher Süßwein mit 17 % Alkohol angebaut, zu kaufen bei der Cave de Rasteau, Route des Princes d'Orange, Rasteau.
Markt: Di (sehr schön), etwas kleiner Do und Sa.

Festival de Vaison: im Juli Theater und Musik im antiken Theater-
Choralies: Chormusik-Festival alle drei Jahre im August, das nächste 2004.

Suppenfestival: Ende Okt./Anfang Nov. Testen Sie in 13 Dörfern der Umgebung 150 Suppen, nach Familienrezepten zubereitet!
Journées Gourmandes: Im November können Sie bei 120 Ausstellern Wein, Trüffel, Honig oder Weihnachtsfressalien probieren.

KUGELSCHIEßEN FÜR DIE GALERIE: PÉTANQUE

Das metallische Klacken, das beim Zusammenprall der schweren Kugeln entsteht, das Knirschen, wenn sie über Sand oder Kies rollen, ist für die Provence so typisch wie das Zirpen der Zikaden. *A ped tanco*, ›mit beiden Füßen auf dem Boden stehend‹, wird Pétanque gespielt. Der gehbehinderte Jules Le Noir, der beim athletischen *jeu provençal* nicht mitmachen konnte, soll 1910 die neuen Regeln für das alte Kugelspiel Boule erfunden haben.

Der Satz etwa faustdicker Metallkugeln je zwischen 650 und 800 g kostet nicht die Welt und hält ein Leben lang, und als Spielgrund dient irgendeine feste Oberfläche – ideal sind die provenzalischen Plätze oder Wege aus festgestampftem Sand, Kies oder Schotter, wenn möglich mit Schatten spendendem Platanendach. Auch die Regeln sind denkbar einfach: Zwei Spieler (tête-à-tête) oder zwei Mannschaften mit je zwei (doublette) oder drei Spielern (triplette) treten gegeneinander an, bis nach mehreren Aufnahmen (mène) eine Mannschaft die vorher festgelegte Punktzahl, meist 13, erreicht hat. Möglichst nah sollen die drei Kugeln (boules) der Einzelspieler oder die sechs Kugeln der Mannschaft an das Schweinchen (cochonnet), die kleine, hölzerne Zielkugel, zu liegen kommen, die 6–10 m entfernt aufschlagen muss. Grundsätzlich kann man seine Kugel möglichst nah an das Schweinchen legen (pointer) oder gegnerische Kugeln und gar das Ziel wegschießen (tirer). Hat die eine Mannschaft den Punkt, d. h. liegt eine ihrer Kugeln am nächsten am Ziel, ist die andere Mannschaft solange an der Reihe, bis sie den Punkt oder keine Kugeln mehr hat. Am Ende einer jeden Aufnahme zählen alle Kugeln als Punkte, die von einer Partei am dichtesten beim Schweinchen liegen.

Pétanque wird übrigens nicht zum Zeitvertreib gespielt, sondern um die Ehre. Darum ist die Zuschauergalerie, gebildet aus kundigen Bouleveteranen oder geduldeten Touristen, auch so wichtig. Die Spielleidenschaft, Möglichkeit zu Ehrgewinn und Ehrverlust, ist ein typisch provenzalischer Charakterzug. Kriegerisch gibt sich auch die Bouleterminologie, in der es von Kanonieren alias guten Schießern und Aufrufen wie aux armes, ›nun schieß schon‹, nur so wimmelt. Eine portée, der schwierigste Wurf, muss die gegnerische Kugel in vollem Bogen versenken, ›plombieren‹.

Eine gewisse, wenn auch fragwürdige weibliche Komponente in die zu 90 % von Männern dominierte Pétanque-Welt bringt die Fanny ein. Dieser Statue bzw. deren entblößtem Hinterteil muss derjenige, der zu Null verloren hat, seine Reverenz erweisen, was diskret im Hinterzimmer des örtlichen Cafés abgehandelt wird. Die historische Fanny soll eine arme und geistig verwirrte Frau gewesen sein, die sich in den 1860ern auf den Bouleplätzen von Lyon herumtrieb und gern die Röcke hob.

Filigran zerklüftete ›Spitzen‹: Kletterparadies Dentelles de Montmirail

Aktivitäten: Infos zu Wanderwegen, Radtouren im Office de Tourisme. Fahrradverleih: Mag 2 Roues, cours Taulignan, Tel. 04 90 28 80 46.

Dentelles de Montmirail

Südlich von Vaison recken die Dentelles (›Häkelspitzen‹) de Montmirail, die westlichen Ausläufer des Ventoux-Massivs, ihre kahlen, bizarr geformten Kalksteinspitzen in den Himmel – höchste Erhebung ist der Mont St-Amand mit 734 m.

Die vom Menschen geschaffene Kulturlandschaft aus Weinbergen, Obst- und Mandelhainen geht in höheren Lagen in karge, unwirtliche Garriguevegetation über, zuletzt in nackten Fels.

Séguret

Provence-Atlas S. 231, F 1
Eine Rundfahrt durch die Dentelles beginnt im Felsnest **Séguret** mit seinen turmartig emporwachsenden Häusern aus unbehauenem Stein, den kopfsteingepflasterten Gassen, dem Renaissancebrunnen und einigen Santon-Ateliers. Am Heiligen Abend wird ab 22 Uhr in der Dorfkirche mit einer lebenden Krippe (*crèche vivant*) die Geburtsszene nachgestellt, gefolgt von einer Mitternachtsmette in Provenzalisch – Séguret ist eine Hochburg der provenzalischen Weihnacht.

Gigondas

Provence-Atlas S. 231, F 1
Hinter dem reizenden alten Ort **Sablet,**

kurz vor Gigondas, passiert man die einsam gelegene romanische **Kapelle Sts-Cosme-et-Damien.** In dem engen Tal führt nach dem Ende der Stichstraße ein Fußweg auf den **Col du Queyron,** ein Paradies für Steilwandkletterer und Bergsteiger und Ausgangspunkt für Wanderungen.

Im Winzerort **Gigondas** wachsen unterhalb der zerklüfteten Kalksteinfelsen der Dentelles Sarrasines (Sarazenen-Spitzen) in einer Höhe von 160 bis 400 m jene Weinstöcke, deren schwere, körperreiche Erträge man in zahlreichen *dégustations* (Probierstuben) kosten kann. Rund um die ehemalige Burg und die Kirche setzen etwa 20 Skulpturen einen zeitgenössischen Akzent.

Jugendherberge: Route de Sablet, Séguret, Tel. 04 90 46 93 31, April–Mitte Nov.

La Table du Comtat: Séguret, Tel. 04 90 46 91 49, in der Nebensaion So, Di abends, Mi geschl. Provenzalische Küche zwischen Gourmet und bodenständig, Ausblick auf die Dentelles, Menüs 29–63 €, auch schöne Zimmer um die 100 €.
Les Florets: Route des Dentelles, Gigondas, Tel. 04 90 65 85 01, Mi, Jan.–Mitte März geschl. Kaninchen in Beaumes-de-Venise, provenzalischer Mandelnougat – die Gourmets kommen von weiterher für diesen preiswerten Genuss, Menüs 23 und 37 €, auch Zimmer zu 85–100 €.

Sarl Auguste: route du Mont Ventoux, Séguret: Destillerie für provenzalische Liköre und Schnäpse.
Domaine Les Teyssonières: Gigondas. Der Winzer produziert u.a. einen tanninhaltigen Roten, Cuvée Alexandre.

Château Talaud

Wohnen bei den holländischen Schlossbesitzern Conny und Hein Deiters-Kommer in einem Barockschloss von 1732 am Fuße des Mont Ventoux, umgeben von einem Traumgarten und dem eigenem Weinberg. Die exquisite Einrichtung der Gästezimmer in Gelb-Rot-Tönen spielt zwischen Antiquitäten und provenzalischer Moderne, z.B. im Roten Raum, dem aristokratischsten, für 180 € (2 Personen inklusive Frühstück), im Gelben Raum unterm Dach mit niedrigen Decken und Ausblick für 170 € oder im 5-Personen-Ferienhaus, auch aus dem Jahr 1732, für 1150 € die Woche. Loriol-du-Comtat, Tel. 04 90 65 71 00, Fax 04 90 65 77 93, www.chateautalaud.com

Die örtlichen Offices de Tourisme haben Infos zu **Radrouten.**
Klettern: Gîte des Dentelles de Montmirail, Le Village, Tel. 04 90 65 80 85.

Crestet

Provence-Atlas S. 232, B 1
Zwischen den Winzerorten **Vacqueyras** und **Beaumes-de-Venise** (s. S. 86) duckt sich die romanische **Wallfahrtskirche Notre-Dame-d'Aubune** mit ihrem markanten viereckigen, antik beeinflussten Turm an den Fuß eines Felsrückens. Das kleine **Le Barroux** wird von einem Renaissanceschloss bekrönt, und der steinerne Adlerhorst von **Crestet** schlägt selbst Séguret in puncto malerisches Ambiente: An Gärten, Mauern und einem lauschigen

Kirchplatz vorbei gelangt man zur ehemaligen Burg der Bischöfe von Vaison, heute eine Privatvilla. Den Ausblick darf jedoch jeder genießen, ebenso wie die zeitgenössischen Skulpturen im strahlend weißen Centre national d'art contemporain vor den Toren des Orts im naturgeschützten Wald (tgl. 11–18, April–Aug. bis 19 Uhr).

La Condamine: Tel./Fax 04 90 62 47 28, Crillon-le-Brave bei Bédoin, www.lacondamine.info. Gästezimmer/Appartement in schlichtem provenzalischem Stil auf dem traditionellen Weingut aus dem 17. Jh., Garten, DZ 55 €.

Moulin La Balméenne: av. Jules Ferry, Beaumes-de-Venise. Preisgekröntes Olivenöl, Honig, Seife, Keramik etc. in einem blumengeschmückten Gebäude.
Domaine La Monardière: Les Grès, Vacqueyras. Der Familienbetrieb produziert Bio-Weine, geernet wird mit der Hand, üppiger Roter aus dem Eichenfass mit Trüffelaroma.
Domaine de La Pigeade: route de Caromb, Beaumes-de-Venise. Der natürliche Süßwein mit Honigaromen wird jung getrunken, da er sich in der Flasche nicht mehr verändert. Er hält sich auch geöffnet lange im Kühlschrank.

Mont Ventoux

Provence-Atlas S. 232, B–C 1
Pittoreske Dörfer wie Le Caromb, Bédoin, Flassan, Brantes und Entrechaux sprenkeln die Füße des Schicksalsbergs der Provence. Die Fahrt hinauf beginnt in **Malaucène** (2100 Einwohner). Ein Platanenboulevard umrundet den engen Stadtkern mit Brunnen, Waschhaus und einer Wehrkirche aus dem 14. Jh., deren Langhaus noch aus der Romanik stammt. Mittwochs findet der pralle Wochenmarkt statt. Von Malaucène führt die D 974 auf den ›Nationalberg‹ der Provence, vorbei an der romanischen **Kapelle Notre-Dame-du-Groseau,** die hinter ihrem schlichten Äußeren Figurenkapitelle und eine achteckige Kuppel verbirgt. Die Quelle des Groseau wurde bereits in keltischer Zeit kultisch verehrt und das Wasser von den Römern nach Vaison geleitet.

Die Straße passiert das Skigebiet am Mont Serein (1445 m) und verläuft über spektakuläre Aussichtspunkte meist durch bewaldetes Gebiet.

Der wasserreiche, mit Libanon-Zedern, Steineichen, Lärchen und Kiefern bewaldete und eher schroffe Nordhang des Gebirgsstocks zeigt einen nordeuropäischen, alpinen Charakter, während der sanftere Südhang, dessen Quellen im Karstgestein versickern und in den Tälern, z. B. in der Sorgue-Quelle, wieder zutage treten, mit seinem Garriguebewuchs mittelmeerisch wirkt. Beim halbtägigen Aufstieg wandert man durch fünf Pflanzengesellschaften vom Mittelmeer bis zur Polarregion: Hier wachsen 1000 verschiedene Arten von der Palme zum gelben arktischen Mohn. Francesco Petrarcas Ventoux-Besteigung im Jahr 1336 markiert in der europäischen Geistesgeschichte den Beginn einer individuellen Naturbetrachtung. Einst war der Ventoux Schauplatz einer berüchtigten Autorallye, heute quälen sich die Radprofis der Tour de France bergauf – mehrfach war der Gipfel Etappenziel.

Auf dem kahlen, windumtosten Gipfel (1909 m), wo einst die Kelten ihren Windgott verehrten und die Römer ein Heiligtum errichteten, stehen heute Radar- und Wetterstation, Fernsehturm und die moderne Kapelle Ste-Croix. Von Dezember bis in den Mai hinein ist der Berg verschneit, doch auch in der warmen Jahreszeit wirkt die weißgraue Felskuppe von weitem wie eine Schneekappe. Da er oft von Wolken eingehüllt ist (dann lohnt die Fahrt hoch nicht), besucht man den ›Windigen‹ am besten in den Morgenstunden; auch das nächtliche Schauspiel der lichtschimmernden ›Unterwelt‹ bis hin zum Mittelmeer fasziniert.

Auberge La Maison: Beaumont-du-Ventoux, Tel. 04 90 65 15 50, Fax 04 90 65 23 29, geöffnet April–Okt. In einer Scheune des 18. Jh. nahe dem auf den Ventoux führenden GR 4. Geschmackvoll in schlicht-provenzalischem Stil eingerichtete Zimmer, abends bodenständige Regionalküche mit südwestfranzösischen Einschlägen, DZ 58–66 €.

Ski: Die Hauptstation Mont Serein und das kleine Chalet-Reynard bieten Alpinski mit Liften, Langlauf, Schneeschuhpiste, Ausrüstungsverleih, Skischule.

Auf den Mont Ventoux

Infos zur Besteigung des Ventoux per Rad und pedes erteilen die Offices de Tourisme von Bédoin, rue Portail Olivier, Tel. 04 90 65 63 95, und Malaucène, pl. de la Mairie, Tel. 04 90 65 22 59, wo man im Sommer nächtliche Ventoux-Wanderungen anbietet: Start gegen 22 Uhr, Schlafsack und warme Sachen mitbringen, nach ein paar Stunden Schlaf und einem kleinen Frühstück geht's hoch zum Sonnenaufgang auf den Ventoux. Reine Gehzeit ca. 4 Std. – etwas Kondition und Wanderschuhe müssen sein. Auch empfehlenswert: Botanische Führungen, z.B. zu essbaren Pflanzen.

Carpentras

Provence-Atlas S. 232, A 1
Die schon zu keltischen und römischen Zeiten bedeutende Handelsstadt (27 000 Einwohner) ist auch heute ein Umschlagplatz für die Weintrauben-, Kirsch- und Erdbeerkulturen des fruchtbaren bewässerten Umlands. Nachdem Clemens V., der später nach Avignon umzog, zu Beginn des 14. Jh. hier seine Residenz aufschlug, war Carpentras bis zur Revolution 1791 Hauptstadt der päpstlichen Grafschaft Comtat Venaissin, schlicht Comtat genannt. Innozenz IV. umgab Carpentras 1357–79 mit einer standesgemäßen Stadtmauer.

Porte d'Orange

Bis auf die zinnenbekrönte **Porte d'Orange** [1] wurde die Befestigung im 19. Jh. zerstört und durch den platanengesäumten Boulevardring ersetzt. Bevor man sich in Carpentras malerischem Kern aus engen Altstadtgassen und den Arkadengängen der Rue des Halles verliert, sollte man den weiten Blick auf Dentelles de Montmirail und Mont Ventoux genießen, der sich etwas unterhalb der Porte d'Orange eröffnet.

St-Siffrein

Die einschiffige, düstere **Kathedrale St-Siffrein** 2, deren Bauzeit sich von 1404 bis ins 17. Jh. hinzog, vermittelt noch ganz das Raum- und Formgefühl der provenzalischen Romanik. In der Kapelle links neben dem Chor wird Carpentras wichtigste Reliquie aufbewahrt: die hl. Trense (St-Mors), die die hl. Helena einst für das Pferd ihres Sohnes, des Kaisers Konstantin, aus einem Nagel vom Kreuz Christi hergestellt haben soll. Durch das Südportal im Flamboyantstil, die Porte Juive, zogen ›bekehrte‹ Juden zur Taufe in die Kirche ein – unter einer von Ratten angenagten Weltkugel hindurch, vielleicht ein Symbol des Ketzertums und eine Warnung an die meist unter Zwang Konvertierten (Mi–Mo 10–12,14–18, im Winter bis 16 Uhr). Der **römische Ehrenbogen** 3 an der Nordseite der Kathedrale, der vom Beginn des 1. Jh. stammt, zeigt eine außerordentlich gut erhaltene Darstellung zweier an einen Trophäenbaum geketteter keltischer Krieger.

Sehenswürdigkeiten
1 Porte d'Orange
2 Kathedrale St-Siffrein
3 Römischer Ehrenbogen
4 Synagoge
5 Hôtel Dieu

Übernachten
6 Hôtel Le Fiacre
7 Hôtel Le Forum

Essen und Trinken
8 Le Vert Galant

Synagoge

Im Gassengewirr des einstigen Ghettos, in dem bis zur Revolution an die 2000 Juden unter dem – teuren – Schutz der Päpste lebten, versteckt sich hinter einer unscheinbaren Fassade die **Synagoge** 4, die älteste Frankreichs, im 18. Jh. im bunten, dekorverliebten Stil des Rokoko errichtet. Neben dem Thoraschrein steht ein rotes, zerschlissenes Sesselchen in einer Wandnische, das, eine spezifisch com-

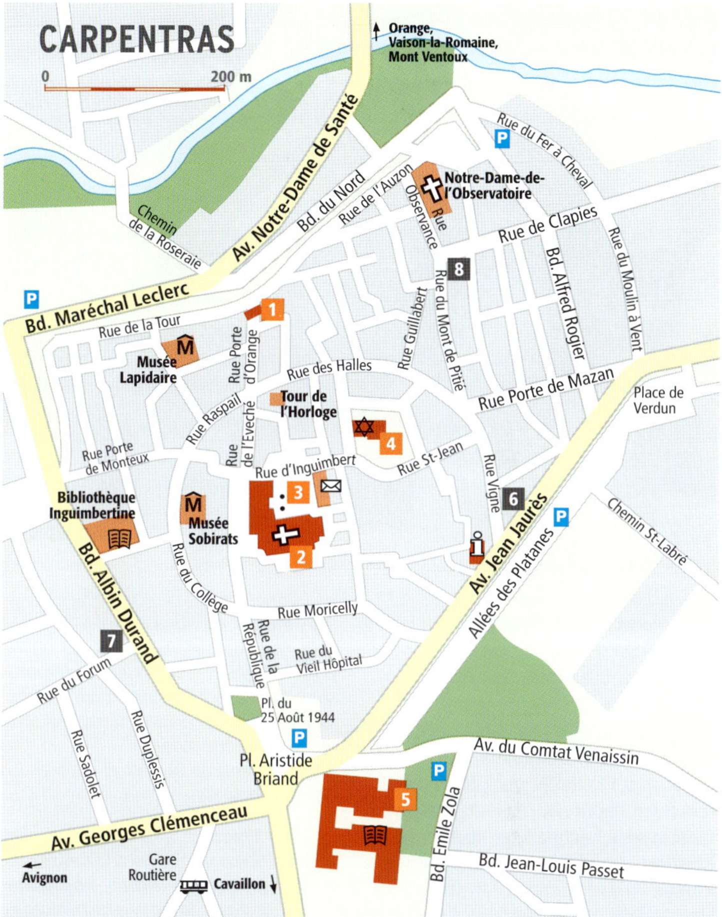

tadinisch-jüdische Tradition, den Propheten Elias symbolisiert. Im mittelalterlichen Untergeschoss liegen die Mikwes, Bäder für die rituellen Waschungen, sowie die Bäckerei zur Herstellung der ungesäuerten Brote (Mo–Do 10–12, 15–17, Fr bis 16 Uhr, während jüdischer Feiertage geschl.).

Das pompös-klassizistische **Hôtel-Dieu** 5 aus dem 18. Jh. beherbergt als kostbarsten Schatz die zeitgleiche komplette Apothekeneinrichtung. In

Geheime Riten, dicke Brieftaschen – Trüffelmarkt in Carpentras

Schubladen und provenzalischen Fayencen lagerte vom Salbei bis zum Mumienpulver alles, was das Apothekerherz begehrt (Mo, Mi, Do 9–11.30 Uhr). Das Denkmal davor zeigt Monseigneur Inguimbert, berühmtester Sohn, Bischof und Wohltäter der Stadt, der er das auch heute noch genutzte Hospital und eine reichhaltige, kostbare **Bibliothek** hinterließ (Bibliothèque-Musée Inguimbertine, Mo 14–18.30 Uhr, Di–Fr 9.30–18.30 Uhr, Sa 9.30–12 Uhr, Juli geschl.).

So geschäftig und lebhaft die Stadt tagsüber und im Besonderen am Freitag vormittags ist, wenn sich der Wochenmarkt in allen Straßen breit macht – abends werden hier die Bürgersteige hochgeklappt.

Office de Tourisme: 170 allées Jean Jaurès, Tel. 04 90 63 00 78, www.tourisme.fr/carpentras, inmitten des schön restaurierten Viertels um die ehemalige Charité. Führungen mit Trüffelsuche werden angeboten.

www.carpentras.net: Internetführer des Comtat Venaissin.

Le Fiacre 6: 153 rue Vigne, Tel. 04 90 63 03 15, Fax 04 90 60 49 73. 2-Sterne-Hotel in einem Palais des 18. Jh., großzügige Zimmer, schattiger Innenhof, gutes Frühstück, DZ 46–69 €.

Le Forum 7: 24 rue du Forum, Tel. 04 90 60 57 00, Fax 04 90 63 52 65, www.inter-hotel.com. 2-Sterne-Hotel mit freundlichen, postmodernen Einheitszimmern, DZ 47–70 €.

Camping La Roubine: Loriol-du-Comtat (Atlas S. 232, A 1), Tel. 04 90 65 72 87,

Mitte April–Sept. Neuer 3-Sterne-Platz mit Pool, Spielpatz, Schatten.

Le Vert Galant 8: 12 rue de Clapiès, Tel. 04 90 67 15 50, Mai–Sept. Mo mittags, Okt.–April So abends geschl. Gutes Preis-Leistungsverhältnis, Menu du Terroir 26 €, exzellent die Desserts.

Trödel- und Antiquitätenmarkt: So, allée Jean-Jaurès.
Trüffelmarkt: 27. November – Anf. März: Fr 8–10 Uhr, pl. Aristide-Briand. Die Geschäfte, für Uneingeweihte völlig undurchsichtig, werden diskret von Hand zu Hand getätigt.
Wochenmarkt: Freitag vormittags.
Thierry Vial: 288 av. Notre-Dame-de-Santé. Confiserie für Berlingots, die bunten Zuckerbonbons von Carpentras.

Festival der jüdischen Musik: Anf. Aug. Das einzige in Frankreich.
Salon des Santonniers: La Charité, Dezember. Krippenausstellung und Verkauf.

Fahrradverleih: Terzo sports, 519 av. F. Mistral, Tel. 04 90 67 31 56.

Zwei Busgesellschaften bedienen Carpentras. Cars Comtadins, 38 av. Wilson, Tel. 04 90 67 20 25: Avignon, Bédoin, Vaison. Cars Arnaud, 8 av. Victor-Hugo, Tel. 04 90 63 01 82: Avignon, Cavaillon, Aix, Marseille.

Comtat Venaissin

Venasque

Provence-Atlas S. 233, B 2
Eins der prämierten ›schönsten Dörfer Frankreichs‹ hat dem gesamten Comtat Venaissin seinen Namen vermacht. Einst eine päpstliche Festung, thront der verschlafene Ort mit seinen engen Gassen auf einem Fels über der Nesque, der einen weiten Blick bis zum Mont Ventoux erlaubt. Bei dem sog. Baptisterium – ein Bau mit kleeblattförmigem Grundriss und reicher Blendbogengliederung – in der romanischen Kirche des Ortes handelt es sich vermutlich um eine Grabkirche des 11./12. Jh., die auf Resten eines älteren Taufheiligtums entstand (15. März–Sept. tgl. 10–12, 15–19, Mi und So morgen geschl., Rest des Jahres bis 17/18 Uhr).

Le Beaucet

Provence-Atlas S. 232, B 2
Mit Burgruine, romanischer Kirche und teils troglodytischen Steinhäusern bietet Le Beaucet ein schönes Beispiel für ein liebevoll restauriertes Felsnest: Der Bäcker und Bürgermeister Roger Bouvier hat das sterbende Dorf wieder zum Leben erweckt. Anschluss an die Region um Gordes bringt die landschaftlich reizvolle Strecke über die *villages perchés* **Murs** und **Joucas**, die durch die anfangs steil aufragenden Monts de Vaucluse mit duftender Garrigue führt. 2 km südlich von Joucas von der D 102 führt ein ausgeschilderter Wanderweg von ca. 4 Stunden in die mit alten Mühlenruinen gespickte Schlucht der **Gorges du Véroncle**.

Office de Tourisme: Grand' Rue, Venasque, Tel. 04 90 66 11 66.

Auberge La Fontaine: pl. de la Fontaine, Venasque, Tel. 04 90 66 02 96, Fax 04 90 66 13 14, www.auberge-lafontaine.com, So abend,

Mo geschl. Gebäude aus dem 18. Jh. mit Terrakottaböden, weißen Wänden mit viel Holz und Stein. Im Erdgeschoss Bistro, Menü 18 €, im 1. Stock gastronomische Regionalküche mit viel Trüffeln, Menü 38 €, nur abends; exquisite Appartements 125–141 €.

Ballonflug: Montgolfière Provence, John & Petra Bolten, Mas Fourniquière, Joucas, Tel. 04 90 05 76 77, www.avignon-et-provence.com/ballooning.
Asinerie du Devens: Le Beaucet, Tel./Fax 04 90 66 14 53: Ausflüge mit (nicht auf !) Eseln, geführt oder allein, ca. 40 € pro Tag.

Pernes-les-Fontaines

Provence-Atlas S. 232, A 2
Pernes (8000 Einwohner) war vor Carpentras bis 1320 die Hauptstadt des Comtat Venaissin und bildet mit seiner Stadtmauer, den spätmittelalterlichen Festungstoren und den zahlreichen pastellfarbenen Stadthäusern ein reizendes Bauensemble. Den 36 Brunnen, die seine engen Sträßchen beleben, verdankt Pernes den Namenszusatz »les fontaines«. Eine historische Rarität stellen die gotischen, um 1285 gemalten Fresken in der rechteckigen, einst der Aufbewahrung von Urkunden dienenden Tour Ferrande dar. Sie zeigen neben religiösen Darstellungen und höfischen Szenen wohl den Kampf Karls von Anjou gegen die letzten Staufer Manfred und Konradin um Sizilien und Unteritalien. Vom Office de Tourisme bringt Sie ein Führer in den Turm (pl. Gabriel Moutte, Tel. 04 90 61 31 04, www.ville-pernes-les-fontaines.fr).

Ferme-Auberge Les Adoux: La Roque-sur-Pernes, Tel. 04 90 61 66 40, 14. Juli–1. Aug. geschl. Schlichte,

Vor dem mittelalterlichen Festungstor in Pernes-les-Fontaines

gute Bauernküche mit Produkten vom Hof – Kaninchen, Rosmarin-Ziegenkäse, Menü inklusive Wein 20 €.

La Forge: 11 chemin Paluds Les Valayans, Tel. 04 90 62 03 81. In seiner Schmiede verkauft Jean-Philippe Fally die typischen provenzalischen schmiedeeisernen Gitter.
Wochenmarkt: Sa morgens.

L'Isle-sur-la-Sorgue

Provence-Atlas S. 232, A 2
Das ›provenzalische Venedig‹ hat man die Sorgue-Stadt ein wenig übertrieben genannt (13 000 Einwohner). Tatsächlich umschließen träge dahinströmende Sorgue-Arme, die bemooste Wasserräder antreiben, die Altstadt. In diesem Labyrinth aus Gassen und Kanälen steht die Kirche Notre-Dame-des-Anges mit ihrer leicht muffigen, komplett barocken Inneneinrichtung. Das Zentrum des provenzalischen Antiquitätenhandels – 40 Antiquitätengeschäfte und sieben *villages d'antiquaires* – gilt als Mekka für US-amerikanische Einkäufer mit vielen Dollars und Peter Mayles Büchern in der Tasche, was Probleme aufwirft: Die Preise explodieren, und immer mehr unersetzliches Kulturgut verlässt das Land.

Office de Tourisme: pl. de la Liberté, Tel. 04 90 38 04 78.

Clos St-Antoine: 338 chemin des Florides, St-Antoine, Tel. 04 90 38 90 94, Fax 04 90 38 92 46, www.clos-saint-antoine.com. Absolute Ruhe in zwei alten Natursteinhäusern 5 km vom Zentrum, Garten, Pool, luxuriöse Gästezimmer im Landhaus-Stil mit Terrasse, DZ inkl. Frühstück 80–120 €.
Camping Municipal La Sorguette: 1,5 km N 100 Richtung Apt, Tel. 04 90 38 05 71, Fax 04 90 20 84 61, www.camping-sorguette.com. 3-Sterne-Platz in ruhiger Lage am Ufer der Sorgue, vielfältige Sportmöglichkeiten: Angeln, Kanu/Kajak, **Fahrradverleih**.

›Antiquitätendörfer‹ sind mehrere Händler unter einem Dach, meist ehemalige Industriegebäude an einem Sorgue-Arm außerhalb der Innenstadt, z.B. Village d'Antiquaires de la Gare, av. Egalité, Sa/So 10–19, Mo 10–14 Uhr.
Märkte: Antiquitätenmessen zu Ostern und Mitte August. Trödel- und Antiquitätenmarkt So, quai des Quatre-Otages. Wochenmarkt: Do, So morgens.

Nationalfeiertag: 14. Juli, Défilé auf der Sorgue, z.B. mit den *Nego Chins*, typischen Booten mit flachem Boden.
Markt auf Booten auf der Sorgue mit provenzalischen Trachten am 1. So im August.

Canoë-Evasion: Tel. 04 90 38 26 22. Kanu- und Kajakfahrten auf der nie mehr als 13° C warmen Sorgue.

Fontaine-de-Vaucluse

Provence-Atlas S. 232, B 2
Tausende von Ausflüglern pilgern in der Hochsaison täglich zur Quelle der Sorgue in dem Weiler mit der romanischen Kirche St-Véran. Der Weg, zunächst gesäumt von Straßencafés, Andenkenläden und Imbissstuben, führt unterhalb der mittelalterlichen Burgruine an der Sorgue entlang.

Am Ende des ›geschlossenen Tals‹ (von lat. *vallis clausa*) überragt ein steiler Klippenrand des Vaucluse-Massivs den Quelltopf der Sorgue, der größten Quelle Europas. Nur im regenreichen Frühjahr läuft er mit Abflussgeschwindigkeiten bis zu 120 m/Sek. über. Dann speist ihn das weit gespannte Netz unterirdischer Kanäle, welches das Vaucluse-Massiv unterkellert und dessen Wasser hier, von undurchlässigen Gesteinsschichten am Weiterfließen gehindert, emporsteigen. In 308 m Tiefe stieß 1985 der Tauchroboter Modexa auf den vermutlichen Quellboden, mit 205 m stellte der Deutsche Hasenmeyer im selben Jahr den Weltrekord im Süßwassertauchen auf. Im **Musée de Spéléologie** bekommt man den unausgeschriebenen Tauchwettbewerb im Quellschlund erklärt, geht durch rekonstruierte unterirdische Räume und bewundert die einzigartige Stalaktitensammlung des Höhlenforschers Norbert Casteret (Febr.–Mitte Nov. 10–12, 14–18.30 Uhr, Juli/Aug. tgl., sonst Mi–So).

Nach Verlassen des Museums durchquert man unweigerlich die Papiermühle **Moulin à Papier Vallis Clausa**, wo Papier noch wie im 15. Jh. mit der Hand geschöpft und verkauft wird, sowie das **Santon-Museum** der Galerie Vallis Clausa, das Krippen und Szenen aus Marcel Pagnols Büchern zeigt. Gegenüber erinnert das moderne, didaktisch hervorragend konzipierte **Résistance-Museum** an die Geschichte des Widerstands in der Region (15. April–15. Okt. und Ferien Mi–Mo 10–12, 14–18 Uhr, Juli/Aug. 10–19, sonst nur Sa/So).

Angesichts des heutigen Rummels fällt es schwer sich vorzustellen, dass Petrarca den idyllischen Ort einst wegen seiner Einsamkeit, die seine dichterische Phantasie beflügelte, zum Domizil auserkoren hatte. 1337 bis 1349 hatte der Dichter sich aus Abscheu vor dem Sündenbabel des Avignoner Papsthofes, in das er als ›Angestellter‹ des Kardinals Colonna notgedrungen eingetaucht war, in sein Anwesen an der Sorgue-Quelle zurückgezogen – so etwas wie das erste Ferienhaus der Literaturgeschichte. Das **Petrarca-Museum** steht angeblich an diesem Ort (15. April–15. Okt. Mi–Mo 10–12 Uhr, 14–18.30 Uhr, sonst nur Sa/ So).

Hunderte von gelben und orangefarbenen, ›Makkaroni‹-Stalaktiten hängen in der Tropfsteinhöhle **Grotte de Thouzon** in der Nähe von Le Thor von der hohen Decke – 2 cm pro Jahrhundert wachsen sie! (Febr.–Nov. tgl. 10–12, 14–18, Juli/Aug. 9.30–19 Uhr).

Office de Tourisme: chemin du Gouffre, Tel. 04 90 20 32 22.

Mas des Prés: 946 chemin de la Traille, Le Thor, Tel. 04 90 02 14 22, Fax 04 90 02 15 44, www.avignon-et-provence.com/mas-des-pres. Ausgefallene, exquisite Gästezimmer mit alten Möbeln und den Bildern der Wirtin, einer Künstlerin, Pool, DZ 90–120 €.
Jugendherberge: chemin de la Vignasse, Tel. 04 90 20 31 65: März–Okt., Zelten möglich, **Fahrradverleih.**

Kayak Vert: Bootsvermietung für die 8 km lange Sorgue-Fahrt nach L'Isle-sur-la-Sorgue, Rückfahrt im Büsschen, am Aquädukt am Ortsausgang, Tel. 04 90 20 20 28, www.canoefrance.com; hier auch Angeln möglich wie an der ganzen, für ihre Forellen berühmten Sorgue.

AVIGNON UND RHÔNE-UMGEBUNG

Hinter Avignons hohen grauen Mauern pulsiert das Leben einer agilen Kulturstadt, weltberühmt durch Papstpalast und Theaterfestival. Kunstgenuss und Päpstereminiszensen verspricht auch die stille Zwillingsstadt Villeneuve am anderen Rhône-Ufer. Die wertvollen Weinberge von Châteauneuf-du-Pape gehörten einmal den Pästen, die mächtige Burg von Tarascon dem ›guten‹ König René.

Avignon

Provence-Atlas S. 231, E 3
Das etwa 90 000 Einwohner zählende Avignon war eine von Europas Kulturhauptstädten des Jahres 2000. Seine bedeutendsten Denkmäler wie der Papstpalast sind von der UNESCO in das Weltkulturerbe aufgenommen worden. Vielleicht liegt es an der politischen Sonderentwicklung Avignons, das erst 1791 an Frankreich fiel und bis dahin als Besitz der Päpste starkem italienischem Einfluss ausgesetzt war, dass die ›Stadt der Winde‹ – vom Namen der römischen Siedlung Avenio – ein bisschen wie ein kühler, eleganter Fremdkörper inmitten ihrer bodenständigen provenzalischen Umgebung wirkt. Die schönsten Bauten konzentrieren sich um die Achse Place du Palais, Place de l'Horloge und Rue de la République. Ein aufmerksamer Blick nach oben lohnt wegen zahlreicher architektonischer Details wie zum Beispiel den Heiligen- und Madonnennischen an den Fassaden.

Das weltweit renommierte **Festival d'Art Dramatique,** 1947 von dem legendären Schauspieler, Regisseur und Theaterleiter Jean Vilar ins Leben gerufen, verwandelt jedes Jahr im Juli die Straßen, Plätze und Kirchen in ein pulsierendes, multimediales Kunst-Spektakel. Dreimal so viele Menschen wie sonst bevölkern dann die Stadt. Das *In* ist große Theaterkunst im Ehrenhof des Papstpalastes. Im flippig-experimentellen *Off* zeigen junge, noch nicht etablierte Künstler ihre Performances von Pantomime bis Tanz in jedem verfügbaren Winkel der Theaterstadt.

Der Papstpalast

Die Hauptattraktion Avignons ist zweifellos das **Palais des Papes** [1]. Wehrhaft, abweisend und stolz ragen die glatten Mauern und Türme über der weiten, leicht ansteigenden Place du Palais auf: bis zu 50 m die Tour de la Campane an der linken Ecke. Sie gehört zu dem von Pierre Poisson unter Papst Benedikt XII. erbauten ›Alten

Le Palais Sécret

Den ›geheimen Palast‹ enthüllt eine Führung mit vorheriger Anmeldung unter Tel. 04 90 27 50 00: In kleinen Gruppen entdeckt man Privatgemächer, Ankleidezimmer, Bäder, Privatkapellen, Gärten, jüngste Ausgrabungen, vorher oder nachher wird Frühstück/ Brunch auf der Palastterrasse serviert; Sept.–Juni Sa/So, Juli–Sept. mehrmals tgl.

Palast‹, dessen Gebäude sich nach hinten in einem unregelmäßigen Trapez um einen Innenhof gruppieren. Die zisterziensische Herkunft dieses Papstes spiegelt sich in dem strengen Charakter seines Palastes und dem Kreuzgang ähnlichen Innenhof. Der ›Neue Palast‹, deutlich durch seine vorversetzte Fassade gekennzeichnet, wurde im Wesentlichen von Jean de Louvres unter Papst Clemens VI., einem lebensfrohen Renaissancefürsten, errichtet. Seine Gebäude bilden nach hinten zu die West- und Südseite des Großen Innenhofs. Die Revolution und die anschließende Umwandlung des Papstpalastes in ein Gefängnis und eine Kaserne haben zwar vieles unwiederbringlich zerstört, doch blieb noch genug von der – ab 1906 restaurierten – Innenausstattung erhalten, um den unerhörten Luxus ahnen zu lassen, mit dem der ›Diener der Diener Gottes‹ sich einst umgab. Die Ausmalung der Räume wurde hauptsächlich von Matteo Giovanetti ausgeführt, einem Schüler des zuvor ebenfalls hier tätigen Simone Martini.

Die Innenräume des Papstpalastes

Die Besichtigung der Innenräume beginnt in einem kleinen Museum, das die Geschichte der Stadt unter den Päpsten veranschaulicht. Im **Trésor Bas** lag unter den hochklappbaren Steinplatten des Fußbodens das Fundament der päpstlichen Macht: die – nun leeren – Münzdepots der Schatzkammer. Ernennungen von Kardinälen und Empfänge hoher Würdenträger wickelten sich im **Consistoire** ab, der Versammlung der Kardinäle unter Vorsitz des Papstes. Heute werden hier die schlecht erhaltenen Fresken Simone Martinis vom Tympanon der nebenan gelegenen Kathedrale aufbewahrt. Die Fresken der **Chapelle St-Jean** von Matteo Giovanetti, 1346–48 ausgeführt, stellen die Geschichten Johannes des Täufers dar. Dem **Grand Tinel,** der Banketthalle, schließt sich an der Schmalseite die **Küche** mit einem 20 m hohen Rauchfang an.

Die in strahlendem Blau gehaltenen Fresken Giovanettis in der **Chapelle St-Martial** (1344/45) an der Langseite des Grand Tinel wurden wie die der **Johanneskapelle** von den hier im 19. Jh. kasernierten Soldaten bis in Kopfhöhe abgeschlagen, um sie stückweise verkaufen zu können – vor dem Gekreuzigten hatten sie offenbar Respekt, denn der blieb, obwohl in bequemer Höhe, unversehrt. Beim Herausgehen aus dem Saal sieht man einen zugemauerten Spitzbogen, der bei einem Konklave (Versammlung der Kardinäle zur Papstwahl, wozu sie in einer Zimmerflucht eingemauert wurden) aufgebrochen

Der Papstpalast von Avignon gehört zum Weltkulturerbe der Menschheit

wurde, um den Kardinälen Bewegungsfreiheit innerhalb ihrer Suite zu geben.

Den Höhepunkt der Besichtigung stellen die **Privatgemächer der Päpste** dar. Die Wände des Schlafzimmers überzieht eine leicht verblichene Bemalung in Temperafarben: Vögel tummeln sich in Weinranken, Eichhörnchen in Eichenlaub. Das Studierzimmer, auch Hirschzimmer genannt, zeigt Jagd- und Fischfangszenen. Eine neue Lebensfreude, ein im Spätmittelalter einsetzendes Interesse an der profanen Umwelt dokumentiert sich hier, das die Renaissance anzukündigen scheint.

Gigantisch sind die Ausmaße der schlichten, 52 m langen **›Kapelle‹ Clemens' VI.** Der Große Innenhof sah im Juli 1947 die erste Aufführung des Theaterfestivals: Shakespeares »Richard II.« mit Jean Vilar in der Titelrolle. Ein Teil des Papstpalastes wurde in ein modernes Kongresszentrum umgewandelt (April–1. Nov. 9–19, Festival bis 21, Aug./Sept. bis 20, 2. Nov.–März 9.30–17.45 Uhr, Kassenschluss 1 Std. vorher; mit oder ohne Führung, auch in Deutsch, Audioguides auch in Deutsch, gute Beschriftung; www.palais-des-papes.com).

Rund um den Papstpalast

Dass Avignon nicht nur eine Stadt der Gotik, sondern auch des – italienisch inspirierten – Barock ist, zeigt das **Hôtel des Monnaies** [2], 1619 wohl von Domenico Borboni entworfen, mit sei-

PÄPSTE UND GEGENPÄPSTE ODER DIE BABYLONISCHE PAPSTVERWIRRUNG

Die große Zeit Avignons zog im Spätmittelalter herauf, als die Oberhirten der Christenheit ihre Residenz an der Rhône aufschlugen. Parteikämpfen in Rom wollten sie dadurch entgehen. Nachdem schon der aus Frankreich stammende Papst Clemens V. (1305–1314) sich in Malaucène und Carpentras und ab 1309 in Avignon aufgehalten hatte, nahm Johannes XXII. (1316–1334), ebenfalls gebürtiger Franzose und Bischof von Avignon, dauerhaft hier Sitz: Die ›Babylonische Gefangenschaft‹ der Kirche, deren Führer unter den Einfluss des französischen Königs gerieten und dessen politischen Zielen dienten, setzte sich fort unter Benedikt XII. (1334–1342), der den Papstpalast erbauen ließ, Clemens VI. (1342–1352), der Avignon für 80 000 Gulden von der Königin Jeanne von Neapel kaufte, und Innozenz VI. (1352–1362), unter dessen Pontifikat die Stadtmauer entstand.

Avignon entwickelte sich zu einem kosmopolitischen Kunstzentrum ersten Ranges. Der Papsthof zog bedeutende italienische Maler an wie Simone Martini oder Matteo Giovanetti und Dichter wie den großen Petrarca. Universität und päpstliche Bibliothek genossen Weltruhm. Die Stadt streifte sich ein prunkvolles spätgotisches Gewand über aus Kirchen, Türmen und Kardinalsresidenzen, den *livrées*. Das Kunst- und Sündenbabel platzte aus allen Nähten und wuchs über den Mauerring hinaus, denn die etwa 40 000 Menschen – Papstgefolge, Kardinäle, Adlige, Händler, Handwerker, Kleriker, Ordensleute, Kurtisanen, Glücksspieler und Beutelschneider – wollten untergebracht sein. Petrarca geißelte den exorbitanten Luxus: »Avignon ist eine Kloake, wo der Unrat des gesamten Universums zusammengeflossen zu sein scheint. ... Alles hier atmet Lüge: die Luft, die Erde, die Häuser und vor allem die Schlafzimmer.«

Obwohl schon Urban V. (1362–1370) auf Anraten reformatorischer kirchlicher Kräfte zeitweise nach Rom zurückkehrte, beendete erst Gregor XI. (1370–1378) mit der moralischen Unterstützung Katharinas von Siena gegen den erbitterten französischen Widerstand das Avignoner Exil. Die Franzosen, die diesen Einflussverlust nicht hinzunehmen gedachten, ließen Clemens VII. (1378–1394) gegen den in Rom gewählten und u. a. vom deutschen Reich und England unterstützten Urban VI. (1378–1389) durch ›ihre‹ Männer küren: Das Große Abendländische Schisma hatte begonnen. In Avignon residierten noch die Gegenpäpste Benedikt XIII. (1394–1417) und von 1410 bis 1415 Johannes XXIII., die zeitweise von gegnerischen Truppen im Papstpalast belagert wurden. Erst das Konzil von Konstanz, das sich angesichts von nunmehr drei schismatischen Päpsten zur höchsten kirchlichen Instanz erklärte, konnte diese tief greifende Spaltung des mittelalterlichen Europa im Jahre 1417 beenden.

nen gigantischen Reliefs. Im 17. Jh. erlebte die Stadt durch Tuchmanufakturen, die gemusterte, indischen Vorlagen abgeschaute Baumwollstoffe, die *indiennes,* herstellten, eine zweite Blütezeit, die sich in der Errichtung barocker Stadtpalais niederschlug.

Die Päpste umgaben die Stadt in den Wirren des Hundertjährigen Krieges mit der noch heute komplett erhaltenen **Stadtmauer,** deren grob elliptischer, der Rhône-Schleife angepasster Bogen eine Länge von 4,3 km aufweist. Die Restauration durch den berühmten Baumeister und Kunsttheoretiker Viollet-le-Duc (1814–1879) hat den wehrhaften Charakter der Befestigung weitgehend beseitigt, so dass sie heute wie eine adrette Spielzeugmauer wirkt. Für eine Besichtigung empfiehlt sich der Mauerabschnitt südlich des **Pont St-Bénézet** [3].

Diese Brücke, die durch das Kinderlied Weltberühmtheit erlangt hat, besitzt heute nur noch vier der ursprünglich 22 Pfeiler und nur noch 140 der einst 915 m Länge. Außerdem tanzte man früher nicht auf, sondern unter dem *pont d'Avignon*. Zweifellos ein technisches Meisterwerk des 13. Jh., folgte die Brücke dem Vorbild römischer Aquädukte in der Provence: Nicht gerade, sondern mit einem stumpfen Winkel versehen stemmte sie sich gegen die Rhône-Strömung. Die Legende berichtet, der Hirtenjunge Bénézet habe die Stimme des Herrn vernommen, die ihm befohlen habe, diese Brücke zu erbauen, und er habe diese schwierige Aufgabe auch mit Hilfe von allerlei Wundertaten bewerkstelligt (April–1. Nov. 9–19, Juli bis 21, Aug./Sept. bis 20, 2. Nov.–März 9.30– 17.45 Uhr).

Ein Museumsbesuch in der ehemaligen Residenz des Kardinals Arnaud de Via, dem **Petit Palais** [4], erschließt eine herausragende Sammlung italienischer Malerei vom 13. bis 15. Jh. – Taddeo Gaddi, Lorenzo Monaco, Sandro Botticelli, Domenico Ghirlandaio – und Avignoner Skulptur des 12.–15. Jh. Die letzten drei Säle widmen sich der Schule von Avignon, deren Hauptvertreter Enguerrand Quarton mit dem 1450–55 entstandenen Retable Requin vertreten ist (Mi–Mo Okt.–Mai 9.30–13, 14–17.30, Juni–Sept. 10–13, 14–18 Uhr).

Ob schon die in der Steinzeit auf dem **Rocher des Doms** [5] siedelnden Menschen den Sonnenuntergang von hier oben genossen haben? Von den Aussichtsterrassen spiegelt sich die Silhouette des gegenüberliegenden Villeneuve in der Rhône, im Norden erblickt man Châteauneuf-du-Pape, zu Füßen des Felsens dehnt sich das rote Dachpfannenmeer Avignons aus. Unter hundertjährigen, vom Mistral waagerecht gefegten Kiefern und Zedern, um Teiche und Grotten fahren Kids unter den Augen ihrer flanierenden Eltern Roller, schlagen Pfauen ihre Räder. Nicht viel mehr als 100 Flaschen ergeben die 1997 gepflanzten Weinstöcke hier oben, die kleinste provenzalische AOC-Lage in der Hauptstadt der Côtes-du-Rhône-Weine!

Die imposante Rampentreppe führt auf der anderen Seite hinunter zu der einschiffigen, romanischen **Kathedrale Notre-Dame-des-Doms** [6] aus dem 12. Jh. Sie ist berühmt für ihre an-

Sehenswürdigkeiten

1 Palais des Papes
2 Hôtel des Monnaies
3 Pont St-Bénézet
4 Petit Palais
5 Rocher des Doms
6 Kathedrale Notre-Dame-des-Doms
7 Chapelle des Pénitents Noirs
8 Theater
9 Hôtel de Ville
10 St-Agricol
11 St-Pierre
12 St-Didier
13 Livrée Ceccano
14 Musée Lapidaire
15 Musée Angladon
16 Chapelle des Pénitents Gris
17 Chapelle des Cordeliers
18 Collection Lambert
19 Musée Calvet

Übernachten

20 Hôtel Cloître St-Louis
21 Hôtel De Blauvac
22 Hôtel Médiéval
23 Hôtel La Ferme
24 Chambres d'hôtes Anastasy
25 Auberge Bagatelle

Essen und Trinken

26 L'Isle Sonnante
27 Le Grangousier
28 Cloître des Arts
29 Robert Brunel
30 Le Grand Café
31 La Tache d'Encre
32 Cyberdrome

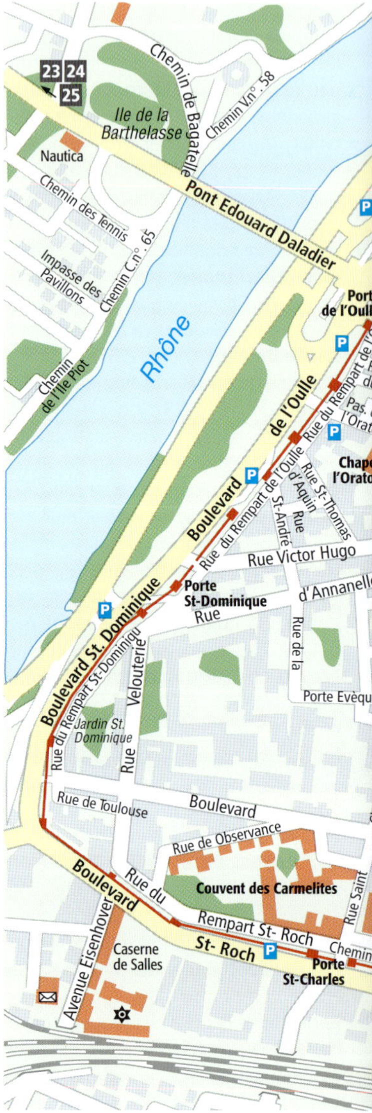

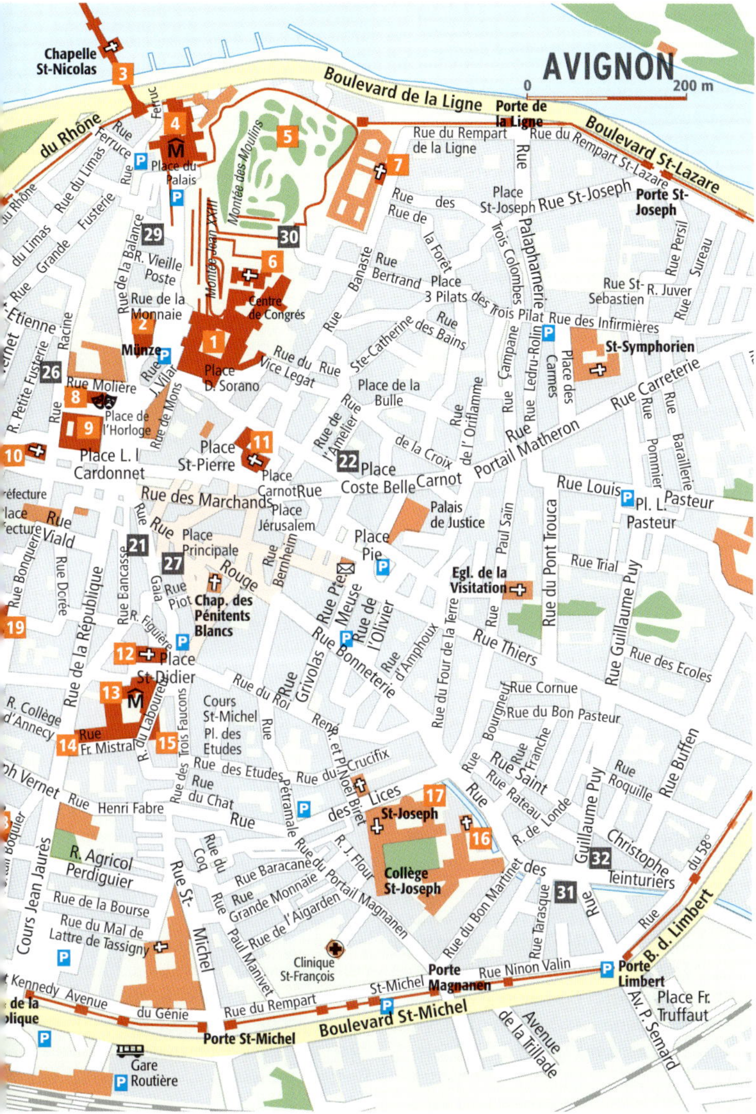
AVIGNON
0
200 m
Chapelle St-Nicolas
3
Boulevard de la Ligne
Porte de la Ligne
Boulevard St-Lazare
Rue du Rempart St-Lazare
Rue du Rempart de la Ligne
du Rhône
Rue Ferruce
Ferruc
4
5
Montée des Moulins
7
Place du Palais
Rue du Limas
Fusterie
Rue Grande
Rue de la Balance
29
R. Vieille Poste
Montée Jean XXIII
30
6
Centre de Congrès
Rue de la Monnaie
2
Münze
1
Place D. Sorano
Rue Racine
26
Rue Molière
8
9
Place de l'Horloge
Rue de Mons
J. Vilar
R. Petite Fusterie
10
Place L. Cardonnet
Place St-Pierre
11
Rue des Marchands
Place Carnot
Place Jérusalem
Rue Vialdi
Rue Bonneterie
Place Principale
21
27
Rue Rouge
Rue Piot
Chap. des Pénitents Blancs
Rue Bernheim
Rue Eancasse
Rue Dorée
Rue de la République
Rue Bonquerie
19
R. Figuière
12
Place St-Didier
13
R. du Laboureur
R. Collège d'Annecy
14
Rue Fr. Mistral
15
Rue des Trois Faucons
Cours St-Michel
Pl. des Etudes
Rue du Roi
Rue Grivolas
Rue des Etudes
Rue du Chat
Rue Henri Fabre
R. Agricol Perdiguier
Rue de la Bourse
Rue du Mal de Lattre de Tassigny
Cours Jean Jaurès
Rue St-Michel
Rue du Coq
Rue Pétramale
Rue Baracane
Rue Grande Monnaie
Rue de l'Aigarden
Rue Paul Manivet
Rue du Portail Magnanen
R. J. Flour
Rue des Lices
Rue du Crucifix
René et Pl. Noël Biret
17
St-Joseph
16
Collège St-Joseph
Clinique St-François
Porte Magnanen
Rue Ninon Valin
Porte Limbert
B. d. Limbert
du 58e
Place Fr. Truffaut
Av. P. Semard
Avenue de la Trillade
Boulevard St-Michel
Porte St-Michel
Rue du Rempart St-Michel
du Génie
Kennedy Avenue
Gare Routière
Rue des Teinturiers
Christophe
31
32
Rue Guillaume Puy
Rue Tarasque
Rue du Bon Martinet
R. de Londe
Rue Rateau
Rue Saint
Rue Franche
Bourgneuf
Rue du Bon Pasteur
Rue Cornue
Rue Roquille
Rue Buffon
Rue des Ecoles
Rue Thiers
Rue du Four de la Terre
Rue d'Amphoux
Rue de l'Olivier
Rue Meuse
Rue Pte.
Rue Paul Sain
Egl. de la Visitation
Rue du Pont Trouca
Rue Trial
Rue Louis Pasteur
Pl. L. Pasteur
Rue Pommier
Rue Barailerie
Rue Carreterie
Rue Portail Matheron
Palais de Justice
Place Pie
Place Carnot
Place Coste Belle
22
Rue de la Croix
Rue de l'Oriflamme
Rue de l'Amellier
Place de la Bulle
Rue Ste-Catherine
Rue des Bains
Rue du Vice Legat
Rue Banaste
Rue Bertrand
Place 3 Pilats
Rue des Trois Pilat
Rue de la Forêt
Rue des Trois Colombes
Place St-Joseph
Rue St-Joseph
Porte St-Joseph
Rue Palapharnerie
Rue Campane
Rue Ledru-Rolin
Place des Carmes
St-Symphorien
Rue des Infirmières
Rue St-Sébastien
R. Juver
Rue Persil
Rue Sureau
P

On y danse: Pont St-Bénézet

tikisierende Vorhalle, deren Kompositionsschema das Vorbild des Juliermonuments in Glanum erkennen lässt. In dem harmonisch barockisierten Kircheninneren verdient der aus Italien stammende Bischofsthron des 12. Jh. sowie das Grabmal Papst Johannes XXII. im Flamboyantstil Beachtung.

Ein Spaziergang um den Papstpalast führt über die spektakuläre, teils in den Fels gehauene Rue Peyrollerie, die Straße der Kesselflicker, in die gewundene Rue de la Banasterie, die Straße der Weidenkorbflechter, mit barocken Stadtpalais wie No. 13 und 25 und der **Chapelle des Pénitents Noirs** 7 aus dem 18. Jh. Sie stellt die einzige original erhaltene Kapelle der *pénitents* dar, jener für Avignon typischen, von Laien gebildeten Büßerkongregationen.

Place de l'Horloge und Rue de la République

Die Place de l'Horloge mit dem **Theater** 8 und dem **Hôtel de Ville** 9 entstand im Zuge der Stadterweiterung des 19. Jh., die das mittelalterliche Straßennetz stellenweise ersetzte. Die heutige Hauptverkehrsader ist die von Geschäften gesäumte Rue de la République. Die Place de l'Horloge mit Karussell und vielen Brasserien wie dem Lou Mistrau, deren Terrassen zum *apéro* oder *petit noir* animieren, ist auch die Bühne der Straßenkünstler.

Ein Beispiel gelungener Stadtsanierung bietet das Quartier de la Balance zwischen Place de l'Horloge und Rhône, wo noch im 19. Jh. die Wäscherinnen auf hölzernen Booten ihrer Arbeit nachgingen. Um die **Kirche St-Agricol** 10, eine der ältesten der Stadt, deren heutiges Gesicht auf das 15. Jh. zurückgeht, harmonisiert postmoderner Schick mit historischen Strukturen von Mittelalter bis Barock. Hier entdeckt man elegante und witzige Läden, kleine Restaurants, teure Eigentumswohnungen und jene farbenfrohen Trompe-l'œil-Malereien, die zu Ehren der Festivalkünstler nun die Fassaden ganz Avignons schmücken. In den kleinen Straßen der Fußgängerzone nahe der Place de l'Horloge, rund um die spätgotische **Kirche St-Pierre** 11 mit ihren sehenswerten holzgeschnitzten Renaissancetürflügeln, findet man ein ruhiges, angenehmes Einkaufsviertel.

Im Süden der Place de l'Horloge

Südlich der Place de l'Horloge wartet ein sympathisches Gassengewirr mit zahlreichen, auch preiswerten Restaurants auf neugierige Spaziergänger. Bemerkenswert die prächtigen barocken Stadthäuser, die die enge Rue du Roi René säumen. Die gotische **Kirche St-Didier** 12 in diesem Viertel besitzt Fresken des 15. Jh. und ein Retabel des berühmten florentinischen Bildhauers Francesco Laurana. Die vorbildlich renovierte ehemalige Kardinalsresidenz, die **Livrée Ceccano** 13 aus dem 14. Jh., beherbergt heute die Bibliothek und städtische Mediathek (Mo 13–18, Di–Sa 10–18 Uhr). Im **Musée Lapidaire** 14, der ehemaligen Jesuitenkapelle, sind die keltischen, hellenistischen und römischen Skulpturen des Musée Calvet ausgestellt, u.a. die keltoligurische Tarasque de Noves, ein Menschen verschlingendes Ungeheuer, und ein gallischer Krieger (Mi–Mo 10–13, 14–18 Uhr).

Das **Musée Angladon** 15 gegenüber dem Haupteingang der Bibliothek Ceccano zeigt in einem Adelspalais eine hochwertige Sammlung von Malerei des 19. und frühen 20. Jh. – Cézanne, Manet, Picasso, Sisley, Van Gogh (Mi–So 13–18 Uhr, Juli–Sept. auch Di).

Schlendern Sie die Rue du Vieux Sextier, die Rue des Lices oder die Rue des Teinturiers entlang, die ehemalige Färberstraße. Neben ihr verläuft ein romantischer Kanal mit alten Wasserrädern, unerlässlich für das einst hier be-

Sehen und gesehen werden im Grand Café

triebene Handwerk. Die **Chapelle des Pénitents Gris** (Grauen Büßer) 16, die **Chapelle des Cordeliers** (Franziskaner) 17, Trödelläden und alternative Restaurants verleihen diesen Straßen einen kleinstädtisch anmutenden Charme.

Zum neuen Millennium erhielt Avignon aus der Schenkung des Kunstsammlers und Galeristen Yvon Lambert ein bedeutendes Museum für zeitgenössische Kunst. Schwerpunkte der **Collection Lambert** 18 sind Minimal und Land Art, sowie Konzeptuelle Kunst (Di–So 11–18, im Sommer bis 19 Uhr; das Café dehnt sich im Sommer in den lauschigen Innenhof des Hôtel de Caumont aus dem 18. Jh. aus).

Die Rue Joseph Vernet, eine berühmte Adresse des gehobenen Shopping mit etlichen Antiquitätenläden, säumen gediegene barocke Adelspalais. Das schönste von ihnen, das Hôtel de Villeneuve-Martignan aus dem 18. Jh., beherbergt das renovierte **Musée Calvet** 19 mit seinen beachtenswerten Sammlungen von Kunsthandwerk, Plastik und Malerei; der Schwerpunkt liegt auf Werken des Manierismus, des 19. Jh. und auf Avignoneser Malerdynastien des 17./18. Jh. wie den Vernet, Parrocel und Mignard (Mi–Mo 10–13, 14– 18 Uhr).

Office de Tourisme: 41 cours Jean Jaurès, Tel. 04 32 74 32 74, www.avignon-tourisme.com. Stadtführungen April–Okt. Di, Do, im Winter Sa 10 Uhr. Hier gibt es die Museumskarte Avignon PASS'ion für ermäßigten Eintritt.

Cloître St-Louis 20: 20 rue du Portail Boquier, Tel. 04 90 27 55 55, Fax 04 90 82 24 01, hotel@cloitre-saint-louis.com. 4-Sterne-Hotel in Novizenhaus des 16. Jh. und neuem Trakt von Jean Nouvel, minimalistisch eingerichtete Zimmer, Dach-Pool; provenzalische Küche im

Kreuzgang-Restaurant, DZ 84–200 €, Mittagsmenü inklusive Getränke 15 €.
De Blauvac 21: 11 rue de la Bancasse, Tel. 04 90 86 34 11, Fax 04 90 86 27 41, www.avignon-et-provence.com/hotels/blauvac. 2-Sterne-Hotel mit fantasievoll-individuellen Zimmern in einem Adelspalais des 17. Jh., DZ 63–76 €.
Médiéval 22: 15 rue Petite Saunerie, Tel. 04 90 86 11 06, Fax 04 90 82 08 64, www.avignon-et-provence.com/hotels/le-medieval. 2-Sterne-Hotel in einem renovierten Stadtpalais aus dem 17. Jh., DZ 46–60 €.
La Ferme 23: Ile Barthelasse, chemin des Bois, Tel. 04 90 82 57 53, Fax 04 90 27 15 47, www.hotel-laferme.com. 2-Sterne-Hotel in einem altem Landhaus auf der Rhône-Insel, gastronomisches Restaurant, DZ 73–84 €.
L'Anastasy 24: Ile de la Barthelasse, Tel. 04 90 85 55 94, Fax 04 90 82 59 40, www.avignon-et-provence.com/bb/anastasy. Chambres d'hôtes in einem alten Bauernhaus auf der Rhone-Insel mit Garten und Pool, elegante, weiße Zimmer, DZ inkl. Frühstück 99 €, Restaurant für Gäste, Kochkurse.
Auberge Bagatelle 25: Ile de la Barthelasse, Tel. 04 90 86 30 39, Fax 04 90 85 78 45. Hostel auf der Rhone-Insel, Schlafsäle (10 €) und DZ mit Dusche/WC (22–29 €).
Camping Municipal du Pont d'Avignon, Tel. 04 90 80 63 50, Fax 04 90 85 22 12, info@camping-avignon.com. 4-Sterne-Platz auf der Ile de la Barthelasse.

L'Isle Sonnante 26: 7 rue Racine, Tel. 04 90 82 56 01, August, So, Mo geschl. Nichtraucher-Restaurant, schlichte Gourmetküche, z.B. Kaninchen gefüllt mit Oliven, Menü 51 € – vorbestellen!
Le Grangousier 27: 17 rue Galante, Tel. 04 90 82 96 60, So, Mo mittags geschl.: Kunst an den Wänden und auf den Tellern, provenzalische Küche, Menü 23–45 €.
Compagnie des Comptoirs 28: 83 rue Joseph-Vernet, Tel. 04 90 85 99 04, tgl. mittags und abends. Fernöstlich-modern anghauchtes In-Restaurant in restauriertem Kloster, Terrasse, Menü ca. 50 €.
Robert Brunel 29: 46 rue de la Balance, Tel. 04 90 85 24 83, So, Mo geschl. Provenzalische Küche vom Meisterkoch in modernem Ambiente, Menü 27 €; preiswerter Bistro-Annex Le Mesclun, 48 rue de la Balance, Tel. 04 90 86 14 60, nur Mo–Sa mittags: Menü inkl. Wein 18 €.
Le Grand Café 30: 4 rue Escaliers-Ste-Anne. Postmodernes Café/Brasserie unterhalb der Rückenfront des Papstpalastes, raffinierte Küche, Mittagsmenü 15 €.
La Tache d'Encre 31: 22 rue des Teinturiers, Tel. 04 90 86 34 84; Sa/So mittags geschl. Alternativ-exotisch, Salate, Gemüseterrine, Lammspieß, ca. 12 €.
Cyberdrome 32: 68 rue Guillaume-Puy, 7.30 Uhr-Mitternacht. Sympathisches Internetcafé mit Restauration, kein Alkohol.

Bouteillerie du Palais des Papes: tgl. 10–19, im Winter bis 17.30 Uhr. Auswahl von Côtes du Rhône-Weinen im Artilleriesaal des Papstpalastes.
Souleïado: 1–5 rue Joseph-Vernet. Mode und Stoffe im provenzalischen Stil.
Les Olivades: 28 rue des Marchands. Provenzalische Mode und Stoffe.
Trödel: mehrere Geschäfte in der rue Petite-Fusterie.
Shopping in der rue de la République, rue St-Agricol, rue Joseph-Vernet (Designer-Mode, Bekleidung, Antiquitäten).
Flohmarkt: So vormittags auf der Place des Carmes, einem idyllischen Platz mit Kirche und Kloster der Karmeliter,
Blumen- und Gemüsemarkt: Sa vormittags Place des Carmes.
Wochenmarkt: Sa und So vormittags, Rempart St-Michel.
Les Halles: Lebensmittelmarkt, Place Pie, Di–So 6–13.30 Uhr.

Vor der Disko trifft man sich in den Brasserien an der Place de l'Horloge oder im Café In et Off, 5 pl. du Palais.
L'Ajmi: 4 rue des Escaliers-Ste-Anne. Einer der führenden Jazzclubs Frankreichs.
Le Blues: 25 rue Carnot, 23–5 Uhr. Fr/Sa Disko, Karaoke und Themenabende.
Le Bokao's: 9bis quai St-Lazare, Mi–Sa 20–5 Uhr. Disko mit verschiedenen Clubnächten und breitem Musikspektrum.

Oper: pl. de l'Horloge, Tel. 04 90 82 81 40.
Théâtre du Chêne Noir: 8bis rue Ste-Cathérine, Tel. 04 90 82 40 57. Experimentierfreudiges Ensemble.
Du Chien qui Fume: 75 rue des Teinturiers, Tel. 04 90 85 25 87. Comedy, Café-Theater.

Den **Veranstaltungskalender Rendez-vous d'Avignon** gibt es beim Office de Tourisme. Karten für das Festival unbedingt vorbestellen!
Le Festival d'Avignon: im Juli. 20 rue Portail Boquier, 84000 Avignon, Tel. 04 90 14 14 14, FNAC, www.fnac.fr, www.festival-avignon.com.
Taufe der Primeur-Weine: 3. Do im Nov., in der Dämmerung Zug der Winzervereine, Verkostung.
Weihnachtsmarkt: in Dezember auf der Place de l 'Horloge.

Ile de la Barthelasse: Spazier- und Fahrradwege auf der 700 ha-Rhône-Insel, Frankreichs größter Flussinsel. Eine kostenlose Fähre *(navette fluviale)* im Pendelverkehr setzt kurz hinter dem Pont St-Bénézet zur Insel über: Vom Uferweg hat man das beste Avignon-Panorama.
Flugzeugrundflüge: 40–80 Minuten, 75–150 € bei 2 Passagieren, Buchung: La Provence vue d'avion, 5 rue Carnot, St-Rémy, Tel. 04 90 92 22 84, Start Flughafen Avignon-Caumont.

Flughafen: Avignon-Caumont, 8 km südlich, Tel. 04 90 81 51 51, www.aeroport.fr: über Transit-Center Clermont-Ferrand z.B. München, Genf.
Bahn: SNCF-Bahnhof, Boulevard St-Roch an der Porte de la République, Tel. 08 36 35 35 35.
TGV-Bahnhof, Quartier de Courtine, Tel. 08 36 35 35 35. Alle Autovermieter, Bus-Shuttle zum Zentrum 15 Min.
Die Verladestation für Autoreisezüge befindet sich in Avignon St-Chamand (Richtung A 7 über RN 7).
Busbahnhof: Boulevard St-Roch an der Porte St-Michel, Tel. 04 90 82 07 35; Avignon ist ein Knotenpunkt für Bus- und Bahnverbindungen in fast alle Richtungen.
Autoverleih: Europcar, 42 bld. St-Roch, Tel. 04 90 85 01 40.
Fahrradverleih: Transhumance Holiday Bikes, 52 bld. St-Roch, Tel. 04 90 27 92 61. Räder, Geländeräder, Roller, Motorräder.
Taxis: Tel. 04 90 82 20 20.
Schiff: Kreuzfahrten auf der Rhône mit verschiedenen Unternehmern, Anlegestellen um den Pont St-Bénézet und südlich davon.

Villeneuve-lès-Avignon

Provence-Atlas S. 231, E 2
Gegenüber der Stadt der Päpste erhebt sich ihre Zwillingsstadt Villeneuve-lès-Avignon (9500 Einwohner), die Stadt der Kardinäle, denen Enge und Hektik in Avignon stanken. Im Jahre 1271 gelangte die Stadt in den Besitz der französischen Krone: Die zu Frankreich gehörende Rhône bildete von da an die Grenze zwischen dem französischen Königreich und der nominell zum Deutschen Reich gehören-

den Provence, also zu Avignon auf der anderen Flussseite.

Eine der spätgotischen *livrées* (Paläste), die des Kardinals Giffone, liegt linker Hand an der zum **Fort St-André** hinaufführenden malerischen Gasse. König Johann der Gute ließ das Fort 1362–1368 errichten, um auf die Päpste am Ufer gegenüber ein Auge zu haben und die Söldnerbanden der *Grandes Compagnies* zu zähmen. Das Glanzstück der Festung bildet das massige, von zwei perfekt gerundeten Zwillingstürmen flankierte Haupttor. Im geräumigen Mauerrund liegen Reste der einst überaus bedeutenden Benediktinerabtei mit einem der schönsten Gärten Frankreichs und ebensolchem Blick auf Avignon sowie die schlichte romanische Kapelle Notre-Dame-de-Belvezet (April–Sept. 10–12.30, 14–18, Okt.–März 10–12, 14–17 Uhr, Gärten Mo geschl.).

Das kleine **Musée Pierre de Luxembourg** in der Rue de la République zeigt erlesene spätmittelalterliche Kunstwerke, als Glanzstück die Marienkrönung des Enguerrand Quarton von 1453; die beiden in leuchtenden Farben gemalten Städte stellen vielleicht Avignon und Villeneuve dar (Di–So April–Sept. 10–12.30, 15–19, Okt.–Dez., Febr./März 10–12, 14–17.30 Uhr).

Chartreuse-du-Val-de-Bénédicition

Etwa 500 m weiter nördlich an der Rue de la République, rechterhand hinter einem unscheinbaren Eingangstor, versteckt sich die Chartreuse-du-Val-de-Bénédiction. Das Kartäuserkloster verdankt seine Existenz dem Ordensmitglied Jean Birel, das, unüblich für seine Zeit, die christliche Tugend der *humilitas,* der Demut, ernst nahm: Seine Wahl zum Papst im Jahre 1352 lehnte er ab. So bekam Innozenz VI. seine Chance – als Papst bedankte er sich mit der Gründung dieses Klosters, das bald zur mächtigsten Kartause Frankreichs wurde. Eine der geräumigen Mönchsbehausungen wurde so eingerichtet, dass der strenge, aus Beten, Arbeiten, Bibelstudium, äußerst kargen Mahlzeiten und Schweigegelübde bestehende Kartäuseralltag für uns lebendig wird. In den schick renovierten kleinen Häuschen suchen heute Wissenschaftler, Künstler und Filmleute ihr zeitgenössisches Heil. Die frisch renovierte Kartause wurde zu einem Kultur- und Begegnungszentrum (C.I.R.C.A.) ausgebaut. Im Juli ist sie Austragungsstätte des renommierten Theater-, Tanz- und Musikfestivals, der Rencontres Internationales d'Eté. In den Ruinen der Klosterkirche steht das spätgotische Grabdenkmal Papst Innozenz' VI., es gibt einen kleinen sowie einen großen Kreuzgang, dessen Kapelle Fresken von Matteo Giovanetti zum Leben Johannes' des Täufers aufweist (April–Sept. 9.30–18.30, Okt.–März bis 17.30 Uhr).

Ein Spaziergang die Rue Montée de la Tour hinunter in Richtung Rhône endet an der **Tour Philippe le Bel,** einem Wehrturm aus dem 13./14. Jh., der einst das französische Ende des Pont St-Bénézet bewachte. Nach 176 Stufen wird man mit einem Blick auf die Rhône und die Stadt der Päpste belohnt (geöffnet wie Museum).

MASSE UND AUCH KLASSE WEINLAGEN IN DER PROVENCE

Seit die Griechen die Weinrebe und die Römer das weinbauerische Know-how mitsamt den richtigen Rebsorten in die Provence brachten, gehören die ordentlichen Reihen niedriger, im Alter oft skurril verwachsener Weinstöcke untrennbar zum Bild dieser Landschaft. Geerntet wird im Vergleich zu nördlichen Weinbergen früh, ab Anfang September. In den letzten zwanzig Jahren hat durch die Ankunft junger, qualitätsbewusster Önologen-Winzer sowie den Einsatz modernster Techniken eine wahre Revolution vom Massen- zum Klassewein stattgefunden, die sich in immer weiter sinkenden Zahlen – 4,5 Mio. hl jährlich – und immer höherer Produktion von AOC-Weinen *(Appellation d'Origine Contrôlée)* äußert.

Die **Weinstraße** Route des Papes führt durch die Weinregion um Châteauneuf, die Route des Dentelles de Montmirail durch Beaumes-de-Venise, Vacqueyras und Gigondas (im Internet www.vins-rhone.com). **Weinlehrpfade** zum Spazieren und Weiterbilden haben die Weinbaugemeinden Rasteau (3 km), Châteauneuf-du-Pape (16 km) und Oppède-le-Vieux (5 km) angelegt.

Der international bekannteste Spitzenreiter der Côtes-du-Rhône-Weine, die sich im Norden auf provenzalischen Boden erstrecken, ist wohl der **Châteauneuf-du-Pape**, den im 14. Jh. schon die Päpste schlürften, ein alkoholreicher, dunkelroter und sonnenverwöhnter Rebsaft, den der Weinkenner »üppig, breitschultrig und muskulös« und der Dichter »einen königlichen, kaiserlichen, päpstlichen Wein« (Mistral) nennt. Aus 13 Rebsorten darf ein Châteauneuf verschnitten werden, zu zwei Dritteln jedoch wird auf den Hügeln und Plateaus der Umgebung mit ihrer rötlichen Erde unter einer Wärme speichernden Steinschicht die kräftige, alkoholreiche Grenache-Rebe angepflanzt. Kaum zu glauben, dass nach der Reblauskatastrophe von 1865 – während der sämtliche Weinberge um Châteauneuf aufgegeben und teilweise durch die noch heute zahlreich vertretenen Kirschbäume ersetzt wurden – bis zum Zweiten Weltkrieg ein Großteil des Châteauneuf-du-Pape als namenloser Verschnittwein nach Burgund wanderte. Heute werden zwei Drittel des in aller Welt begehrten Nobelweins von Handelshäusern abgefüllt, die weit ab vom Schuss arbeiten – diese Pseudo-Châteauneufs erkennt man meist daran, dass sie zu billig sind. Einen echten Papstwein, womöglich in einer der 2 Mio. den Selbstabfüllern vorbehaltenen Spezialflaschen mit dem Stadtwappen, den *bouteilles écussonnées,* gibt es ab 20 € aufwärts.

Doch auch andere Winzer haben schöne AOC-Weine, einen **Muscat de Beaumes-de-Venise** beispielsweise, ein weißer Aperitif- und Dessertwein, dessen Süße durch das Unterbrechen der Gärung mit Weingeist zustande kommt, oder die substanzhaltigen Roten, die gleich nebenan auf den steinigen Hängen der Alpilles wachsen: einen **Vacqueyras**, einen kräftigen, körperreichen **Gigon-**

das, der gut zu Wild und deftigen Speisen passt. Oder den nun auch in deutschen Weindepots in Mode gekommenen und noch preiswerten **Côtes du Ventoux**, einen leichteren, fruchtigen Roten, dessen Rebstöcke die breiten Füße des provenzalischen Hausberges bedecken. Das kleine Anbaugebiet der **Coteaux des Baux-de-Provence** in den Alpilles bringt auf seinen kalkhaltigen Böden einen ansprechenden, meist roten Wein hervor. Ganz passable, aber nie Spitzenqualität erreichende Weine sind die **Côtes du Luberon**.

Unter dem Massenwein-Problem – mehr Quantität als Qualität – haben neben den **Costières du Gard,** die auf flachen Pisten um Nîmes ›grillen‹, auch die Weinanbaugebiete östlich der Rhône zu leiden, die Appellations **Coteaux d'Aix** und **Côtes-de-Provence**. Hier ist Rosé-Land: ein blassrosa bis orangebrauner Rebsaft, der als eher flacher, kühl geschlürfter Ferienwein gilt. Oft ein wenig enttäuschend, wenn man ihn zu Hause trinkt, bestätigt er die Maxime, dass nicht der Spitzenklasse angehörende Weine am besten dort schmecken, wo sie produziert werden. Um ihrem Renommee auf die Beine zu helfen, bauen qualitätsbewusste Winzer hier verstärkt Rote an, die meist eine recht tiefe Farbe und einen kräftigen Geschmack aufweisen.

Châteauneuf-du-Pape in Eichenfässern

Edle Rotweine

Die lange haltbaren Qualitätsweine des **Château La Nerthe** pries und trank schon der große Mistral. Die körperreichen Roten haben ausgeprägte Holznoten, werden drei Jahre im Eichenfass ausgebaut, die Weißen sind aromatisch und frisch. Weingut seit 1560, hat das Château sich mit einer edel-minimalistisch gestylten Probierstube verjüngt. Route de Sorgues (südl. von Châteauneuf), Tel. 04 90 83 70 11, www.chateau-la-nerthe.com, Mo–Sa 10–12, 15–18 Uhr.

Office du Tourisme: 1 pl. Charles David, Tel. 04 90 25 61 33, www.villeneuve.les.avignon.tourisme@wanadoo.fr

Le Prieuré: pl. du Chapître, Tel. 04 90 15 90 15, Fax 04 90 25 45 39, www.leprieure@relaischateaux.fr. Luxushotel in Priorei des 15. Jh., Feinschmeckerrestaurant, DZ 92–211 €.
L'Atelier: 5 rue de la Foire, Tel. 04 90 25 01 84, Fax 04 90 25 80 06. 2-Sterne-Hotel in einem Haus aus dem 16. Jh., Zimmer mit originaler Architektur, super! DZ 60–90 €.

Wochenmarkt: Do morgens.

Kilometerlange **Wander- und Fahrradwege** auf den Rhône-Deichen, Zugang von der Stadt links kurz vor der Tour Philippe-le-Bel.

Châteauneuf-du-Pape

Provence-Atlas S. 231, E 2
Der 2000-Einwohner-Ort ist Weinkennern in aller Welt ein Begriff. In den verwinkelten Gassen unterhalb der Papstburg aus dem 14. Jh., von der deutsche Soldaten bei ihren Sprengungen 1944 nur zwei Wände stehen ließen, drängen sich alte Häuser mit den typischen halbrunden Erkertürmchen. Zahllose Schilder mit den Aufschriften »Dégustation« (Weinprobe) und »Vente de Vin« (Weinverkauf) dienen ebenso wie das so genannte Weinmuseum Père Anselme dem Eurofluss. Fast alle Weingüter haben eine Dépendance im Ort, aber stilvoller probiert und kauft man seinen Châteauneuf auf Ausflügen zu den Weingütern selbst. Den 16 km langen Weinlehrpfad mit braunen Markierungen läuft man in 4–5 Stunden.

Office du Tourisme: pl. du Portail, Tel. 04 90 83 71 08; Plan der Weingüter der Umgebung.

Distillerie Blachère: route de Sorgues. Liköre und Hochprozentiges wie Comtadine, Elixier du Mont Ventoux.
Terre Ferme: Bédarrides, Mo–Sa 10–12, 14–18 Uhr. Dichte, üppige Rotweine aus dem Traditionshaus Pierre Bérard.
Domaine du Vieux Télégraphe: 3 route de Châteauneuf-du-Pape, Bédarrides, Mi–Sa 8–12, 13.30–17.30, Sa 9.30–12.30, 15–19 Uhr. Das Weingut erzeugt einen wuchtigen Roten mit Trüffel- und Cassisaromen.

Fête de St-Marc (Schutzpatron der Winzer): am 25. April mit Prozession in die Weinberge.
Fête de la Véraison: 1. Augustwochenende. Beim Weinreife-Fest fließt Wein aus den Brunnen der Stadt, Prunkumzug in Kostümen der Zeit Papst Clemens' VI., provenzalische Messe am So.
Weinernte-Fest: Mitte September.

Tarascon

Provence-Atlas S. 231, D 4
Auf dem fruchtbaren Schwemmland der Rhône gedeihen Obst- und Gemüsekulturen, von hohen Schilfrohr- und Zypressenhecken vor dem Mistral geschützt. Tarascon (13 000 Einwohner), ein Regionalzentrum und Umschlagplatz der landwirtschaftlichen Produkte, besitzt inmitten des Boulevardrings eine gemütliche Altstadt.

Die Hauptattraktion, das beherrschende, auf die Rhône blickende **Château du Roi René**, ließ der ›gute‹ König 1447–49 vollenden. Von außen eine abweisende Festung, bieten die zahlreichen Festsäle und Wohngemächer den Luxus und die Bequemlichkeit, die die Hocharistokratie im ausgehenden Mittelalter zu schätzen wusste. Der Blick von der Wind umtosten Terrasse fällt auf das andere Rhône-Ufer mit der Ruine der Burg von Beaucaire aus dem 13. Jh., französische Konkurrenz und Kontrollstation für die Burg von Tarascon, die ja nominell auf Reichsboden stand (April–Sept. 9–19, Okt.–März 9–12, 14–17 Uhr).

In der **Eglise Ste-Marthe** aus dem 12. Jh. gegenüber ruhen die Gebeine der hl. Martha in einem frühchristlichen Sarkophag in der Krypta. Sie zähmte der Legende zufolge die Tarasque, ein Menschen verschlingendes Ungeheuer.

Aus buntem Pappmaché nachempfunden, ziert die Tarasque den Garten der **Maison de Tartarin.** Der ›typische Provenzale‹ Tartarin, großsprecherisch, aber gutmütig, ist eine burleske Figur aus der Feder Daudets. Im Erdgeschoss des Tartarin-Hauses steht er persönlich in Fes und schwerer Bewaffnung, umgeben von Löwenfellen sowie weiteren Opfern und Werkzeugen seiner Jagdleidenschaft (55bis bld. Itam, Mo–Sa 16. März–14. Dez. 10–12, 13.30–17, im Sommer bis 19 Uhr).

Office de Tourisme: 9 rue des Halles, Tel. 04 90 91 03 52, www.tarascon.org.

Auberge de Jeunesse: 31 bld. Gambetta, Tel. 04 90 91 04 08, Fax 04 90 91 54 17. Auch Fahrradverleih.

Musée Charles Demery-Souleïado: 39 rue Proudhon, Mo–Fr 10–18 Uhr. Die 1826 gegründete Manufaktur für provenzalische Stoffe, aus der die Marke Souleïado hervorging, ist heute zugleich Museum. Direktverkauf von Tischwäsche, Stoffen und provenzalischer Mode.

Fête de la Tarasque: Vier Tage um den letzten So im Juni. So Umzug mit der Pappmaché-Figur des von der hl. Martha gezähmten Ungeheuers – eins der ältesten Feste der Provence, von König René initiiert.

Im Office de Tourisme gibt es Vorschläge für **Wanderungen und Radtouren** auf Rhône-Deichen und durch den Gebirgszug der Montagnette, z.B. zur Wallfahrtsabtei St-Michel-de-Frigolet, berühmt durch Daudets »Elixier des Pater Gauchet«, oder zum klassizistischen Schloss von Barbentane.

51

Das Goldene Dreieck: im Südwesten

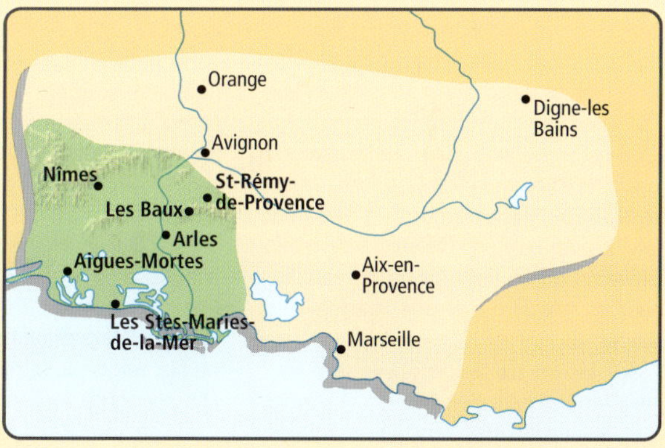

Terassencafés vor dem Amphitheater von Nîmes

Provence-Atlas S. 236/237

DIE ALPILLES

Hier bauten die Römer und sangen die Troubadoure. Kalksteinfelsen, mal sanft gerundet, mal scharf zerklüftet, ragen über uraltem, mit Olivenhainen und Weinstöcken bebautem Kulturland in den Himmel. Zwischen Schirmpinien, nadelschlanken Zypressen und verstreuten Gehöften aus gelbem Naturstein finden Wanderer und Fahrradfahrer ein duftendes Garrigue-Paradies – Provence als Konzentrat für alle Sinne.

St-Rémy-de-Provence

Provence-Atlas S. 231, E 4
Die provenzalische Kleinstadt (8500 Einwohner) mit viel Atmosphäre, berühmten römischen Denkmälern und Van-Gogh-Reminiszensen stellt mit ihrer guten touristischen Infrastruktur so etwas wie die Kapitale der Alpilles vor. Überwiegend geschmackvolle Kunstgewerbeläden animieren mit Keramik, Olivenöl oder Geschnitztem aus Ölbaumholz zum Geldausgeben. Die Altstadt mit ihren gewundenen Gässchen wird, wie es sich gehört, von einem von Platanen beschatteten Boulevard umrundet (Einbahnstraße !). Nostradamus und die weniger bekannte Marie Mauron (1896–1986) wurden hier geboren: Die ›provenzalische Colette‹ setzte den kleinen Leuten der Alpilles in ihren Romanen wie »Le Sel des Pierres« ein Denkmal.

Im **Hôtel de Sade** 1, einem Renaissancepalais des 15./16. Jh., zeigt das sehenswerte, renovierte Musée Archéologique Gebäudefragmente, Skulpturen, Stelen und unspektakuläre, aber reizende Gegenstände des römischen Alltagslebens in Glanum wie ein Parfümdöschen oder einen Kristallring (Di–So April–Juni, Sept. 10–12, 14–18, Juli/Aug. tgl. bis 19, Okt.–März Di–So bis 17 Uhr).

Das **Hôtel Mistral de Montdragon** 2 aus der Renaissance birgt das kleine Musée des Alpilles mit Heimatkundlichem (tgl. März–Juni, Sept./Okt. 10–12, 14–18, Juli/Aug. bis 19 Uhr, Nov./Dez. bis 17 Uhr). Im **Hôtel Estrine** 3 aus dem 18. Jh. sind Wechselausstellungen zeitgenössischer Kunst zu sehen sowie eine Hommage an Vincent Van Gogh – ohne Originale des Malers (April–Dez. Di–So 10.30–12, 14.30–18.30 Uhr).

Die Gebäude neben **St-Paul-de-Mausole** 4 erfüllen noch heute die Funktion, die zur Zeit Van Goghs die Klostergebäude selbst innehatten: eine Nervenklinik ist hier untergebracht. Die schlichte romanische Kirche und vor allem der Kreuzgang mit der Pracht seiner Pflanzen und Kapitelle strahlen eine heitere, gelassene Atmosphäre aus (tgl. März–Okt. 9.30–18, Nov.–Febr. Mo–Fr 10.30–16.30 Uhr). Ein mit Schautafeln versehener Spaziergang erläutert, wo Van Gogh welche Bilder in freier Natur malte – manche der Ansichten wie die Ölbaumhaine und die Reihen der Lavendelpolster haben sich nur unwesentlich verändert.

Die römischen Ausgrabungen

Die Hauptsehenswürdigkeiten von St-Rémy sind die Ausgrabungen von Glanum und **Les Antiques** 5: das Juliermonument und der einbogige Triumphbogen. Beide entstanden wohl um 25 v. Chr. und sind geprägt von der klaren, bei aller Liebe zum Ornament ein wenig spröden Formensprache des Augusteischen Klassizismus. Das Juliermonument ist ein Kenotaph, ein Memorialbau ohne Grabfunktion, vermutlich wie die Maison Carrée in Nîmes zum Gedenken an die früh verstorbe-

Sehenswürdigkeiten

1 Hôtel de Sade
2 Hôtel de Mistral de Montdragon
3 Hôtel Estrine
4 St-Paul-de-Mausole
5 Les Antiques
6 Ausgrabungen von Glanum

Übernachten

7 Hostellerie Vallon de Valrugues
8 Hôtel Les Ateliers de l'Image
9 Hôtel Ville Verte
10 Camping Mas du Nicolas

Essen und Trinken

11 Alain Assaud
12 La Maison Jaune
13 L'Assiette de Marie

nen und standesgemäß vergöttlichten Enkel des Augustus, Gaius und Lucius, errichtet. Beeindruckend der fein ausgeführte Bauschmuck wie Girlanden aus Ölbaum- und Weinlaub sowie Meeresungeheuern und nicht zuletzt die teils fast vollplastisch wirkenden Reliefs. Paare gefesselter Gallier zieren den Triumphbogen, und selbst die nackten Besiegten, die auf den mythologischen Schlachtenreliefs des Juliermonuments unter den Pferdehufen zertrampelt werden, sind noch in idealischer Schönheit dargestellt.

Wie alle Denkmäler St-Rémys zeichnen sich auch die **Ausgrabungen von Glanum** 6 durch das harmonische Zusammenspiel von Bauten und Natur aus. Fundamente und teilweise wieder aufgerichtete Säulen der Wohnhäuser (unten) und des Repräsentationsviertels (in der Mitte) ziehen sich auf leicht ansteigendem Niveau in ein Alpilles-Tal hinauf, das die höchstgelegenen Bauwerke, die Heiligtümer, sanft einschließt. Hier oben steht die Quellgrotte, deren Bassin immer noch mit Wasser gefüllt ist, die Urzelle der Besiedlung seit prähistorischen Zeiten, wo die keltoligurischen Glaner ihre Fruchtbarkeitsgöttinnen und den Gott Glan verehrten, bis die Römer das Heiligtum in der üblichen *interpretatio romana* der römischen Göttin der Gesundheit, Valetudo, weihten. Vom Wasser in einer etwas anderen Form zeugen auch die gemauerten Reste der *cloaca maxima,* der gut erhaltenen Abwasserleitung, die unter der Hauptstraße entlanglief und Abzweigungen in jedes Haus bildete. An den Rekonstruktionsmodellen im Museum in der Eingangshalle kann man die beiden Bauphasen der Stadt, die hellenistische des 2./1. Jh. v. Chr. und die römische des 1.–3. Jh. n. Chr., gut nachvollziehen. In der Taberna Romana werden im Sommer römische Gerichte serviert (tgl. April–Sept. 9–19, Okt.–März 9–12, 14–17 Uhr).

Office de Tourisme: pl. Jean Jaurès, Tel. 04 90 92 05 22, www.saintremy-de-provence.com. Reichhaltiges Angebot, z. B. auf Van Goghs Spuren, Uhu-Safaris, Wander- und Fahrradrouten für die Umgebung; Stadtführungen April–15. Okt.

Hostellerie Vallon de Valrugues 7: chemin Canto Cigalo, Tel. 04 90 92 04 40, Fax 04 90 92 44 01, www.valrugues-cassagne.com. Luxuriöse helle Zimmer mit Terrasse und Alpilles-Blick, großer Pool, Garten, preisgekröntes Restaurant, DZ 230–280 €.
Les Ateliers de l'Image 8: 36 boul. Victor Hugo, Tel. 04 92 92 51 50, Fax 04 90 92 43 52, www.avignon-et-provence.com/hotels/ateliers-image. 3-Sterne-Design-Hotel mit Fotoausstellungen und Dunkelkammer in ehemaliger Music-Hall, beheizter Pool, Frühstücksbuffet, Fahrradverleih, DZ 150–280 €.
Ville Verte 9: av. Fauconnet, Tel. 04 90 92 06 14, Fax 04 90 92 56 54. 2-Sterne-Hotel in ehemaliger Postkutschenstation, Pool, ordentliche Zimmer, DZ 36–50 €.
Camping Mas de Nicolas 10: av. Plaisance du Touch, D 31 Richtung Mollégès, Tel. 04 90 92 27 05, Fax 04 90 92 36 83. Schön gelegener Luxusplatz mit Pool und Spielplatz.

Alain Assaud 11: 13 bld. Marceau, Tel. 04 90 92 37 11, Mi, Do und Sa mittags geschl. Rustikal-schlichter Rahmen, provenzalische Gourmetküche, Menü 23–35 €.

La Maison Jaune [12]: 15 rue Carnot, Tel. 04 90 92 56 14. Cooles In-Restaurant, Terrasse mit Terrakotta und Teak, gefüllte Zucchiniblüten und krosse Auberginenscheiben, Menü 28–51 €.
L'Assiette de Marie [13], 1 rue Jaumeroux, Tel. 04 90 92 32 14, geschl. Mo mittags, Di außerhalb der Saison. Flohmarktcharme und Küche wie bei *Maman.* Tagesmenü aus marktfrischen Zutaten 29 €.

Chocolatier Joël Durand: 3 bld. Victor-Hugo, Mo geschl., So morgens geöffnet. Nougat mit Camargue-Honig, Schokoladenkreationen, Konfitüren.
Olive – Les Huiles du Monde: 1 bld. Victor-Hugo: Olivenöl, Oliven etc. zum Probieren.
Musée des Aromes et des Parfums: 34 bld. Mirabeau, tgl. Ostern–Mitte Okt. 10–12, 15–18 Uhr. Duftpflanzenmuseum nebst Verkauf.
Wochenmarkt: Mi vormittags.
Château Romanin: westlich von D 99 Richtung Eygalières. Biodynamisches Weingut mit sehenswerter unterirdischer *Cathédrale des Vins* und Weinlehrpfad.

Chez Xa: 24 bld. Mirabeau, Mi geschl. Café zum Sehen und Gesehen werden, einziges Menü 21 €.
Café des Arts: 30 bld. Victor-Hugo. Traditionelles Café/Brasserie; *der* Treff.
La Forge des Trinitaires: av. de la Libération, Fr/Sa. Disko mit tropischer Musik, strenge Einlasskontrollen.

Transhumanz-Fest: Pfingstmontag: **Carreto Ramado:** 15. August, Folklore.
Votivfest: 4. So im September
Während der Saison unblutige, provenzalische Stierkämpfe, Tanzgruppen u.v.m.

Fahrradverleih: Ferri Location, 35 av. de la Libération, Tel. 04 90 92 10 88.
Ausritte: Club hippique des Antiques, 3 rue Etienne Astier, Tel. 04 90 92 30 55.
Angeln: im Stausee Sa–Do, der auch ein viel besuchter Ausflugsort ist.

Les Baux-de-Provence

Die Unterstadt

Provence-Atlas S. 231, E 4
Wenn man sich dem Kalksteinplateau von Les Baux nähert, das sich, fast 1 km lang und 200 m breit, stolz über die umgebenden Täler mit Ölbäumen und Weinstöcken erhebt, trifft man zunächst auf eine in der Saison kilometerlange Schlange parkender Autos. Enge Gassen winden sich durch die von etwas mehr als 400 Einwohnern, dafür jedoch von um so mehr ausländischen Besuchern bevölkerte **Unterstadt**. Ihre malerischen, oft noch aus der Renaissance stammenden Steinhäuser wurden erst während der letzten Jahrzehnte touristenwirksam wieder aufgebaut. Neben Santons kann man hier Kitsch und Kunst und jede Menge provenzalischer Spezialitäten erstehen. Les Baux gab übrigens dem 1821 hier entdeckten Bauxit, dem wichtigsten Rohstoff für die Aluminiumherstellung, den Namen.

Die halb in den Fels gegrabene **Kirche St-Vincent** aus dem 12. Jh. ist zu Weihnachten Schauplatz der berühmten Mitternachtsmette und der Darbringung des Lamms durch die Schäfer, der *Pastrage*. In einer Septembernacht, wenn selbst Les Baux verlassen liegt und im Tal die Lichter durch den Nebel funkeln, sirren die Fledermäuse

In der Burg von Les Baux sangen einmal die Troubadoure

um den Felsen neben der Brüstung des Kirchplatzes. Die gegenüberliegende **Chapelle des Pénitents Blancs** aus dem 17. Jh. schmücken kantig-bunte Fresken zur Schäfer-Weihnacht von Yves Brayer, dem im **Hôtel des Porcelets** ein eigenes Museum gewidmet ist (Mai–Sept. tgl. 10–12.30, 14–18.30, Okt.–Dez., Mitte Febr.–April Mi–Mo 10–12.30, 14–17.30 Uhr). Das **Santon-Museum** im ehemaligen Wachenhaus aus dem 18. Jh. zeigt historische Krippen und Santon-Figuren (April–Sept. 10–19, Okt.–März 13.30–19 Uhr).

Die Oberstadt

Die Ville Morte, die verlassene **Oberstadt,** ist ein wenig stiller als die mehr als belebte Unterstadt. Um in den Häuserruinen, den troglodytischen Kellern und auf den Aussichtsterrassen herumklettern und die nachgebauten mittelalterlichen Belagerungsmaschinen bewundern zu dürfen, muss man im **Musée d'Histoire de Baux,** untergebracht in einem Festungsturm aus dem 14. Jh., Eintritt zahlen (tgl. im Sommer 8.30–20.30, Herbst 9–18.30, Winter 9–17, Frühling 9–19.30 Uhr).

Bei klarem Wetter reicht der Blick vom **Château** mit seinen wuchtigen Wehrturmstümpfen bis zum Mittelmeer – diese Sicht genossen ehemals die Seigneurs von Les Baux, vom 10. bis 13. Jh. eine der mächtigsten Familien des französischen Südens, noch herrischer, machtlüsterner und widerspenstiger als der adlige Durchschnitt. Am hiesigen Liebeshof, einem der legendären des Midi, besangen Troubadoure wie Peire Vidal Hoffräulein und hohe

Herrinnen. 1483 von Ludwig XI. geschleift, füllte sich Les Baux im 16. Jh. erneut mit rebellischem Leben, als die Protestanten das Adlernest zu einem ihrer Zentren machten: »Post tenebras lux«, »nach der Finsternis das Licht«, lautete ihre Devise, heute noch nachzulesen am Fenstersturz des ehemaligen protestantischen Bethauses von 1571. Als Richelieu 1632 die unbotmäßige Festung erneut zerstörte, wurde Les Baux zu einer Geisterstadt.

Im Vallon de la Fontaine zu Füßen der Felsenstadt liegen neben dem aus der Renaissance stammenden **Pavillon der Königin Jeanne** einige traumhafte, sündhaft teure Nobelherbergen. Ganz in der Nähe, im Felschaos des Val d'Enfer, wo Dante eine ›höllische‹ Vision gehabt haben soll, zeigt die **Cathédrale d'Images** in den bizarren Hallen eines aufgelassenen, gigantischen Molassesteinbruchs eine Tonbildschau mit jährlich wechselndem Thema (tgl. 10–19 im Sommer, bis 18 Uhr im Winter). Jean Cocteau drehte hier 1959 den Film »Le Testament d'Orphée« mit Maria Casarès und Jean Marais.

Office de Tourisme: Ilôt Post Tenebras Lux, Tel. 04 90 54 34 39, www.lesbauxdeprovence.com.

Oustaù de Baumanière: Val d'Enfer, Tel. 04 90 54 33 07, Fax 04 90 54 40 46, www.oustaudebaumaniere.com. Luxushotel in einem Mas aus der Renaissance, Traumgarten, Pool, DZ 245–300 €, Menü 85, 135 €.
La Riboto de Taven: Val d'Enfer, Tel. 04 90 54 34 23, Fax 04 90 54 38 88, www.riboto-de-taven.fr. Elegant-rustikales 3-Sterne-Hotel-Restaurant mit spanischen und mittelalterlichen Assoziationen. Lamm mit Zitronen, Ziegenkäse mit Tapenade im Restaurant (Mi geschl.), DZ 152–250 €, Abendessen 45, 70 €.
Mas d'Aigret: an der D 27A, Tel. 04 90 54 20 00, Fax 04 90 54 44 00, www.masdaigret.com. 3-Sterne-Hotel in einem alten Bauernhaus am Kalksteinhang, einige Zimmer direkt in den Fels gehauen, preisgekröntes Restaurant mit wunderschönerTerrasse, DZ 80–170 €, Menü 40 € (Mo, Di mittags geschl.).

Le Cheval à Bascule: gegenüber dem Musée au Santon. Tausende kleiner Miniaturfigürchen und Tiere.
Mas de la Dame: von der D 5 ein Stückchen östlich. Alteingesessenes Gut, dessen Weine man auf fast allen Speisekarten der Region findet; von hier ging in den 1930er Jahren nach der Reblausplage die Neuanlage der lokalen Weinberge aus.

Ecole Française d'Equitation de Carita: Tel. 04 90 54 44 26. Ausritte, Ausfahrten in der Kutsche.

Ausflüge um Les Baux

Die Departementalsträßchen zwischen Les Baux und St-Rémy gehören zu den schönsten, auch bei Radfahrern beliebten Strecken der Alpilles: Ausblicke auf die weißen Felsspitzen, unter denen sich Oliven-, Aprikosen-, Kirsch-, Mandelbaumhaine und Weinberge ausbreiten; am Wegesrand Aleppokiefern, Kermes- und Korkeichen. Überall laden mehr oder weniger luxuriöse Mas, Hotels im Stile der niedrigen, in die Felsen geduckten Steinbauten der Region, zum Übernachten ein. Die durch Waldbrände und menschliche

ÖLFIEBER IN DEN ALPILLES – OLIVENANBAU UND ÖLMÜHLEN

»Seht euch nur das Licht auf den Olivenbäumen an«, schwärmte Auguste Renoir, »es glitzert wie ein Diamant. Bald rosa, bald bläulich ...« Vielleicht hatte er die Olivenhaine der Alpilles im Sinn, wo die klassische mittelmeerische Kulturpflanze, von den Griechen vor 2500 Jahren eingeführt, vielerorts das Landschaftsbild dominiert. Rund um Les Baux wachsen an die 370 000 der bis zu 15 m hohen Bäume mit den charakteristischen lanzettförmigen, oben graugrünen Blättern in lichten, steinigen Hainen, durch die man im gesprenkelten Halbschatten spazieren kann. Wenn der Wind weht, sorgen die silbrig weißen Blattunterseiten für ein flirrendes Farbenspiel. Ölbäume brauchen nur wenig Wasser, mittlere Temperaturen um die 20° C und geben sich mit mageren, kalkhaltigen Böden zufrieden – die ideale Kulturpflanze für die Mittelgebirge im Herzen der Provence. Sie ergibt das begehrte Olivenöl von Les Baux, seit einigen Jahren mit dem Gütesiegel einer *Appellation d'Origine Contrôlée* ausgezeichnet.

Eine der typischsten Straßen der Alpilles ist die D 78, die von der D 17 von Maussane in Richtung Mouriès abzweigt. Sie führt zwischen alten Mas, schroffen Felsen, provenzalisch *calans,* und nach Wacholder und Rosmarin duftender Garrigue in das von Ölbäumen und Weinstöcken bewachsene Tal des **Mas Gourgonnier**. In dem teils noch aus dem 17. Jh. stammenden Hof verkauft die Familie Cartier, seit fünf Generationen hier ansässig, biologisch angebauten Wein und Olivenöl, beides AOC Les Baux (Le Destet, tgl. 9–12, 15–19 Uhr). 60 kg Früchte oder 12 l gold- bis grüngelbes Öl liefert ein Baum, doch schwanken die Erträge in einem zweijährigen Turnus. Der Ölbaumbauer muss ein geduldiger Mann sein: Acht bis zehn Jahre dauert es, ehe ein Setzling trägt.

In **Maussane** kann man die Coopérative Oléicole de la Vallée des Baux in der Rue Charloun-Rieu besichtigen, Frankreichs bedeutendste Ölmühle, die hier schon seit 1620 Dienst tut (Mo–Sa 8–12, 14–18 Uhr). Je nachdem, wie reichhaltig die Ernte ausfiel, gibt es ab August kein Öl mehr, und das gelbe Gold des nächsten Jahres steht erst wieder vom 15. Dezember an zum Verkauf. Ölmühlenbesitzer René Quenin vom Mas des Barres in Maussane spricht von seinem Öl, das aus fünf verschiedenen Sorten verschnitten wird, wie ein Weinkenner vom Wein: fein und fleischig, ohne überflüssiges Fett sei es (Petite route de Mouriès – D 5, tgl. 14–18 Uhr).

Zwischen Mai und Juni öffnen sich die unscheinbaren, gelblich-weißen Blüten des Ölbaums, um dann zu den ölhaltigen, erst grünen und im reifen Zustand schwarzen Steinfrüchten zu reifen. Grüne Oliven für die Konserven werden im September geerntet, die Ernte der schwarzen Oliven für das Öl erfolgt kurz vor der Vollreife, traditionell ab dem 25. November, bis Ende Februar. Eine harte

Plackerei, denn die Oliven dürfen, da aufgeplatzte Früchte die Qualität mindern, nicht die Erde berühren. Deshalb spannen die Bauern große Nylonnetze zwischen den Bäumen auf und schütteln die Oliven vorsichtig mit langen Stangen von den Ästen. Noch schonender ist die althergebrachte Handernte mit dem Olivenkamm, der die Blätter am Baum lässt.

In der Erntezeit steigen in der gesamten Provence zahlreiche **Feste** rund um die Olive: Im September das Fest der grünen Oliven in Mouriès, im Februar die Oléades im Papstpalast von Avignon (mit Ölbar!), im Dezember im Pays d'Aix. Das Fest des Olivenbaums und der Ölmühlen steigt jedes Jahr am 4. Samstag im Oktober an einem anderen Ort mit Ölmühle.

Das Öl wird dem Fruchtfleisch in drei Pressungen entzogen, wobei man im Dezember und Januar in zahlreichen Ölmühlen zusehen kann. Zum Beispiel in der alten, aus dem 18. Jh. stammenden Ölmühle von Eygières in der Südostecke der Alpilles, wo man den Besuchern den Pressvorgang erläutert: Die erste, kalte Pressung ergibt das begehrte ›Jungfernöl‹, das *huile vierge*, das aus der Küche der Region nicht wegzudenken ist. Ganz einfach und schnell geht eine Tapenade, die sich als *amuse-bouche* gut auf jeder Party macht. Entsteinte schwarze Oliven, Kapern – *tapene* heißen sie auf Provenzalisch –, Sardellen, Olivenöl und Pfeffer werden püriert und kalt mit Weißbrot serviert.

1 l Olivenöl kostet auf den Märkten der Provence, die übrigens Frankreichs wichtigste ölproduzierende Region ist, etwa 13, das begehrte AOC-Öl aus dem Vallée des Baux auch 20 € und mehr. Auch das Pays d'Aix hat ein AOC-Olivenöl, das von Lurs aus der Haute-Provence genießt ebenfalls einen guten Ruf. Und da die Provenzalen wissen, dass ihr Öl zu den besten der Welt gehört, lassen sie den Großteil erst gar nicht in den Export kommen. Vielleicht leben die Provenzalen deshalb so gesund und lange: Mediziner jedenfalls freuen sich über die wohltuende Wirkung des Olivenöls auf Verdauungsapparat und Herz.

Aktivitäten gefährdete Naturlandschaft soll 2004 der nächste Regionalpark der Region werden.

Die D 27 windet sich zunächst mit weiten Ausblicken durch die Kalksteinberge, dann durch Obstplantagen und an Bewässerungskanälen der Ebene vorbei nach **Maillane**. Hier lebte der Dichter Mistral – sein Geburtshaus ist heute Museum (Okt.–März Di–So 10–11.30, 14–16.30, April–Sept. 9.30–11.30, 14.30–18.30 Uhr). Hier liegt er begraben: Sein Mausoleum auf dem Friedhof des Ortes, einer wahren Totenstadt aus Stein, kopiert den Pavillon der Königin Jeanne.

An einer Kreuzung der römischen Via Domitia stand früher die Siedlung Ernaginum, heute nur noch die **Chapelle St-Gabriel,** ein schlichtes romanisches Bauwerk aus dem 12. Jh. Die naiven, etwas steif wirkenden Reliefs an seiner Fassade zeigen die vier Evangelistensymbole um ein Rundfenster, Daniel in der Löwengrube sowie Adam und Eva im Tympanon, Verkündigung und Heimsuchung im Dreiecksgiebel darüber. An antike Bauformen erinnert die gelungene Staffelung von Giebeln, Bogen und Säulen. Der ausgetretene Weg den Hügel hinauf führt durch Ginster- und Rosmarin-Garrigue und karge, sonnendurchglühte Felsformationen nach zehnminütigem Marsch zu den Resten eines wuchtigen **Donjons** aus dem 13. Jh.

Mas de Beaupré: 24 + 787 route de St-Rémy, St-Etienne-du-Grès, Tel./Fax 04 90 49 02 18, www.guideweb.com/provence/bb/mas-de-beaupre. Geräumige Chambres d'hôtes in ehemaligem Taubenschlag auf einem Mas des 19. Jh., Pool, Garten, Kinderzimmer dazu zu mieten, DZ 76–110 €, Abendessen nach Vereinbarung, 23 €

Fontvieille und Umgebung

Provence-Atlas S. 237, E 1

Am nordöstlichen Stadtrand von **Fontvieille,** einem charmanten Örtchen mit verwinkelten Altstadtgassen, liegt das Château de Montauban aus dem 19. Jh. (Ausstellung zu Daudet April–Sept. tgl. 10–12, 14–18 Uhr). Hier lebte Daudet – auch wenn die Legende will, dass er stilecht im **Moulin de Daudet** von den Alpilles schwärmte. Die restaurierte Mühle auf einem Kalksteinplateau im Süden von Fontvieille mit ihrem bescheidenen literarischen Devotionalienkabinett avancierte zu einem der touristischen Hauptsammelpunkte der Provence (Okt.–Dez., Febr.–Mai 9–12, 14–17, Juni–Sept. bis 19 Uhr).

Jederzeit zugänglich sind die **Aquädukte von Barbegal**: Die eine der beiden sich auf dem Kamm eines Alpilles-Hügels kreuzenden Wasserleitungen versorgte Arles mit Quellwasser aus Eygalières, die andere trieb auf ihrem Weg den Hügel hinunter mehrere Wassermühlen an. Die Ruinen stellen ein kostbares Relikt römischer Industriearchitektur aus dem 3.–5. Jh. dar, einer Zeit, als Sklaven zum Antreiben der Mühlen rar und damit zu teuer geworden waren. In den felsigen Hügeln mit Ausblick kann man ausgezeichnet picknicken.

Office de Tourisme: 5 rue Marcel Honorat, Tel. 04 90 54 67 49. Vorschläge für zwölf 2–9 km lange Wanderungen in die reizvolle Umgebung.

Mas de la Tour: 13 rue de la Tour, Tel. 04 90 54 76 43, Fax 04 90 54 76 50, m_burnet@club-internet.fr. Individuell eingerichtete Gästezimmer mit fantasievollen Bädern in einem Mas des 18. Jh. mit Pool, Terrasse, Blumengarten, DZ inklusive Frühstück 80–110 €.
Camping Municipal Les Pins: rue Michelet, Tel. 04 90 54 78 69, Fax 04 90 54 81 25. 3-Sterne-Platz im Kiefernwald.

La Cuisine au Planet: 144 Grand' Rue, Tel. 04 90 54 63 97, Mo, Di mittags geschl. Deftige provenzalische Küche – Krebse in roter Sauce – in rustikalem Rahmen, Mandellikör-Crémant-Aperitif, Menüs 23, 30 €.

Moulin à huile de St-Jean: rue St-Jean, Mo–Sa 10–12, 15–19 Uhr.
Rucher de la Cala Melosa: Vallon de la Lecque, Tel. 04 90 54 66 83. Nach Voranmeldung Besichtigung des Bauernhofs mit Bienenzucht, Honigverkauf.
Wochenmarkt: Mo und Fr vormittags.

Daudet-Fest und Votivfest: am 1. und 2. So im August mit reichlich Folklore.
Santon-Verkaufsmesse: im Dezember.
Mitternachtsmette, pastrage (s. S. 32): Heiligabend.

Train des Alpilles: Mittwochs 10.50, 14.20, 16 Uhr fährt das Bähnchen von Fontvieille nach Arles, Zwischenstopp in Montmajour möglich.

Abbaye de Montmajour

Provence-Atlas S. 237, D 2
Den Ursprung der Abtei bildete eine Eremitengemeinschaft, die sich im 10. Jh. auf diesen Kalkfelsen inmitten eines weiten Sumpfgebiets zurückgezogen hatte und den hiesigen Friedhof betreute. Mit dem Boot musste man nach St-Pierre de la Sagno, ›Sankt Peter vom Sumpf‹, fahren, denn erst im 17. Jh. wurden die Sümpfe trockengelegt. Im 15. Jh. zog die Wallfahrt des ›Pardon de Montmajour‹ alljährlich am 3. Mai bis zu 15 000 Pilger zu den Splittern des hl. Kreuzes. Heute gehört der Komplex zum Weltkulturerbe der UNESCO.

Neben einigen Resten der Klostergebäude wie dem Refektorium und dem mächtigen Abtsturm von 1369 verdienen vor allem drei Sakralbauten Beachtung. In Teilen sind sie direkt aus dem Fels herausgearbeitet. Das älteste Kirchlein, **St-Pierre** aus dem 11. Jh., scheint mit seinen archaischen Bauformen, geometrischen Kapitellen und der Zelle des hl. Trophimus auf karolingische Traditionen zurückzugehen.

Die unvollendete Abteikirche **Notre-Dame** besteht aus einer (nur) zweischiffigen Ober- und einer Unterkirche mit Chorumgang und einem Kranz aus massigen, die Oberkirche tragenden Kapellen. Die Reinheit der architektonischen Formen und das vollkommene, glatt gefugte Mauerwerk in römischer Tradition gehören zu den Höhepunkten der provenzalischen Romanik. Wie die Kirche stammt auch der typisch provenzalische Kreuzgang mit seinen romanischen Kapitellen aus dem 12. Jh.

Die etwas entfernt gelegene Friedhofskapelle **Ste-Croix**, im 13. Jh. auf kleeblattförmigem Grundriss erbaut, umgeben in den Fels geschlagene Grä-

Lag einst im Sumpf: die romanische Abtei von Montmajour

ber der alten Nekropole – ein stimmungsvoller Ort (April–Sept. tgl. 9–19, Okt.–März 10–13, 14–17 Uhr).

Ca. 2 km weiter in Richtung Fontvieille sind im Parc de Cordes zwei der **Hypogäen von Arles** zu besichtigen – megalithische, in den Fels gehauene Ganggräber, in denen kupfersteinzeitliche Siedler gegen Ende des 3. Jt. v. Chr. jeweils bis zu 100 ihrer Toten beisetzten (April–Okt. 10.30–19 Uhr).

Mouriès, Maussane, Eygalières

Provence-Atlas S. 237, E1, E 2, F1

Mouriès (2700 Einwohner) darf sich mit seinen 80 000 Ölbäumen Frankreichs erste Olivenöl produzierende Stadt nennen: Reizende kleine Wege am Fuße der Alpilles führen durch die Olivenhaine. Auch das geschäftige **Maussane** (2000 Einwohner) steht ganz im Zeichen der Olive. Auf dem von Platanen beschatteten Hauptplatz einen Aperitif trinken, die vielen Brunnen und das Lavoir aus der Zeit Napoleons III. bewundern, eine der Ölmühlen besuchen: Provence wie aus dem Bilderbuch. Weniger authentisch ist das provenzalische Santon-Dorf ›La petite Provence‹ im Nachbar-Weiler **Le Paradou;** ihm sind eine Boutique und ein Atelier angeschlossen, in dem man sich nach Voranmeldung selbst als Santonnier versuchen kann (75 av. de la Vallée des Baux, Tel. 04 90 54 35 75, Juni–Sept. tgl. 10–19, Okt.–Mai 14–19 Uhr).

Für Auto- und Radfahrer gleichermaßen entspannend ist die Fahrt durch Garrigue und Felsen auf den schmalen Departementalstraßen 78, 24 und 24 B von Maussane nach **Eygalières.** Hinter dem Ort in Richtung Orgon duckt sich die kleine romanische Kapelle St-Sixte auf ein Kalksteinplateau, umgeben von einem aufgelassenen Mandelhain. Das kleine Eygalières (1500 Einwohner), in dem während des Zweiten Weltkriegs der später von den Deutschen ermordete Widerstandskämpfer Jean Moulin untertauchte, scheint einen vom Tourismus relativ unberührten Dornröschenschlaf zu halten. Eng schmiegen sich die alten Steinhäuser an eine Felskuppe. Man steigt die schmale, holperig gepflasterte Gasse hinauf, bis man den mittelalterlichen Donjon ganz oben erreicht hat.

Mas dou Pastre: route d'Orgon, Eygalières, Tel. 04 90 95 92 61, Fax 04 90 90 61 75, www.alpilles.com. Charmantes Hotel in Mas des 18. Jh., jedes Zimmer hat eigene Terrasse oder Wintergarten, Garten, ausgefallen die zwei klimatisierten Wohnwagen nahe dem Pool, DZ 95–135 €, Annex im Ort.
Camping Municipal les Romarins: Maussane, Route de St-Rémy, Tel. 04 90 54 33 60, Fax 04 90 54 41 22. Schön gelegener 4-Sterne-Platz.

La Petite France: 55 av. de la Vallée des Baux, Le Paradou, Tel. 04 90 54 41 91, Do mittags und Mi geschl. Rohe Steinwände und moderne Möbel, Gourmetküche, z. B. Räuchersteinbutt-Carpaccio mit getrockneten Tomaten, Sardellen-Ravioli, Menü 45–60 €.
Ou Ravi Provençau: 34 av. de la Vallée des Baux, Maussane, Tel. 04 90 54 31 11, Di u. Mi geschl. Historisches Haus mit mehreren Speiseräumen und einer ummauerten, romantischen Terrasse; traditionelle provenzalische Gerichte wie Papetons (Schinken mit Knoblauch, Kräutern und Tomaten), à la carte ca. 45 €.

Wochenmärkte: Mi in Mouriès, Di in Le Paradou, Do in Maussane.
Moulin du Mas Vaudoret: Mouriès, Route d'Eygalières, Mo, Di, Do–Sa 14–18 Uhr. Biologisch angebautes Olivenöl, AOC-Qualitäten.
Jean Martin: 8 rue Charloun-Rieu, Maussane. Landesweit renommierte Konserven auf Olivenölbasis, Tapenade, Auberginenkaviar etc.

Von der Kirche in **Lamanon** führt ein 15-minütiger Fußweg zu den **Grotten von Calès,** in das weiche Gestein gegrabene Höhlenwohnungen, in denen von neolithischen Zeiten bis ins 16. Jh. hinein Menschen lebten. Juli bis 2. Samstag im September Zutritt zum Massif verboten!

ARLES

Das ehemalige keltische Arelate, die ›Stadt neben den Sümpfen‹, ist heute vielleicht die spanischste aller französischen Städte, wie es ihr berühmter Sohn formulierte, der Modezar Christian Lacroix. Eine übersichtliche Stadt zum Wohlfühlen: enge Gässchen mit alten Häusern, römische und romanische Kunstschätze der Extraklasse, pralles Wochenmarktleben, Midi-Leckereien unter Schatten spendenden Platanen.

Provence-Atlas S. 237, D 2
Die 50 000 Einwohner-Stadt bildet zusammen mit Nîmes und der Camargue das sog. Goldene Dreieck. Hier ist, wenn man so will, die Provence am provenzalischsten. Mit 77 000 ha ist Arles die flächenmäßig größte Kommune Frankreichs – die arlesischen Weiler Albaron, Gimeaux, Saliers, Salin-le-Giraud, Le Sambuc und Mas-Thibert liegen in der Camargue. Die noch streckenweise von der teils spätrömischen, teils mittelalterlichen Stadtmauer umgebene Altstadt mit ihrem provinziellen Midi-Charme ist ein ergiebiges Pflaster für Kulturspaziergänger – wenn man den rasanten Autoverkehr in den engen Gassen überlebt.

Lucien Clergue, Begründer des renommierten Fotografie-Festivals, bringt den Mythos seiner Geburtsstadt vor den Toren der Camargue auf den Begriff: der Stier als Gott und die Frau als Göttin. Der *bioù*, der Camargue-Stier, ist allgegenwärtig – die Arenen von Arles machen Nîmes den Rang als französische Feria-Kapitale streitig. Die ›schönen Arlesierinnen‹ in ihren eleganten Trachten mit Spitzenschultertuch und -sonnenschirm bilden den Blickfang bei zahlreichen Folklorefesten. Alle drei Jahre wird ihre Königin gewählt, die *reine d'Arles,* die unverheiratet und schön sein und sich in den provenzalischen Traditionen auskennen muss.

Inmitten der Sumpflandschaft des Rhône-Deltas erhob sich ein Kalksteinplateau, auf dem im 6. Jh. v. Chr. Griechen aus Massilia und die keltoligurischen Salyer Handelsniederlassung und Oppidum unterhielten. Unter Marius und Caesar gewann Arelate an handelspolitischer Statur, bis im Jahr 308 sogar Kaiser Konstantin der Große hier vorübergehend seine Residenz aufschlug. 395 erlangte das ›kleine Rom Galliens‹ als Sitz des Praefectus Praetorio Galliarum noch einmal große Bedeutung. Eine archäologische Sensation war 2003 die Entdeckung der Fundamente einer Kirche aus dem 4. Jh. mit Mosaiken in der Nähe von St-Jean-le-Moustier, die beweist, wie früh das Christentum in Arles etabliert war.

Vom Amphitheater zur Arena

Das grandiose **Amphitheater** *(Arènes)* 1 entstand wohl gegen Ende des 1. Jh. n. Chr. auf der höchsten Stelle der Stadt, wurde im Mittelalter in eine Festung verwandelt und beherbergte eine kleine Stadt mit 200 Häusern. Drei der mittelalterlichen Türme hat man bei den Restaurationsarbeiten zu Beginn des 19. Jh. stehen gelassen. Durch denjenigen über dem Eingang gelangt man nach oben, auf die steinerne Bogenlandschaft, von wo der Blick über Arles blassrotes Dachpfannenmeer bis zu den Alpilles und zur Camargue reicht. In dem komplett erhaltenen zweigeschossigen Rund mit insgesamt 120 Bogen in ockerfarbenem Kalkstein können bis zu 1200 Zuschauer die Corridas oder die unblutigen provenzalischen Stierkämpfe verfolgen (Nov.–Febr. 10–16.30, März/April, Okt. 9–17.30, Mai–Sept. 9–18.30 Uhr; Karten für Stierkämpfe: rue du Refuge, Tel. 04 90 96 03 70).

Der nur am späten Abend nicht auto- und besuchervolle Rond-Point des Arènes ist während der Ferias Schauplatz eines Open-Air-Spektakels im spanischen Stil, mit Bodegas und Aficionado-Treffs wie Le Bistrot des Arlésiens. Während die mediterrane Stimmung und die von den Paella-Pfannen aufsteigenden Düfte sehr einladend wirken, sind die kleinen Jungen, die nach der Feria mit stierblutgetränkten Banderillas durch die Straßen laufen, nicht jedermanns Sache.

1984 endlich ehrte Arles mit der **Fondation Van Gogh** 2 den großen Maler, dem hier zeitlebens keine Anerkennung zuteil geworden war. Im barocken Palais de Luppé haben einige der bekanntesten zeitgenössischen Künstler dem großen Maler Werke gewidmet – illustre Namen wie César, Roy Lichtenstein, Bacon (April–15. Okt. tgl. 10–19, 16. Okt.–März Di–So 9.30–12, 14–17.30 Uhr).

Notre-Dame-de-la-Major 3 mit dem romanischen Hauptschiff ist die

Arles-Plan S. 106/107

Sehenswürdigkeiten

1 Amphitheater
2 Fondation Van Gogh
3 Notre-Dame-de-la-Major
4 St-Jean-le-Moustier
5 Römisches Theater
6 Hôtel de Ville
7 St-Trophime
8 Kreuzgang
9 Kryptoportiken
10 Museon Arlaten
11 Espace Van Gogh
12 Musée Réattu
13 Thermen
14 Musée de l'Arles Antique
15 Alyscamps

Übernachten

16 Grand Hôtel Nord Pinus
17 Hôtel Arlatan
18 Hôtel l'Amphithéâtre
19 Hôtel du Musée

Essen und Trinken

20 L'Olivier
21 Gueule de Loup
22 Boitel

Atlas: S. 237

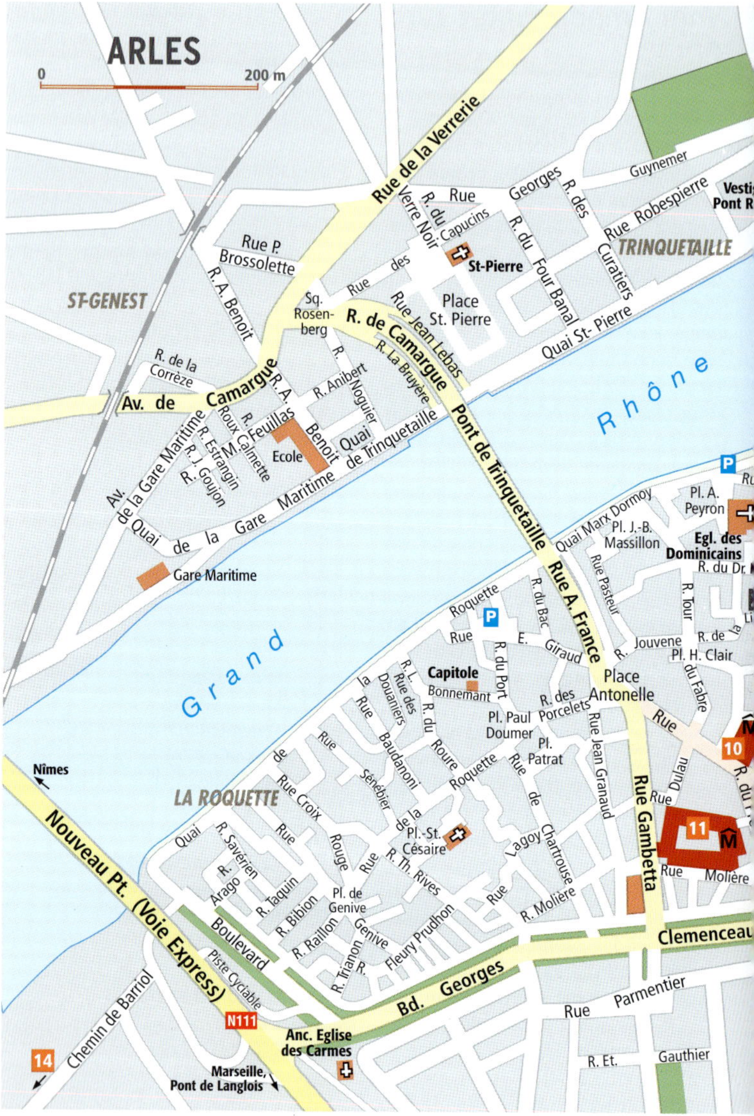
ARLES
0
200 m
ST-GENEST
TRINQUETAILLE
LA ROQUETTE
Rhône
Grand
Rue de la Verrerie
Rue Georges
R. du Verre Noir
R. des Capucins
R. du Four Banal
R. des Curatiers
Guynemer
Rue Robespierre
Vestig
Pont R
St-Pierre
Place St. Pierre
Quai St- Pierre
Rue des
Rue P. Brossolette
R. A. Benoit
Sq. Rosen-berg
R. de Camargue
Rue Jean Lebas
R. La Bruyère
R. Anibert
R. Noguier
R. de la Corrèze
Av. de Camargue
R. A. Benoit
R. Feuillas
Ecole
Quai de Trinquetaille
Pont de Trinquetaille
Av. de la Gare Maritime
R. Estrangin
R. J. Goujon
Roux
M. Calmette
Quai de la Gare Maritime
Gare Maritime
Quai Marx Dormoy
Pl. J.-B. Massillon
Pl. A. Peyron
Egl. des Dominicains
R. du Dr.
Rue Pasteur
R. Tour
R. de la
Pl. H. Clair
R. Jouvene
R. du Fabre
Rue A. France
Place Antonelle
R. du Bac
Rue Roquette
E. Giraud
R. du Port
Capitole
R. L. Bonnemant
Rue des Douaniers
Rue de la
R. des Porcelets
Pl. Paul Doumer
Pl. Patrat
Rue Jean Granaud
Rue Gambetta
Rue Dulau
Rue
10
R. du
11
Rue Molière
Rue de Lagoy
Rue de Chartrouse
R. du Roure
Roquette
Rue Baudanoni
Rue Sénébier
Rue de la Croix
Rue Rouge
Pl.-St. Césaire
R. Th. Rives
Pl. de Genive
Rue Genive
R. Molière
Rue Fleury Prudhon
Quai
R. Savérien
R. Arago
R. Taquin
R. Bibion
R. Raillon
R. Trianon
R.
Boulevard
Piste Cyclable
Clemenceau
Bd. Georges
Nouveau Pt. (Voie Express)
N111
Nîmes
Chemin de Barriol
14
Anc. Eglise des Carmes
Marseille, Pont de Langlois
Rue Parmentier
R. Et. Gauthier
P

Gare Routière
Gare (SNCF)
Avignon, Les Baux, St-Rémy
Av. de Stalingrad
Ch. de la Fortune
Rue F. Benson
R. H. Barbusse
Ch. P. Veran
R. Monplaisir
Chemin des Templiers
Place Lamartine
Pl. de la Libération
Quai du 8. Mai 1945
Porte de la Cavalerie
Blvd. Emile Combes
Jouveau
R. Jules Ferry
Place Gounod
R. de la Cavalerie
R. du Petit Puits
R. Terrin
R. des Ecoles
R. d' Alembert
Remparts
Chemin de Brissy
Rue Marius
R. Léon Blum
R. des Carmélites
R. Balzac
Pl. Marius Jouveau
Pl. André Suarez
Rue Chiavary
Place Voltaire
Rue Condorcet
Rue La Fontaine
12
Grand Prieure
St-Julien
R. du Quatre-Septembre
Amphithéâtre
R. de l'
Rue Voltaire
R. Augustin Tardieu
Rue Boileau
R. du Four qui Passe
Rue Portaguel
J. J. Rousseau
Rue Bolivar
Rue Mireille
R. J. Giono
R. du Grd. Clar
19
20
Musée de la Photographie
R. D.
Maïsto
Rue des Suisses
R. Raspail
Pl. Louis Blanc
Rond Point des Arènes
R. du Refuge
R. de la Roque
Rue
R. des Alpines
R. Van Ens
R. H. Clair
Place Portagnel
Rue Camille Pelletan
R. des Moulins
R. Vernon
Rue du Forum
Rue de l' Hôtel de Ville
des
Balechou
Arènes
1
2
R. Renan
Pl. de la Major
3
R. de la Madeleine
Emile
21
Pl. Balechou
Rue
R. de la Bastille
R. Diderot
18
Pl. H. de Bornier
Remparts
du Plan la Cour
R. de la Calade
7
6
Pl. de la République
8
5
Cloître
Rue du
Rue de Laure
Pl. Pomme
R. du Grand Couvent
Pl. de la Redoute
Rue É. Barrère
Boulevard
Rue de l'Aqueduc Romain
Rotonde
R. J. Jaurès
Jardin d'Ete
R. Porte
R. Vauban
4
Montée Vauban
Rue Férigoule
Rue Mansart
Rue St. P. de Mouleyres
Tour des Mourgues
Boulevard des Lices
Carrefour de la Croisière
Avenue Victor Hugo
Esplanade Charles De Gaulle
Chap. de la Charité
Rue Emile Fassin
Canal de Craponne
Av. des Alyscamps
R. du Dr. Zamenhof
Chemin des Minimes
Hospice Chiavary
15

Bei der Course camarguaise geht nicht der Stier, sondern der Razeteur stiften

Kirche der 1512 gegründeten Bruderschaft der Gardians, die hier alljährlich am 1. Mai ein Fest abhalten. Das ruhige Hauture-Viertel lädt mit seinen alten, blumengeschmückten Häuschen, Nischen und Winkeln und der mit Pilastern versehenen romanischen Apsis von **St-Jean-le-Moustier** 4 zu idyllischen Spaziergängen ein.

Das **Römische Theater** 5, ebenfalls aus Augusteischer Zeit, ist zwar schlechter erhalten als die ansonsten ähnliche Anlage von Orange, bietet aber einen wundervollen Blick auf den Kirchturm von St-Trophime und eine behaglich-abgeschiedene Atmosphäre. Vor der heroischen Kulisse der beiden übrig gebliebenen Säulen, ›die Witwen‹ genannt, spielen sich die großen Abendveranstaltungen des Fotografie-Festivals ›Rencontres photographiques‹ ab (Nov.–Febr. 10–11.30, 14–16.30, März/April, Okt. 9–11.30, 14–17.30, Mai–Sept 9–18 Uhr).

St-Trophime

Den Stadtkern bildet die baumlose, italienisch anmutende Place de la République mit ihrem ägyptischen Obelisken in der Mitte und dem klassizistischen **Hôtel de Ville** 6, erbaut 1673–1675 vom arlesischen Künstler Jacques Peytret nach Plänen des berühmten Architekten Hardouin-Mansart. Das perfekte

DIE COURSE CAMARGUAISE: STIER IST TRUMPF

Von April bis September hat in Arles und Umgebung der Stierkampf Saison. Auf den Plakaten im *Pays d'Arles* werden die Toreronamen groß angekündigt – beim überaus beliebten spanischen Stierkampf mit *mise à mort*. Beim provenzalischen Stierkampf, der *Course camarguaise*, gehören die Großbuchstaben den Stieren. Selbst der Dichter und Regisseur Jean Cocteau (1889–1963), ein Enthusiast des Stierkampfs und Südfrankreichs, musste sich, als er in Arles in den 1950er Jahren den Hobby-Razeteur gab, mit der Nebenrolle bescheiden.

Das Spektakel selbst läuft so ab: Zu den mehr oder weniger schiefen Klängen des Toreromarsches aus »Carmen« marschieren die weiß gekleideten *razeteurs* in die Arena ein. Freunde, Gardians und Eingeweihte schauen aus nächster Nähe hinter den hölzernen Barrieren zu, was nicht ganz ungefährlich ist, da der Stier auf der Jagd nach einem flüchtigen Razeteur schon mal drüber springt oder die Holzlatte kurz und klein tritt. Auf der Tribüne nehmen kurz vor Beginn der Kämpfe die Stierbesitzer Platz, die *manadiers,* respektvoll begrüßt und mit schwarzen Samtwesten, Gardian-Hemd und breitkrempigem Hut ganz im Stil eines Grand Seigneur herausgeputzt. Auf den Steinstufen sitzen die übrigen Zuschauer – nie so viele wie bei den blutigen Corridas, obwohl die Eintrittskarten erheblich billiger sind.

Mit Hilfe ihrer ›Krallen‹ *(crochet)* müssen die Razeteurs nun, im Laufen und in gehöriger Entfernung von der Bande, dem Stier, dem *cocardier*, seine Kokarde und die um die Hörner gewickelten Quasten *(gland)* und Bindfäden *(ficelle)* entreißen. Auf jede dieser Trophäen ist eine Geldprämie ausgesetzt, die der örtliche Blumenladen, in den Arenen von Stes-Maries der Direktor des Regionalparks oder bei der Arleser Cocarde d'Or, der bedeutendsten Course, auch große Industrieunternehmen mit öffentlich ausgerufenen Privatspenden im Laufe des Kampfes erhöhen. Sechs oder auch neun Stiere – der Beste kommt meist an vierter Stelle – versuchen in je etwa 20 Minuten zu verhindern, dass die Razeteurs an ihre Trophäen und die Geldpreise kommen. Spektakuläre Sprünge der Weißgekleideten über die hölzerne Barriere sind Folgen eines *coup de barrière* vonseiten des Stieres. Das gibt einen Sonderapplaus – für den Stier.

Obwohl die Tiere – die besten eines Arenajahres werden als *Bioù d'or* prämiert – geringfügig von den Eisenkrallen bluten, liegt doch das ganze Risiko dieser Sportart beim Menschen: Verletzungen und selbst Todesfälle sind in den Annalen der Course camarguaise verzeichnet. Die Haupt-›Person‹ ist stets der Stier, der, hat er durch Wildheit, Angriffslust und Intelligenz in der Arena überzeugt, bis zum nächsten Kampf wieder in die Freiheit der Camargue-Weiden entlassen wird.

Gewölbe in der Eingangshalle besichtigten Tausende von Maurergesellen auf ihrer Gesellenfahrt, der *Tour de France* – samtglatte Fugentechnik in gut romanischer und also römischer Tradition.

Den Platz beherrscht die ebenfalls von römischen Vorbildern beeinflusste, triumphbogenförmige Vorhalle an der Fassade der romanischen **Kathedrale St-Trophime** 7 aus dem 12. Jh. Das Thema des Portals ist das Weltengericht, dem Christus im Tympanon thronend vorsitzt, umgeben von den Symbolen der vier Evangelisten, über ihm im inneren Bogenrund der Engelchor, unter ihm auf dem Türsturz die Apostel. Rechts von diesen schreiten die Seligen in den Himmel, links taumeln die Verdammten den Höllenqualen und wartenden Teufeln entgegen. Der Bildstreifen darunter bildet Szenen aus der Kindheit Jesu ab, z.B. eine zeittypische Geburtsszene, in der zwei Frauen das Neugeborene waschen. Die großfigurigen Kirchenheiligen – der dritte von links ist der Kirchenpatron, der hl. Trophimus – treten mit ihren Füßen, was symbolisch zu verstehen ist, auf den weltlichen Bereich der Sünde, hier verkörpert in allerlei natürlichem und mythologischem Getier und der Bestie schlechthin, dem Löwen. In diesem profanen Register finden wir, wie so oft in der mittelalterlichen Ikonographie, die lebendigsten Darstellungen, so den Esel mit steifem Phallus, ein Symbol der Wollust, Zentauren und Vögel.

Am 30. Juli 1178 ließ Kaiser Friedrich Barbarossa sich in der Kathedrale zum König des Arelats krönen.

Treffpunkt Place du Forum

Kreuzgang und Kryptoportiken

Den **Kreuzgang** 8, eines der Juwelen der romanischen Kunst in der Provence, betritt man durch den Erzbischofspalast von der Place de la République aus. Romanisch sind Ost- und Nordgalerie, gotisch (14. Jh.) West- und Südgalerie, einfach zu unterscheiden an den runden bzw. spitzen Bogen. In den weiten Wandelgängen herrschen immer Kühle und Halbdämmer, während vom Innenhof das Licht an den Säulen und den fast lebensgroßen Reliefstatuen entlangfließt. Am Nord-

westeckpfeiler steht segnend der hl. Trophimus zwischen Petrus und Johannes. Die Kapitelle, von vier Seiten skulptiert, zeigen in der dem Garten zugewandten Reihe Blattschmuck, aus dem oft Menschenköpfe oder Monster hervorwachsen, auf der dem Wandelgang zugewandten Seite figurale Bibelszenen. Die Konsolenfiguren tragen, ähnlich wie in Montmajour, volkstümliche Motive: Tiere, Ungeheuer oder Akrobaten (geöffnet wie Amphitheater).

Von der ehemaligen Jesuitenkapelle mit ihren verstaubten Holzschnitzereien steigt man in die lehmig-feuchte Unterwelt der **Kryptoportiken** [9] hinab, den ehemaligen Untergeschossen des Forums vom Ende des 1. Jh. v. Chr. Die jeweils ca. 8 m breiten, tonnengewölbten Gänge, die gedrungene Arkaden in zwei Schiffe teilen, besitzen etwa Hufeisenform und dienten möglicherweise als Vorratslager (geöffnet wie das Teater).

Museen und Van Goghs Café

Das **Museon Arlaten** [10] beherbergt in dem Hôtel Castellane-Laval aus dem 16./17. Jh. eine überbordende Samm-

IM REICH DER SINNE: WOCHENMARKT IN ARLES

Samstagmorgen auf dem von Platanen, Straßencafés und Verkaufsständen gesäumten Boulevard des Lices. Händler und Bauern aus der Umgebung bieten beidseitig der Hauptverkehrsader von Arles regionale Spezialitäten und alltägliche Gebrauchsartikel an – einer der schönsten der provenzalischen Wochenmärkte, auf die Kulinariker und Touristiker aus aller Welt zu Recht Lobeshymnen singen. Händler und Bauern, Hausfrauen und Urlauber schlürfen auf den Korbstühlen der Terrassencafés ihren *petit noir* oder Pastis, schließen Geschäfte ab und halten ein Schwätzchen. Zum Beispiel in der alteingesessenen, gern auch von Gardians und Manadiers besuchten Brasserie ›Waux-Hall‹. Mittwochs ist auch Markt, allerdings ein wenig kleiner auf dem Boulevard Emile Combes, der östlichen Begrenzung der Altstadt.

In Rhône-Nähe auf dem Boulevard Clemenceau drängen sich die Kleider-, Stoff- und Schuhstände, ein Marktviertel, das fest in nordafrikanischer Hand zu sein scheint und ein wenig Souk-Atmosphäre verbreitet. Weiter in Richtung Zentrum bekommt man unterhalb der römischen Stadtmauer und des erholsamen Jardin d'Eté, der zu Ruhe und Überblick auf seine Parkbänke einlädt, alles vom BH über antiquarische Bücher bis zum Lebendvieh: Da gackern und krähen Wachteln, Perlhühner, Küken, Puter. Flauschige Kaninchen in allen Lebensaltern hocken in ihren Käfigen, zum Sofortschlachten oder Nachmästen. Vieles hier eignet sich als Geschenk oder Mitbringsel für die eigene Küche, beispielsweise die Schalen, Mörser, Salatbestecke und Honiglöffel aus dem extravagant gemaserten, kostbaren Olivenbaumholz. In der Nähe der Trödler, am Ende des Markts, kommt an den Ständen der Sattler Camargue-Atmosphäre auf. Hier werden die handgearbeiteten hohen Kastensättel der Gardians, Stiefel und Zaumzeug verkauft.

Fressalienstände, »farbenlärmend und geräuschebunt«, nehmen die gegenüberliegende Boulevardfront ein. Frische Austern jeglicher Sorte, Seeigel und grotesk verkrustete *violets*, *Vaccarès-tellines* und ganze Thunfische warten glitschigfrisch zwischen zerstoßenem Eis und Zitronen auf Restaurantbesitzer und Hausfrauen. Und auch das Land gibt seine Früchte her: nussiger rundkörniger Camargue-Reis, Oliven- und Rosmarinseife, frische und getrocknete Provence-Kräuter, Honigkuchen und Naturhonig aus der Camargue, der Garrigue oder aus Lavendelblüten, die köstlichen Arleser Würste *à l'ancienne* (Arles hält übrigens den Weltrekord der längsten Wurst und der längsten Seife), Ziegenkäse vom mildesten Crottin bis zu stärksten, schimmel-reifen Sorten, ›jungfräuliches‹ Olivenöl und schließlich Oliven aus der Holzbütte in überwältigender Vielfalt. Neidgefühle beim Supermarkt geplagten Nordeuropäer weckt auch das schier überwätigende Obst- und Gemüseangebot: Da gibt es weißliche, runde Auberginen, runde Zucchini und leuchtend gelbe Zucchiniblüten, mindestens 15 verschiedene Knoblaucharten, Granatäpfel und die festesten Kürbisse mit satt orangefarbenem Fleisch.

Manchmal, in der prallen Vormittagssonne, schlägt die Farben-, Form- und Stimmenvielfalt über einem zusammen wie das Rote Meer über den Ägyptern. Die geruchlichen Wechselbäder tun ihr Übriges, wenn der Wendekreis des Fischs dem der Seife weicht und Käsearoma gegen den Duft der Arleser Dauerwürste kämpft. Manchem Schaulustigen, der an plastikverpacktes Normfleisch gewöhnt ist, mag angesichts gehäuteter Kaninchen mit offenem Brustkorb oder gerupfter, teigig-gelber Fasane mit verdrehtem Hals der Appetit vergehen. Ob das auch den entscheidungsbefugten Eurokraten so gegangen ist? Denn Gefahr droht vielen kleinen Standbesitzern und Produzenten durch die rigiden europäischen Lebensmittelgesetze – viele Produzenten von Rohmilchziegenkäse oder Geflügel, die sie nicht erfüllen konnten, mussten schon aufgeben. Auf den Märkten kursieren Unterschriftenlisten – rettet die Wochenmärkte!

Nordafrikanische Spezialitäten auf dem Markt in Arles

In Arles kommt einem manches spanisch vor: Paella während der Feria

lung zur provenzalischen Volkskunst, 1896 von keinem Geringeren als Frédéric Mistral ins Leben gerufen und nach 1904 mit dem Geld des Literaturnobelpreises eingerichtet. Das nach Mistrals Willen von einer schönen Arlesierin – heute sind es mehrere – in ihrem traditionellen Gewand ›bewachte‹ Museum zeigt neben Dokumenten zum Félibrige Trachten, barocke Schränke, Santons und allerlei teils skurrile Objekte der Volksfrömmigkeit und des arlesischen Kulturerbes (Okt.–März 9.30–12.30, 14–17, April, Mai, Sept. bis 18, Juni–August 9.30–13, 14–18.30 Uhr, Mo geschl. außer Juli–Sept.).

Gegenüber wurde das ehemalige Hospital, in dem sich der holländische Maler wiederholt behandeln ließ, mit dezenten postmodernen Zutaten zum Kulturzentrum **Espace Van Gogh** 11 umgestaltet. Heute finden in dem lichten Innenhof mit seinen Arkaden und Blumenrabatten die jährlich wechselnden großen Ausstellungen der Kommune statt.

Die charmante **Place du Forum**, an deren von Platanen überschatteten Tischen man sich unter den Blicken der Mistral-Statue zu Mittagsimbiss, *Pastaga* (Pastis) und Abendessen trifft, wird an der Stirnseite von der noblen Torero-Herberge Hotel Nord Pinus begrenzt. Zwei Säulen mit Architrav vom römischen Forum wurden in die Fassade eingemauert. Van Goghs ›Café de Nuit‹ hat in diesem Zentrum der Arleser Gastronomie eine Wiedergeburt im Geiste des Nepps erlebt. Genau weiß man allerdings nicht, wo in Arles das Vorbild zu einem der berühmtesten Bilder des Holländers lag.

Im **Musée Réattu** 12, untergebracht in dem ehemaligen Priorat der Malteserritter, das dem Rhône-Ufer noch eine spätgotische Fassade zuwendet, stehen Exponate zeitgenössischer Künstler in spannungsreichem Kontrast zu den historischen Räumen. Glanzstück der Sammlung ist die ›Donation Picasso‹: Zeichnungen des Meisters aus den Jahren 1970/71 (Nov.–Febr. 13–17.30, März/April, Okt. 10–12.30, 14–17.30, Mai–Sept. 10–12.30, 14–19 Uhr). Ein Spaziergang entlang den Rhône-Kais führt links an der Brücke von Trinquetaille vorbei, deren Vorgängerin Van Gogh mehrfach gemalt hat. Nicht weit entfernt kann man die ausgedehntesten in der Provence erhaltenen **Thermen** 13 besichtigen, im 4. Jh. unter Konstantin entstanden. Die teils apsidial gerundeten Mauern weisen das leicht zu erkennende *opus romanum* auf, aus hellem Stein und roten Ziegeln ›gestreift‹ (geöffnet wie Amphitheater).

Am schönsten ist der Spaziergang durch La Roquette am Abend: Zwischen Fluss und Boulevard Georges Clemenceau, rund um die Kirche St-Césaire, liegt das Kleine-Leute-Viertel mit schmalen Sträßchen, bunten oder auch heruntergekommenen Fassaden und zweistöckigen Häusern. Südwestlich davon erhebt sich über den Resten des römischen Zirkus das postmoderne, mittelmeerblaue **Musée de l'Arles Antique** 14 des Architekten Henri Ciriani. Der keltoligurische Löwe von Arcoule, Mosaike, Spielzeug, Schmuck, Statuen, Bronzefigürchen wie das eines stämmigen Gladiators und liebevoll mit Püppchen bestückte Modelle lassen die Geschichte von Arles und vor allem des Alltagslebens der Römerzeit lebendig werden. Glanzlicht des Museums ist die spätantike Sammlung heidnischer und christlicher Sarkophage (tgl. Nov.–Febr. 10–17, März –Okt. 9–19 Uhr).

Außerhalb der Stadtmauern

Die außerhalb der Stadtmauern gelegene Nekropole der **Alyscamps** 15, der ›Elysischen Gefilde‹, richteten die Römer an der Via Aurelia ein, doch erst in christlicher Zeit erfreute sie sich überregionaler Beliebtheit – von weit- her brachte man die Leichname hierher, damit sie, in der Nähe der hei-

Abstecher in die Crau

Das **Ecomusée de la Crau** in St-Martin-de-Crau führt in einer alten Schäferei in Fauna, Flora und die bedrohte Ökologie dieser steinigen Halbwüste südöstlich von Arles ein, der traditionellen Sommerweide großer Schafherden (tgl. 9–12, 14–18 Uhr, Führungen, Wanderpisten, Fahrradverleih).

Hôtel Arlatan

Das Arlatan 17 ist ein urprovenzalisches Traditionshotel in einem altem Stadtpalais – in den Zimmern gibt es gotische Fensterrahmen und barocke Arleser Möbel. Im Keller unter einer Glasplatte im Foyer gallorömische Ausgrabungen, Pool im Garten. 26, rue du Sauvage, Tel. 04 90 93 56 66, Fax 04 90 49 68 45, www.hotel-arlatan.fr, DZ 91–131 €

ligen Arleser Bischöfe bestattet, beim Jüngsten Gericht einem mächtigen Fürbitter nahe wären. In Fässern sollen fromme Verwandte ihre Verblichenen Vater Rhône anvertraut haben, bis diese dann von ehrlichen Mönchen oder habgierigen Räubern aus dem Fluss gefischt und um ihr zwischen die Zähne geklemmtes Goldstück erleichtert wurden. Die Sarkophagreihen unter den hohen, in der Mitte zu einem grünen Dach zusammengewachsenen Bäumen haben einen ganz eigenen Reiz. Vielleicht ließen sich deshalb 513 fromme Schwestern unter der Äbtissin Cäsaria, der Schwester des Bischofs von Arles, hier nieder und gründeten das erste Frauenkloster des christlichen Abendlands. Am Ende der Grabstraße erhebt sich die nie vollendete romanische Kirche **St-Honorat** mit ihrem achteckigen Glockenturm (geöffnet wie Theater).

Fünfmal hat Van Gogh im Frühjahr 1888 den **Pont de Langlois** gemalt. Von der D 35 Richtung Port-St-Louis führt nach ca. 3 km ein beschildertes Sträßchen auf eine täuschend ähnliche, von findigen Tourismusmanagern aus Fos hierher versetzte Zugbrücke – die echte fiel 1930 einer Betonkonstruktion zum Opfer. Den seltsam musealen Reiz des stillen Ortes schätzen auch japanische Reiseveranstalter.

Office de Tourisme: esplanade Charles de Gaulle am Boulevard des Lices, Tel. 04 90 18 41 20, www.ville-arles.fr. Vorschläge für Fahrradtouren und themenbezogene Stadtrundgänge. Preisgünstiges Kombi-Ticket *(forfait)*, erhältlich auch an den meisten Denkmälern. Kostenlose Veranstaltungskalender für das Pays d'Arles: »Farandole« (monatlich), »Loisirs Evasion« (jährlich).

Grand Hôtel Nord Pinus 16: 14, pl. du Forum, Tel. 04 90 93 44 44, Fax 04 90 93 34 00, www.nord-pinus.com. Zeitgenössisch renoviert, mit Ledersesseln, Kristalllüstern, barockem Schmiedeeisen, lebt diese Institution, in der Giono, Picasso, Churchill oder Simone Signoret nächtigten und die großen Toreros nächtigen, dem Mythos Stier, DZ 137–166 €.
L'Amphithéâtre 18: 5 rue Diderot, Tel. 04 90 96 10 30, Fax 04 90 93 98 69, www.hotelamphitheatre.fr. 2-Sterne-Hotel in einem Palais des 17. Jh., kleine, frisch renovierte Zimmer mit schmiedeeisernen Betten, DZ 59–127 €.
Hôtel du Musée 19: 11 rue du Grand Prieuré, Tel. 04 90 93 88 88, Fax 04 90 49 98 15. 2-Sterne-Hotel in Palais des 16. Jh. mit Innenhof, schlichte, traditionelle Zimmer, DZ 46–61 €.
Camping Crin Blanc: 10 km westlich in Saliers (Atlas S. 236, C 2), Tel. 04 66 87 48 78, Fax 04 66 87 18 66, www.crin.blanc.free.fr. 3-Sterne-Platz mit Pool, Tennis, Ausritte.

L'Olivier 20: 1bis rue Réattu, Tel. 04 90 49 64 88, So/Mo geschl. Feinschmeckerküche – geeistes Nougat mit Honigsauce, Perlhuhn mit Senfsauce – in altem Palais mit Steinfußboden, Mittagsmenü 18, abends 28–55 €.
Brasserie Nord Pinus: im gleichnamigen Hotel, Eingang 6 rue du Palais, Tel. 04 90 93 02 32. Drinnen in Hemingway-Ambiente, draußen auf der Place du Forum, provenzalisches Mittagsmenü 15, abends 24 €.
Gueule du Loup 21: 39 rue Arènes, Tel. 04 90 96 96 69, So, Mo mittag geschl. Rustikal und preiswert, regionale Spezialitäten, so beliebt, dass man unbedingt vorbestellen sollte, Menü 12 € (mittags) und 25 €.
Boitel 22: 4 rue de la Liberté, So nachmittags und Mo geschl. Patisserie, Café (*salon de thé*), Eis.

Antiquité Dervieux: 5 rue Vernon: antike provenzalische Möbel, sehr begehrt, sehr teuer.
Espace Sellerie: 2 rue J.H. Fabre: José Figueroa fertigt prachtvolle Camargue-Sättel für an die 2500 € in der nach Leder und Kleber riechenden Atelier-Boutique.
L'Arlésienne: 12 rue du Président Wilson. Arlesierinnen-Kostüme, zum Ausleihen (110 €) oder Kaufen (ca. 1500 €).
Les Indiennes-Mistral: 14 pl. de la République. Gardian-Trachten, Hemd z.B. ab 42, Lederhose ca. 210 €.
Souleïado: 18 bld. des Lices. Tragbare Gardian-Mode für die Dame von heute, Tischdecken, Stoffe.
Boutique Christian Lacroix: 52 rue de la République. Haute Couture mit heißem spanischem Einschlag.

Andalucia Café: 14 bld. des Lices, Tel. 04 90 96 40 72. Spanien in Arles, blau-weiße Deko mit Kacheln, Stierdeko (die Bar ist Sitz von Paul Ricards Stierclub), Tapas, spanische und provenzalische Menüs zu 14 €, Sangria, Musikbar.
Cargo de Nuit: 9 av. Sadi-Carnot, Do–Sa 20.30–4 Uhr. Live-Konzerte und Disko, aktuelle Musik, Weinbar und Restauration.

Feria: Ostern. Stierkampf, Straßenfest mit Sangria und Paella.
Fest der Gardians: 1. Mai. Straßenumzug, Messe in Notre-Dame-de-la-Major, Reiterspiele und jede Menge schöne Arlesierinnen.
Fêtes d'Arles: am 1. Juliwochenende. Großes Fest mit Cocarde d'Or, der wichtigsten *Course camarguaise,* Kostümfest mit schönen Arleserinnen und Féria.
Rencontres Internationales de la Photographie: Juli/Aug. Frankreichs bedeutendstes Fotofestival.
Fête des Prémices du Riz: Reiserntefest mit Corrida, Straßenkorso, Straßenfest.
Santon-Ausstellung: Ende Nov.–Mitte Januar. Eine der größten Verkaufsausstellungen für Santons.

Le Train des Alpilles: Abfahrten Mi 10, 13.30, 15.10 Uhr, in 40 Min. nach Fontvieille (s. a. dort), Zwischenstopp in Montmajour.

Bahnhof: av. Paulin Talabot, Tel. 08 36 35 35 35; Fahrradverleih.
Busbahnhof: gegenüber dem Bahnhof, Tel. 04 90 49 38 01; Verbindungen nach Marseille, Avignon, Les Baux, Les-Stes-Maries-de-la-Mer, St-Rémy. Städtische Busse: Star, Boulevard Clémenceau; hier auch La Starlette, kostenloser Minibus durch die Stadt.
Mietwagen: Ada Location, 22 av. de Stalingrad, Tel. 04 90 52 07 27.
Fahrradverleih: Europbike, 1 rue Philippe-Lebon, Tel. 04 90 49 54 69. Auch Motorräder, Roller.

DIE CAMARGUE

Ein fragiler, einzigartiger Naturpark, halb Meer, halb Land, mit Brackwasserseen, weiten Salzsteppen, rosafarbenen Flamingos, wilden Stier- und Pferdeherden. Ausritte, Wanderstiege, gelbsandige Strände – wer sich hier Zeit und Muße nimmt, den packt der Mythos des amphibischen Rhône-Deltas.

Der Ursprung des Wortes scheint im Indogermanischen zu liegen und ›Insel‹ zu bedeuten, und tatsächlich liegt die Camargue wie eine Insel zwischen den beiden Mündungsarmen der Rhône, der Petit Rhône im Westen und der Grand Rhône im Osten, die sich in Arles trennen. Hinzu kommt die sog. Kleine oder Gardianische Camargue westlich der Petit Rhône, die im Westen mit der Vidourle endet.

Eine junge Landschaft

Erdgeschichtlich gesehen ist die Camargue eine junge Landschaft, die sich erst im Quartär herauszubilden begann: Produkt des ewigen Kampfes zwischen der Rhône und dem Meer, das die Geröllablagerungen, die der Fluss aus den Kalkmassiven mit sich herabwälzte und hier aufhäufte, wieder fortschwemmte. Die Camargue in ihren ungefähren heutigen Dimensionen entstand um etwa 8000 v. Chr., doch blieb sie in konstanter Bewegung – und bleibt es noch, wenn auch in geringerem Umfang, seit die Kanalisierung der Rhône und der 1860 gebaute, 40 km lange Digue à la Mer der See einen Großteil ihrer Unberechenbarkeit genommen haben. Im 13. Jh. konnte König Ludwig IX. noch direkt von Aigues-Mortes aus in See stechen, das heute 11 km landeinwärts liegt, und Les Stes-Maries lag im Mittelalter im Landesinneren – nun grenzt die Stadt direkt ans Meer und sieht sich zunehmend von Fluten bedroht. Die südlichen Teile der Camargue, die im Winter meist von einer dünnen Meerwasserschicht überspült sind, liegen noch unter dem Meeresspiegel: Ihr höchster Punkt ist die 4,50 m hohe Düne beim Leuchtturm von Beauduc. Im Herbst 1997 hieß es gar ›Land unter‹, als die durch Unwetter angeschwollene Rhône die Flussdeiche durchbrach und Tausende Hektar überflutete.

Reis und Wein

Im Norden der Camargue, direkt hinter den Stadtgrenzen von Arles, beginnt die ackerbaulich genutzte Zone, die wie ein halbkreisförmiger Gürtel das Naturschutzgebiet um den Etang de Vaccarès im Herzen der Camargue umgibt. Hier fallen im Frühjahr vor allem

FROMME MYTHEN: DIE HEILIGEN MARIEN UND SARA

In den Jahren nach dem Tode Christi entledigten sich die Juden einiger unbequemer Jünger der nazarenischen Irrlehre, indem sie diese in einem Boot ohne Segel und Ruder aussetzten: Maria Jakobäa, Maria Salome, die Mutter Jakobus' des Älteren, Lazarus, der von den Toten Erweckte, mit seiner Schwester Martha, Maximinus, Maria Magdalena, Trophimus und eine gewisse Sara, was auf Hebräisch ›Prinzessin‹ bedeutet, die Dienerin der beiden Marien. Die christliche Legende will, dass das Boot sicher in der Nähe des heutigen Les Stes-Maries landete und die Jünger sich aufmachten, die Provence zu christianisieren. Maria Magdalena ging in die Ste-Baume, Trophimus nach Arles, Maximinus nach St-Maximim-de-la-Ste-Baume. Nur zwei der drei Marien, zu alt für das gefährliche Leben der Missionare, blieben an diesem öden Sandstreifen, predigten, starben.

Tausend Jahre Schweigen. Im Jahre 1080 dann gerät die kleine Kirche, die an der traditionellen Begräbnisstätte der hl. Marien errichtet wurde, in den Besitz der Benediktiner von Montmajour, und die machen den Jakobspilgern den ›Chemin Romieu‹, den Umweg über Stes-Maries, schmackhaft: Es kann dem Seelenheil nur dienen, vor dem großen Märtyrer Jakobus in Santiago de Compostela auch noch seine Mutter zu besuchen.

Fast 400 weitere Jahre später lässt der angeblich gute, jedenfalls bezeugtermaßen fromme König René mit päpstlicher Erlaubnis 1448 Robert Damiani, Erzbischof von Aix, und Nicolas de Brancas, Bischof von Marseille, nach den mittlerweile verloren gegangenen Reliquien graben – und tatsächlich, man findet zwei Leichname mit gefalteten Händen, denen ein süßer Duft, ein sicheres Indiz der Heiligkeit, entsteigt. Der ›gute König‹ lässt sie in Schreine schließen und in die Hochkapelle stecken, von wo sie noch heute nur an drei Tagen im Jahr geholt werden: am 24. Mai und dem dem 22. Oktober nächsten Sonntag, den Patronatstagen der beiden Marien, sowie am 3. Dezember, dem Jahrestag ihrer ›Erhöhung‹. Das von René bestellte Protokoll der Marienfindung – ach ja, in der Nähe hat man einen dritten Körper, wohl den der Dienerin Sara, entdeckt – ist heute als Kopie in einer Vitrine der Kirche ausgestellt.

Die Sicherheitsverwahrung in luftiger Höhe hilft indes nicht gegen die Vandalen der Revolution, die aus Messgewändern, mittelalterlichen Handschriften und den Reliquien ein Freiheitsfeuer entfachen. Erst nach und nach trudeln aus der Bevölkerung, die einige Knochen aus der Asche gerettet hat, hier ein Unterkiefer, dort eine Elle ein, und so können denn auch die Pilger von heute die – leider nicht mehr ganz vollständigen – Reste der Marien und ihrer Dienerin verehren.

Ausritte

Ein Ausritt bietet die beste Möglichkeit, die Camargue kennen zu lernen; ein ortskundiger Gardian – oder vereinzelt auch eine junge Gardianne –, führt die kleine Gruppe durch die teils sumpfigen, teils salzverkrusteten Ländereien der Manade: *Promenade à cheval. Visitez les toros!* Nur einige hundert Meter abseits der betriebsamen Touristenplätze erlebt man die herbe Einsamkeit dieser Salzsteppe: frei grasende Rinderherden, Mücken, Stille, schier endlose Weite.

die glitzernden Wasserflächen der Reisfelder auf, die bis Ende September, wenn die goldgelbe Ährenpracht abgeerntet wird, 20 cm tief durch Süßwasser aus der Rhône überflutet werden. Die ökologischen Folgen des Reisanbaus, der nur durch staatliche Subventionen gegen die südostasiatischen Importe überleben kann, sind verheerend: Das versickernde Süßwasser hebt den Grundwasserspiegel und führt durch die fortschreitende Entsalzung der Region zu schwerwiegenden Umwälzungen in Flora und Fauna, von den großzügig eingesetzten Herbiziden ganz zu schweigen. Im Westen, in der Kleinen Camargue, dominiert der massenweise betriebene Weinbau, vorwiegend Rosés, die vor Ort genossen erfrischend und trinkbar sind – die berühmt-berüchtigten *vins de sable,* die ihren Namen den Sandböden verdanken, auf denen die Reben ›grillen‹.

Der Regionalpark

1970 wurde der 85 000 ha umfassende Regionalpark geschaffen, in dessen Herzen, um den Vaccarès, die nicht zugängliche Naturschutzzone liegt, die 13 000 ha umfassende *Réserve nationale*. Neben dem Naturschutz ist es das erklärte Ziel der französischen Regionalparks, die Lebensbedingungen der dort wohnenden Menschen zu verbessern. Zwickmühlen sind da vorprogrammiert: Die Verpachtung der Jagdrechte gehört z. B. zu den lukrativsten Einnahmen der Züchter-Landbesitzer, der *manadiers* – die Camargue-Böden weisen daher eine erschreckend hohe Bleibelastung auf. Kein Wunder bei Exzessen von 2000 trotzig alle Naturschutzgesetze brechenden Jägern und 150 000 getöteten Wasservögeln jährlich.

Vom Tourismus, der in irgendeiner Form immer um Pferd oder Stier kreist, leben die meisten der 8500 Anwohner – die ca. 1 Mio. Besucher pro Jahr belasten die Natur indes erheblich, auch wenn auf den sanften Tourismus gesetzt wird und noch keine Bettenbunker wie an den benachbarten Languedoc-Küsten entstanden sind.

Les Stes-Maries-de-la-Mer

Provence-Atlas S. 237, C 3
Die Einwohnerzahl (1000) der ›Kapitale‹ der Camargue steigt in der Saison schon mal um das Zwanzigfache – im Juli/August und zur Wallfahrt am 24./25. Mai ist sie unerträglich über-

DIE ZIGEUNERWALLFAHRT ZUR SCHWARZEN SARA

Sara-la-Kâli, was auf Romanes die ›schwarze‹ indische Göttin und ›die Zigeunerin‹ heißt, nennen die Zigeuner ihre Schutzpatronin. In den Jahren vor dem Zweiten Weltkrieg besuchten keine 1000 von ihnen, meist südfranzösischer oder katalanischer Herkunft, das Pilgerfest. Von 1950 bis heute hat sich ihre Zahl mehr als verzehnfacht. In den motorisierten Wohnwagen, die in der Zeit um den 24. und 25. Mai herum eigene Straßen und Stammes-Stadtviertel in Stes-Maries bilden, kommen Tinker aus Irland, Roma aus Südosteuropa, Gitanos aus Spanien, Piemontesi aus Italien sowie die Manouches der Provence, die meist in Avignon, Nîmes und Arles oder in Camps entlang der Straßen wohnen. Hier treffen sich die Familien und Sippen, reden Heiraten und Geschäfte ab, schlichten Streitfälle. Als Handleserinnen, Tänzer und Musikanten verdienen sich die Zigeuner in den Straßen ein Zubrot und feiern ausgelassen, bevor sie sich wie seit jeher als Erntehelfer auf den Obst- und Gemüsefeldern der Provence verdingen. Da den Zigeuner-Pilgern in letzter Zeit vermehrt Vorurteile, ja offene Feindseligkeit aus Teilen der Bevölkerung entgegenschlagen, überlegen sie, ihre Schutzpatronin an einen gastfreundlicheren Ort zu bringen.

Die touristische Vermarktung, von der die Einwohner von Stes-Maries und Arles wesentlich mehr profitieren als die Zigeuner, ist groß. Um so mehr erstaunt, was an glühender Devotion, an sinnlich-magischer Religionsausübung, an gelebter Frömmigkeit noch geblieben ist: Wie die Menge in der Vier-Uhr-Messe am 24. Mai »Vive les saintes Maries« ruft, Kerzen emporhält und uralte, traurig klingende Lieder singt, wie bei der Descente des châsses die Schreine der beiden Marien von der Michaelskapelle behutsam auf Hunderte von Händen herabgelassen werden, wie die Pilger die Statuen der Marien und Saras mit zehnfachen Lagen kostbarer Kleider behängen, ihre Kinder hochheben, damit sie die Münder der Heiligen küssen, deren Gesichter streicheln, den Saum der Kleider an ihre Stirn heben, Taschentücher und Fotos daran reiben, um die schützende Aura nach Hause zu nehmen.

1935 erhielt auch Sara, von der Kirche nie offiziell als Heilige anerkannt, auf Vermittlung des Marquis de Baroncelli ihren Pilgerzug ins Meer, am 25. Mai, einen Tag, nachdem die Barke der beiden Marien in die Salzfluten getaucht worden ist. Geleitet von den Gardians auf ihren Pferden, den Vertretern des Klerus, den schönen Arlesierinnen in Festtracht und Tausenden von Schaulustigen, schwankt die vor Brokat und Gold starrende Sara-Statue in Richtung Strand. Die Träger in ihren weißen Kitteln stammen immer aus denselben Familien – es gilt als hohe Ehre, die Heilige wieder mit dem Meer in Berührung bringen zu dürfen, über das sie gekommen ist.

Zigeunerwallfahrt: Die Barke mit den zwei Marien wird ins Meer getragen

laufen. Meist kommt man von Arles über die D 570 in den Küstenort, an der sich die Mas wie Perlen auf der Schnur reihen: Die flach in die Salzsteppe gebauten, aus mehreren Einzelgebäuden bestehenden lokaltypischen Hotels bevorzugen einen spanisch anmutenden Haziendastil mit weiß gekalkten Wänden und gefliesten Fußböden, dunkelholzigen, rustikalen Möbeln und haben meist einen Swimmingpool. Vor diesen Mas warten gesattelte weiße Camargue-Pferdchen. Sie sind lammfromm und gehen unter Ungeübten meist nur im Schritt.

Von nahezu jedem Punkt der flachen Schwemmlandschaft sieht man den hohen Turm der sandsteingelben **Wehrkirche.** Durch die Jahrhunderte den Angriffen der Westgoten, Sarazenen, Normannen und der Söldnerbanden des Hundertjährigen Krieges ausgesetzt, bauten die Einwohner an der Stelle eines frühen Oratoriums, das die Gräber der hl. Marien bezeichnete, wohl vom 9. bis ins 14. Jh. an ihrer trutzigen Kirche, einer der schönsten Sakralbauten der Provence: hoch aufragende, fensterlose Mauern, eine sich zum Donjon emportürmende Apsis mit darüber gelegener Hochkapelle (hier werden die Reliquien der beiden hl. Marien aufbewahrt). Um das mit Steinplatten gedeckte Dach verläuft ein Wehrgang mit Zinnen, auf dem man herumklettern und den Blick genießen kann.

Die Skulpturenkapitelle im inneren Apsisrund und die beiden arg verwitterten Löwinnen mit Jungen an der südlichen Außenseite stammen, wie wohl der Großteil der Kirche, aus dem 12. Jh. In dem engen, düsteren, einschiffigen Innern liegt ein Brunnen (im Mittelgang vorne), der die Belagerten mit Wasser versorgte. Zahllose Exvotos, naiv-anrührende Dankesdarstellungen wundersamer Heilungen und Rettungen, künden vom frommen Wallfahrerglauben. In der höhlenniedrigen, von Hunderten geweihten Kerzen aufgeheizten und rußgeschwärzten Krypta verehren die Zigeuner ihre Heilige, die schwarze Sara. Tagsüber lesen die Zigeunerinnen um die Kirche herum aus der Hand, abends wetteifern internationale und einheimische Folkloregruppen vor der grandiosen Kulisse der angestrahlten Kirchenmauern um Gunst und Kleingeld des wohlwollenden Publikums.

Der Rest der Stadt gehört dem *bioù*: Davon zeugen die Arena am Strand, ein deutlich stierzentriertes Andenkenwesen oder die aus Lederhose und -stiefeln, bunt gemustertem Baumwollhemd, Samtweste und schwarzem, breitkrempigem Hut bestehende gardianische Cowboytracht, die überall zu kaufen ist. Zu friedfertige Stiere landen als *bœuf gardian* – Rindfleisch aus der Camargue hat AOC-Status erlangt – in den Kochtöpfen der zahllosen Restaurants.

Vom Stierkult zeugt auch das Heimatmuseum, das **Musée Baroncelli,** ein schmalbrüstiges Häuschen im Gassengewirr um die Kirche (9.30–12 und 14–18 Uhr; Oktober–Mai Di geschl.). Als Folco de Baroncelli-Javon, aus altem florentinischem, nach Avignon ausgewanderten Adelsgeschlecht stammend, 1909 die *Nacioun Gardiano* gründete, versammelte er um sich keine Praktiker, sondern Amateur-Gardians, »Ritter der mistralischen Idee«, die Folklore, Sprache, Sitten und Gebräuche des Pays d'Arles und der Camargue propagierten. Mit verblichenen Fotos, Freundschaftsgaben indianischer Häuptlinge und Stierköpfen wie dem des legendären *Bioù d'or* namens Vovo verewigt das Museum das Lebenswerk des Marquis. Am 21. Juli 1951 wurde der 1943 Gestorbene in einem triumphalen Zug an der Mündung der Petit Rhône beigesetzt (am heutigen Campingplatz Clos du Rhône). Die 300 Stiere der Manade hatten ihm auf den letzten Metern das Geleit gegeben. Unter einem schlichten, gestuften Betonrund ruht nun der Marquis, den Kopf auf der Türschwelle seines alten Heims, der Körper zeigt mit geöffneten Armen auf die Kirche von Les Stes-Maries.

Office de Tourisme: 5 av. Van Gogh, Tel. 04 90 97 82 55, www.saintesmariesdelamer.com. Vorschläge für Fahrradtouren, Ferienhausvermittlung.

Zur Zeit der Zigeunerwallfahrt sind Unterkünfte im weiten Umkreis oft schon Monate vorher ausgebucht.

Le Pont des Bannes: route d'Arles, Tel. 04 90 97 81 09, Fax 04 90 97 89 28, www.pontdesbannes.com. Luxusherberge mit nobel-schlichten Gardian-Cabanes, viele Sportmöglichkeiten. DZ 131–149 €.

Mas des Rièges: Tel. 04 90 97 85 07, Fax 04 90 97 72 26. 3-Sterne-Hotel in einem Mas an der einsamen Route de Cacharel. DZ 60–84 €.

Le Flamant Rose: Albaron, Tel. 04 90 97 10 18. Schlichter 2-Sterne-Landgasthof mit deftiger Landküche.

Auberge de Jeunesse: Pioch-Badet, Route d'Arles, ca. 8 km, Tel. 04 90 97 51 72. Schlicht-funktionale Jugendherberge, Fahrradverleih.

Camping Le Clos du Rhône: Tel. 04 90 97 85 99, Fax 04 90 97 78 85. 4-Sterne-Platz, familientauglich, am Ufer der Petit Rhône.

Touristenrestaurants und Pizzerien mit bei aller Einfallslosigkeit reicher Meeresfrüchteauswahl eins neben dem anderen zum Meer hin und um die Kirche, vor allem Avenue F. Mistral.

Hostellerie Pont de Gau: neben dem Vogelpark, Tel. 04 90 97 81 53, Fax 04 90 97 98 54, mittags und abends geöffnet. Klassische Feinschmeckerküche; mit 2-Sterne-Hotel, Menü 17, 45 €.

Wein: An der D 58 von Stes-Maries nach Aigues-Mortes und der N 572 von Arles nach St-Gilles laden viele Winzer und Kooperativen zur Weinprobe ein, an allen Straßen der Camargue gibt es Verkaufsstände.

Zigeunerwallfahrt: 24./25. Mai, siehe Thema S. 121.

Baroncelli-Gedächtnistag: 26. Mai. Mit viel Stier und Pferd, auch am Grab des Barons.

Festo Virginenco: Letztes Juliwochenende. Marienfest mit Umzug der Gardians mit ›schönen Arlesierinnen‹ auf der Pferdekruppe, Kranzniederlegung an der Mireille-Statue neben der Kirche etc. Während der Saison Corridas und Courses camarguaises in den Arenen. Zwei ruhigere, authentische Marienfeste werden an dem dem 22. Oktober nächsten Sonntag sowie am 3. Dezember begangen.

Ausritt: 2 Stunden ca. 25 €, auch halb- oder ganztägig, zahlreiche Möglichkeiten in fast allen Mas; z. B. L'Amarée, route d'Aigues-Mortes.

Fahrradvermietung: Le Vélociste, pl. des Gitanes, Tel. 04 90 97 83 26.

Kanu/Kajak: Kayak Vert, Mas des Baumelles, an der D 38 zwischen Stes-Maries und Sylvéréal, Tel. 04 90 97 88 89. Mit dem Kanu die Petit Rhône hinab.

Strandsport: am langen Sandstrand Möglichkeiten zum Windsurfen und Beach-Sailing (*char à voile*).

Wellness: Thalacap Camargue, rue du Docteur Gambon, Tel. 04 90 99 22 22, www.thalacap.fr. Thalassotherapie in gediegenem Ambiente.

Im Hafen liegen mehrere **Ausflugsboote** (Tiki III, Les Quatre Maries).

Der September ist der ideale Reisemonat für die Camargue – angenehme Sonnentage an fast leeren Stränden. Leider treten gerade dann Mückenschwärme auf: Mückensalbe einpacken und drinnen speisen. Nicht abseits der ausgeschilderten Wege in eingezäuntem Privateigentum wandern: Begegnungen mit Stieren können böse enden.

Rundfahrt um den Etang de Vaccarès

Provence-Atlas S. 237, C3/S. 238, D 3

Diese Tagestour führt durch das naturgeschützte Herz der Camargue: Mit dem Auto fährt man auf demselben Weg zurück, mit dem Fahrrad führt die 70 km lange Rundfahrt zurück über den Deich.

4 km nördlich von Stes-Maries liegen der **Parc Ornithologique (Vogelpark)** mit dem **Informationszentrum,** das Fragen des ökologischen Gleichgewichts dokumentiert (9, im Winter 10 Uhr bis Sonnenuntergang). Direkt hinter dem Eingang zum Park flattern, hocken oder schwimmen in großen Vo-

lieren, die die jeweiligen Biotope naturgetreu nachbilden, die ständig oder nur zum Überwintern hier lebenden Vögel, vor allem die bedrohten Rallen und Purpurreiher, Kormorane, Raubvögel und das Markenzeichen der Camargue, die rosa Flamingos. Einen Monat lang brüten Männchen und Weibchen auf Inseln in der Mitte der zahlreichen Etangs ein einziges Ei aus; die Küken wachsen unter Hunderten anderer Jungvögel in riesigen ›Vogelschulen‹ heran, und erst im dritten Jahr – der Flamingo kann ein halbes Jahrhundert alt werden – verschwindet das gräuliche Kükengefieder. Die Flamingos trifft man auch in Herden in den flachen Salzseen der ›freien Wildbahn‹ an, und trotz der Kältekatastrophe von 1985, die etwa 15 000 dieser Stelzvögel das Leben kostete, vermehren sie sich hier – übrigens als einzigem Ort in Europa – prächtig. Nach Norden zu führt auf einem Deich ein empfehlenswerter Spazierweg mit Beobachtungsständen durch den ansonsten unbegehbaren Salzsumpf.

In einem lang gestreckten alten Schafstall des Mas du Pont de Rousty, der hier seit dem 16. Jh. besteht, schildert das **Camargue-Museum** in anschaulicher Weise Geologie, Geschichte, Alltagskultur und Wirtschaft der Region (Okt.–März Mi–Mo 10.15–16.45, April–Sept. tgl. 9.15–17.45, Juli/August bis 18.45 Uhr). Auf dem etwa 90-minütigen Spazierweg durch die Kulturlandschaft des Hofes sieht man das Bewässerungssystem für die Reisfelder mitsamt einer Pumpenstation und kreuzt einen alten Transhumanz-Weg: Zu Fuß trieb der

Ein Paradies auch für Mücken: Naturschutzgebiet Etang de Vaccarès

WEIßE PFERDE, SCHWARZE STIERE

Vom Solutré-Pferd und vom *Bos Taurus asiaticus* der Altsteinzeit sollen die weißen Pferde und die schwarzen Rinder der Camargue abstammen, von Artgenossen also, die vor ca. 20 000 Jahren die Erde mit Hufen traten. Wild – jedenfalls im Vergleich zu uns bekannten Nutztieren – leben die Herden in den Salzsteppen und Sümpfen der Camargue, größtenteils sich selbst überlassen und auch bei Frost und Unwettern in freier, ungeschützter Natur. Die Pferde müssen sie nur verlassen, um Gardians und Touristen als Reittier zu dienen – die Rinder, um in die Arena oder den Kochtopf zu wandern.

Derb und grobknochig, robust, mit gedrungenen Beinen, schwerem Kopf und ausgeprägtem Unterkiefer, wirkt das Camargue-Pferd fast wie ein großes Pony. Der Schimmel mit seinem langen und dichten Schweif, der gegen die zahllosen Mücken des Deltas gute Dienste leistet, darf 1,45 m Risthöhe nicht überschreiten. Die Herde ist in ständiger Bewegung, um die mageren Weiden mit ihren trockenen Riedgräsern, Quecken, Saladellen und Salicornen optimal auszunutzen. Dass sie hierbei auch an Jungtriebe gelangen, die sich noch nicht aus dem Wasser herausgetraut haben, verdanken sie ihrer unter Pferden einzigartigen Fähigkeit, die Nüstern zukneifen und so ›submarin‹ äsen zu können. Die zwischen März und Juni ohne menschliche Hilfe zur Welt kommenden Fohlen sind zunächst grau, braun oder falbfarben und werden erst zwischen dem fünften und siebten Lebensjahr weiß. Bleiben sie ihr Leben lang Apfelschimmel, war ihr Blut nicht rein.

Für den ternen, spätestens aber für den quatren (Drei- und Vierjährigen) ist die grenzenlose Freiheit vorbei – er wird eingeritten und grast fortan in Sichtweite der Menschen, um sich morgens zur Arbeit mit dem Hafersack in den Korral locken zu lassen. Das einmal von ihm eingerittene Reittier wird der Gardian, der ›Cowboy der Camargue‹, nicht mehr aus der Hand geben, da es auf seine Person adaptiert ist. Von der Wendigkeit seines Camargue-Pferdes, das abrupt stoppen, beschleunigen und auf der Stelle drehen kann, und seinem ›Kuhverstand‹ hängt viel ab bei der Hütearbeit auf dem Großgrundbesitz der manade. Das Office de Tourisme von Stes-Maries gibt Auskunft, auf welcher Manade man sich als Hobby-Gardian versuchen kann.

Diese landwirtschaftlichen Betriebe, zumeist Horte altprovenzalischer Tradition, haben großen Anteil am Landschaftsschutz, da sie zur Stier- und Pferdezucht weite, naturbelassene Flächen brauchen – ein Stier beansprucht etwa 1 ha Platz – und so dazu beitragen, die Camargue in ihrer ursprünglichen Gestalt zu erhalten. Auf dem Mas de Cacharel an der Route de Cacharel, wo Albert Lamorisse 1952 den für den Mythos Camargue so wichtigen Pferdefilm »Le Crin Blanc« drehte, wurde jener ›sanfte‹ Reitertourismus erfunden, den heute beinah jeder manadier praktiziert: Er vermietet Pferde, besitzt eine kleine Arena, in der er Spektakel für

Touristen abhält, im Frühjahr z. B. ferrades. Die Gardians, die in ihren charakteristischen kastenartigen Sätteln sitzen und einen trident benutzen, eine Lanze aus Eschenholz mit dreizinkiger Eisengabel, sondern einen Jungbullen von der Herde ab; ein Mann packt ihn bei den Hörnern und wirft ihn zu Boden, anschließend wird dem Tier das Zeichen der Manade auf den Schenkel gebrannt und ein oder beide Ohren in einer für jede Manade unterschiedlichen Form coupiert (escoussouro). Auch abrivado und bandido, wenn die Stiere vor Kampfspielen in die Arena und wieder zurück auf die Weiden getrieben werden, kann man die ganze Saison über miterleben.

Trotzdem kämpfen viele der Züchter mit Existenzproblemen, und der biòu camarguais ist mit einem Bestand von vielleicht 6000 Köpfen vom Aussterben bedroht – eine einzige Maul- und Klauenseuchen-Epidemie, und der gesamte Bestand müsste unwiderbringlich vernichtet werden. Derweil will das neue, noch im Ausbau befindliche Maison du Cheval Camargue im alten Mas de la Cure Besucher mit Ausstellungen, Führungen, einem Lehrpfad etc. für die Welt des Camargue-Pferdes sensibilisieren. Es bildet auch junge Menschen in ›Pferdeberufen‹ aus und setzt die braven Schimmelschönheiten in der Behindertentherapie ein.

Eine Frage des Vertrauens: Camargue-Pferd und Gardian

Schäfer Aristide Baume bis zu seinem Tod im Jahre 1960 seine Schafherden im Sommer in die Vercors-Berge. Dort lebte er mit Familie und einem Gehilfen im ›Jardin du Roi‹, im Königsgarten des Sommers. All dies ist im Museum nachgebaut, und Aristide erzählt – vom Band – in breitestem provenzalischem Französisch über seine herbe Freiheit.

Die **Domaine de Méjanes,** die Manade des Pastis-Produzenten Paul Ricard, betreibt nicht zu knapp Werbung. Ein Bimmelbähnchen kurvt auf kreischenden Rädern an den Vaccarès, in der hauseigenen Arena werden Stierkämpfe und *ferrades* abgehalten. Ausritte für die Belegschaft eines ganzen Reisebusses sind jederzeit möglich.

Wenig weiter südlich, am **Informationszentrum La Capellière**, führt ein halbstündiger Spaziergang durch Sumpf, Schilf und Ried und schließlich durch Salzmarsch, die *sansouire,* wo die dickfleischigen, rosa bis grünen Salicornen wachsen. Weiden, Wacholder, im Mai zart rosa blühende Tamariskenbäume und Irisstauden in allen Farben säumen den oft zugewucherten Pfad, man trifft auf Eidechsen, Libellen, Heuschrecken, Zikaden, Reiher und ein in der Tourismusbranche tätiges Camargue-Pferdchen (Waldpfad immer geöffnet, Informationszentrum April–Sept. tgl. 9–13, 14–18, Okt.– März Mi–Mo bis 17 Uhr).

Die D 36b läuft am Ostufer des Vaccarès entlang – eine der reizvollsten Strecken der Provence, die an zahlreichen Stellen zum Aus- oder Absteigen einlädt. Wäre man hier einmal allein, könnte wohl aus dem mannshohen Schilf der traurige Faun aus Joseph d'Arbauds »Bête du Vaccarès« auftauchen.

Durch **Salin-le-Giraud** (2500 Einwohner) mit seinen eintönigen, für Arbeitersiedlungen des 19. Jh. jedoch recht annehmbaren Mietshausreihen – kein Haus ohne kleinen Garten und Stall – hindurch gelangt man zu einem Aussichtspunkt auf die Salzgewinnungsbecken und die riesigen, für die Industrien von Fos bestimmten Salzberge.

Zwischen Salzgärten und Grand Rhône geht es nach **La Palissade,** einem alten Jagdhaus im spanischen Haziendastil, wo das Institut zur Erhaltung der Küstenlandschaft und der Feuchtgebiete eine Informationsausstellung und Aquarien zur Ökologie der hiesigen Lagunenlandschaft zeigt (tgl. 9–17 Uhr).

Drei Spaziergänge führen durch die unberührte, wenig spektakuläre Landschaft, alternativ werden Ausritte und Kutschfahrten angeboten. Auf dem anderen Rhône-Ufer liegt die Hafenstadt **Port-St-Louis** mit ihren Industrien – hier gewinnt man eine Vorstellung davon, wovor die einmalige Naturlandschaft der Camargue geschützt werden muss. Auf dem **Mas St-Bertrand**, einem typisch camarguesischen Hof, können Sie rustikal-gemütlich Snacks und Getränke zu sich nehmen, Fahrräder, Pferde, Zimmer und Ferienwohnungen mieten (Tel. 04 42 48 80 69). Im naturgeschützten **Etang du Fangassier** tummelt sich die größte Flamingopopulation Europas.

Die **Plage d'Arles**, auch Plage de Piémanson genannt, ein ›Drive-In-Strand‹ und Wildcamper-Eldorado, zeigt alle ökologischen Probleme, die Tausende von ›Individualtouristen‹ in der Hochsaison für ein bislang intaktes Stück Natur mit sich bringen. Die zwischen Strandseen mit Flamingoherden entlangführende D 36d gleicht im Sommer einer Autobahn.

Von hier bis Stes-Maries erstrecken sich westwärts an die 30 km traumhafter Sandstrand: Nehrungen, Dünen, auf denen Strandhafer, Levkojen, Meerlavendel und wilde Nelken wachsen, und im großteils naturgeschützten Hinterland ein amphibisches Labyrinth aus Lagunen und Strandseen, den Etangs, in denen Flamingos staksen. Auch von Stes-Maries aus kann man sich auf geländetauglichen Rädern den **Digue à la Mer** und ein Netz weiterer, meist sehr holpriger Deichwege erschließen.

Train des Salins: Tel. 04 42 48 81 87. Die Kleinbahn fährt vom Aussichtspunkt an der Route de Piémanson tgl. 10–20 Uhr jede Stunde in die Salzgewinnungsfelder, Ende August–Anfang Oktober, während der Ernte auch bis Mitternacht.

Aigues-Mortes

Provence-Atlas S. 236, A3
Auf der D 38 oder, für Romantiker oder Leute mit Zeit, über die kostenlose, in der Saison bis gegen 20 Uhr verkehrende Fähre **Bac du Sauvage** kommt man zum Canal du Rhône à Sète, der vor allem dem Freizeit-Bootsverkehr dient, und zur mittelalterlichen **Tour Carbonnière,** dem Kohlenturm. Dieser strategische Vorposten von Aigues-Mortes ist Tag und Nacht zu besteigen und bietet einen vorzüglichen Rundblick auf die flache Wasserlandschaft, wo Pferdeherden bis zum Bauch im Sumpf grasen. Wenig später parkt man draußen vor den hoch aufragenden Mauern der Stadt der ›toten Wasser‹ (4500 Einwohner).

Auf der zentralen **Place St-Louis**, wo im Schatten der Platanen die örtliche Gastronomie den touristischen Bedürfnissen gerecht wird, blickt einem der ›heilige‹ Ludwig, der neunte seines Namens auf dem französischen Königsthron, in der stolzen Pose und mit dem glatten Rittergesicht des Historismus entgegen: 1240 hatte er dieses Stück Sumpf gekauft, um seinen eigenen Hafen für den geplanten Kreuzzug zu bauen. Es sollte der siebte werden, der 1250 mit der Gefangennahme des Königs endete; auf dem achten starb er 1270 in Tunis an der Pest. Seiner Stadt, damals fast dreimal so volkreich wie heute, ging es nur noch ein paar Jährchen gut, dann verlandete der Hafen – heute liegen die gigantischen Mauern wie gestrandet etliche Kilometer vom Meer entfernt.

Gegen 1250 vollendet, ist die massig-runde, aber doch elegante **Tour Constance** wie viele Bauwerke der Provence aus jenen bewundernswert glatt gefugten, römisch inspirierten Quadern gebaut. Dieser früheste Teil der Festung liegt heute vor dem insgesamt 1640 m langen Mauerquadrat. Templer, der Kamisardenführer Abraham Mazel und die standhafte Protestantin Marie Durand hielten die 6 m dicken Mauern gefangen, letzere 38 Jahre lang. Die **Festungswälle** mit

Ecktürmen und Toranlagen, ein – nie geprüftes – Lehrstück mittelalterlicher Verteidigungstechnik, schließen die rechtwinklig angelegte ›Planstadt‹ komplett ein. Eine Wanderung über die Wälle zeigt einem den kleinen Jachthafen, am Horizont die Retortenstadt La Grande Motte, ein futuristisches ›Paradies‹ für 130 000 Urlauber (Turm und Wälle Juni–Aug. 9.30–20, Mai, Sept. 9.30–19, April, Okt. 10–18, sonst 10–17 Uhr).

In den geraden Straßen des Ortes drängen sich in der Hauptreisezeit die Besucher. Wenn man an lauen Spätsommerabenden an den effektvoll beleuchteten Mauern entlangschlendert, changiert der ziemlich museale Charakter der ›toten‹ Stadt ins Märchenhaft-Romantische.

Von den Wällen hat man sie in Richtung Meer schon gesehen, die weiß bis rötlich schimmernden Salzfelder und -berge der **Salins du Midi**, die man von Ende April bis Oktober besichtigen kann (tgl. 10–18.30 Uhr).

Office de Tourisme: Porte de la Gardette, Tel. 04 66 53 73 00, www.ot-aiguesmortes.fr.

Les Arcades: 23 bld. Gambetta, Tel. 04 66 53 81 13, Fax 04 66 53 97 12. Stilvolles Hotel mit Restaurant in einem spätmittelalterlichen Palais, Zimmer mit alten Steinen und Holzbalken, DZ 95–110 €.

Domaine de Jarras-Listel: beim Abzweig von D 979 nach Le Grau-du-Roi, tgl. 10–18 Uhr. Gut trinkbare, preisgünstige A. O. C.-Weine.
Wochenmarkt: Mi und So vormittags.

Nuits d'Encens: 1. Augusthälfte. Festival der Mittelmeermusik.
Fête de St-Louis: 2. Augustwoche. Nachstellung der Abfahrt zum Kreuzzug in historischen Kostümen.
Votivfest: 2. Oktoberwoche. U. a. renommierte *Courses camarguaises*.

Wohnboote für Fahrten auf dem Canal du Rhône à Sète (von hier Verbindung zu den Kanälen des Languedoc), z. B. Rive de France, Freizeithafen, Tel. 04 66 53 81 21.

St-Gilles

Provence-Atlas S. 236, C2
Die Blütezeit der Gard-Stadt (11 000 Einwohner), einem wenig anheimelnden Umschlagplatz für Weine und Obst der Umgebung, lag im 11. und 12. Jh., als die für Liberalität und Toleranz bekannten Grafen von Toulouse, angefangen bei Raymond IV., St-Gilles zu ihrer ›geliebten Stadt‹ machten. Die romanische Kirche, mit den Reliquien des hl. Aegidius selbst ein bedeutendes Pilgerzentrum, war zusätzlich Ausgangspunkt einer der vier Hauptrouten der wichtigsten mittelalterlichen Wallfahrt, die nach Santiago de Compostela führte: Das bedeutete einen enormen wirtschaftlichen Faktor.

Die wohl gegen Ende des 12. Jh. in einem Arbeitsablauf skulptierte **Fassade** mit ihren drei Rundbogenportalen erinnert an römische Triumphbogen, in der Wiedergabe der Körper und des Faltenwurfs der Gewänder an frühchristliche Sarkophage. Faszinierend ist die Vielfalt und Ausdruckskraft der alt- und neutestamentarischen Szenen und der für die romanische Plastik typischen rätselhaften Burlesken: Ein Kentaur spannt seinen Bogen, ein Kamel (Erinnerung eines Kreuzfahrers?) reckt hochnäsig seinen Kopf empor, und glückliche Löwen zerreißen weniger glückliche Opfer.

Am 12. Juni 1209 kniete nackt und demütig der mächtige Graf von Toulouse, Raymond VI., vor dieser prächtigen Schaufassade und tat Kirchenbuße für den ein Jahr zuvor hier begangenen Mord an dem päpstlichen Legat Pierre de Castelnau. Er wurde, fast bis auf den Tod, in die **Krypta** hinunter, zum Sarkophag des Ermordeten, gegeißelt. Der heutige Besucher kommt von außen in diese gewaltige Unterkirche von 50 x 25 m mit ihren derben Kreuzgewölben – man schätzt, dass zum Pilgerfest des hl. Aegidius in drei Tagen etwa 50 000 Gläubige das Grab umrundeten.

Hinter dem Chor der Kirche – die romanische wurde in den Religionskriegen bis auf die beschriebenen Partien zerstört – windet sich wie ein kunstvolles steinernes Schneckengehäuse die berühmte **Vis de St-Gilles** empor, das Ziel einer anderen Pilgerfahrt: Auf ihrer Gesellenfahrt, der *Tour de France*, machten Steinmetze aus ganz Frankreich hier Station, wovon noch zahlreiche Graffitis vor allem im oberen Bereich der perfekt gemeißelten Wendeltreppe zeugen (tgl. 9–12, 14–17, Juli/Aug. 9–12, 15–19 Uhr).

Office de Tourisme: 1 pl. Frédéric Mistral, Tel. 04 66 87 33 75.

Zigeunerkinder in der Arena von Les-Stes-Maries-de-la-Mer

NIMES UND DAS DEPARTEMENT GARD

Postmoderne Stararchitekten zitieren die römischen Kunstschätze von Nîmes, und zu Corrida-Zeiten geht es spanisch-heiß her – Stiere, Flamenco, Bodegas, Straßenfeste bis in den Morgen. Nîmes' Wasser kam einst vom antiken Ingenieurskunstwerk Pont du Gard, und im malerischen Uzès scheint die Zeit stehen geblieben zu sein.

Nîmes

Provence-Atlas S. 230, B 4
Die Hauptstadt des Departements Gard (140 000 Einwohner) lockt Reisende mit ihren weltberühmten Denkmälern aus der Antike und dem Ruf als Hochburg des spanischen Stierkampfs in Frankreich. Obwohl sie zum Languedoc gehört, ist eine klassische Provence-Reise ohne Nîmes unvollständig. Die Stadt hat ihren ganz eigenen, unaufgeregten, aber lebendigen Pulsschlag, zu dem auch die 10 000 Studenten der Uni und zahlreiche Künstler und Künstlervereinigungen beitragen.

Renommierbauten von namhaften internationalen Architekten der Postmoderne zitieren die römische Vergangenheit von Nîmes: das Sportstadion ›Stade des Costières‹ des Italieniers Vittorio Gregotti, gut von der Autobahn zu sehen, oder die beiden Glas-Aluminium-Gebäude mit dem traditionsmächtigen Namen ›Nemausus‹, von Jean Nouvel konzipierte Sozialwohnungen an der Avenue du Gén. Leclerc. Jean-Michel Wilmotte schließlich befreite einige der historischen Gebäude vom Staub der Jahrhunderte: Oper, Musée des Beaux-Arts, Maison Carrée, Touristenbüro und das Hôtel du Cheval Blanc tragen nun seine klare, die Balance zwischen Alt und Neu wahrende Handschrift.

Kosmopolitisch war die Stadt Nîmes schon immer. An der Stelle einer Siedlung der keltischen Völker gründete vermutlich Augustus die Colonia Augusta Nemausus. Der römische Imperator siedelte Veteranen aus den ägyptischen Kriegen an, und so wurde das an eine Palme gekettete Krokodil, ein Symbol des eroberten Ägypten, zum Wappen und Sinnbild der Stadt. Heute nennen sich Nîmes' Fußballer die *crocos,* und die Urviecher tummeln sich auf den vom Stardesigner Philippe Starck entworfenen Metallknöpfen im Pflaster der Fußgängerzone und in dem lustigen Brunnen auf der Place du Marché von Martial Raysse. Nemausus Blütezeit lag im 2. Jh., als die Kaiser Hadrian und Antoninus Pius es mit

Sehenswürdigkeiten

1 Jardin de la Fontaine
2 Tempel der Diana
3 Tour Magne
4 Castellum Divisorum
5 Maison Carrée
6 Carrée d'Art
7 Halles (Markt)
8 Notre-Dame et St-Castor
9 Hôtel de Ville
10 Amphitheater
11 Musée Archéologique
12 Starck-Bushaltestelle

Übernachten

13 Hôtel Impérator Concorde
14 New Hôtel La Baume
15 Hôtel Amphithéâtre
16 Hôtel Temple

Essen und Trinken

17 Bonnes Agapes
18 Wine Bar
19 Côte Bleue

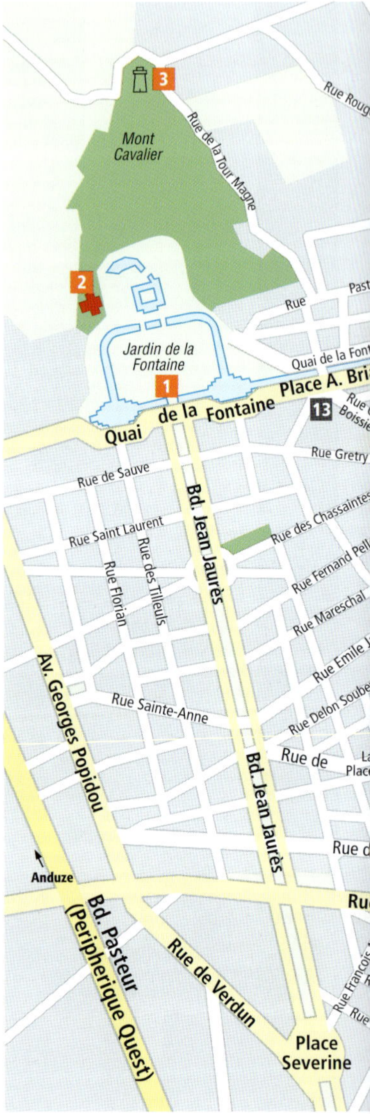

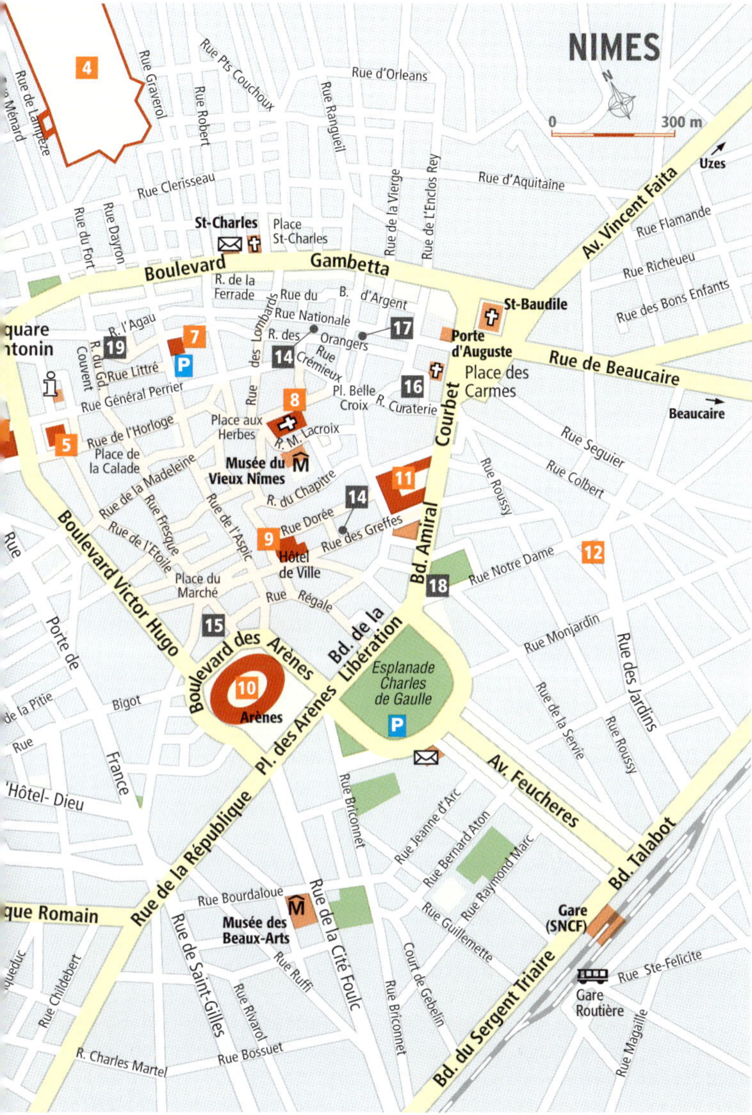
NIMES
0
300 m
Uzes
Beaucaire
Boulevard Gambetta
Av. Vincent Faita
Rue de Beaucaire
Boulevard Victor Hugo
Boulevard des Arènes
Bd. Amiral Courbet
Bd. de la Libération
Pl. des Arènes
Rue de la République
Av. Feuchères
Bd. Talabot
Bd. du Sergent Triaire
St-Charles
Place St-Charles
St-Baudile
Porte d'Auguste
Place des Carmes
Place aux Herbes
Musée du Vieux Nîmes
Hôtel de Ville
Place du Marché
Place de la Calade
Arènes
Esplanade Charles de Gaulle
Musée des Beaux-Arts
Gare (SNCF)
Gare Routière
Rue d'Orleans
Rue d'Aquitaine
Rue Clérisseau
Rue Flamande
Rue Richeueu
Rue des Bons Enfants
Rue Seguier
Rue Colbert
Rue Roussy
Rue Notre Dame
Rue Monjardin
Rue des Jardins
Rue de la Servie
Rue Nationale
Rue Crémieux
R. Curaterie
Pl. Belle Croix
Rue Dorée
Rue des Greffes
R. du Chapitre
Rue Régale
Rue Littré
Rue Général Perrier
Rue de l'Horloge
Rue de la Madeleine
Rue Fresque
Rue de l'Etoile
Rue de l'Aspic
Rue Bourdaloue
Rue de Saint-Gilles
Rue de la Cité Foulc
Rue Briçonnet
Rue Jeanne d'Arc
Rue Bernard Aton
Rue Raymond Marc
Rue Guillemette
Court de Gebelin
Rue Ste-Felicite
Rue Magaille
Rue Bossuet
Rue Rivarol
Rue Ruffi
R. Charles Martel
Rue Childebert
Rue Graverol
Rue Robert
Rue Pts Couchoux
Rue Ranqueil
Rue de la Vierge
Rue de L'Enclos Rey
Rue du Fort
Rue Dayron
R. de la Ferrade
B. d'Argent
R. des Orangers
Rue des Lombards
R. l'Agau
R. du Gd. Couvent
R. M. Lacroix
Rue de Lampèze
Porte de France
Bigot
Rue de la Pitie
Rue de l'Hôtel-Dieu
Square Antonin
Rue Ménard
4
5
7
8
9
10
11
12
14
15
16
17
18
19
P
M

Nîmes kulinarisch

Die Spezialität Brandade, eine Creme aus Stockfisch, Olivenöl und Milch, wurde vermutlich von isländischen Fischern im 18. Jh. nach Nîmes eingeführt. Bei ›Daniel‹ in den Halles kann man sie zusammen mit Fisch und Salzig-Öligem kaufen. Oder in der Feinkost-Boutique von ›Raymond‹, 34 rue Nationale, dessen Urahn die Brandade 1879 neu erfand, dazu die Nimoiser Picholine-Oliven, Tapenade etc. (www.brandade.com)

prächtigen Bauten ausstatteten. Im 18. Jh. erfreute sich Nîmes aufgrund der Seiden- und Baumwollverarbeitung neuen Wohlstands: Ein robuster blauer Baumwollstoff, der Denim (›de Nîmes‹), sollte als ›Jeans‹ eine Karriere rund um den Erdball antreten.

Das römische Nîmes

Die barocke Gartenanlage des **Jardin de la Fontaine** 1 verweist auf diese Blütezeit im 18. Jh. und führt gleichzeitig zu den Ursprüngen der Stadtgeschichte zurück, denn hier lag einst das Quellheiligtum des keltischen Gottes Nemoz, den die Römer in Nemausus umtauften: Der römische **Tempel der Diana** 2 war eigentlich ein Nymphaeum (Park und Tempel tgl. 8–20 Uhr). Heute ist der Park mit seinem pariserischen Flair ein Treffpunkt für Alt und Jung, für Nemausianer und Fremde. Auf dem mit hohen alten Bäumen bewachsenen Mont Cavalier, an dessen Fuß der Garten liegt, erhebt sich die 15 v. Chr. erbaute **Tour Magne** 3, der bedeutendste Rest der römischen Stadtmauer, der noch keltische Baustrukturen zu umfassen scheint. Von der Spitze des achteckigen, für einen reinen Zweckbau eigentlich zu aufwendig gestalteten Bauwerks überblicken Sie ganz Nîmes (9–19 im Sommer, bis 17 Uhr im Winter). Das **Castellum Divisorium** 4, das antike Wasserwerk, verteilte über zehn Bleirohre von je 40 cm Durchmesser das Quellwasser der Eure, das auf seiner ca. 50 km langen Reise hierher schon den Pont du Gard durchflossen hatte, in die einzelnen Stadtteile.

Die römische **Maison Carrée** 5 im Zentrum des ehemaligen Forums verdankt ihren einzigartigen Erhaltungszustand der Tatsache, dass sie im Mittelalter in eine Kirche umgewandelt wurde – mittelmeerweit die beste Überlebenschance für ein heidnisches Denkmal. Agrippa hatte den Tempel mit seinem vollendeten, kühlen Steinmetzdekor um die Zeitenwende dem Kult seines Schwiegervaters, des Augustus, genauer dessen beiden früh verstorbenen und vergöttlichten Enkeln Gaius und Lucius, geweiht: So blieb der Herrscher in der Provinz präsent. Typisch für einen römischen Podiumtempel erhebt sich das Bauwerk auf einem 3 m hohen Sockel über die Welt der Sterblichen (9–12, 14.30–19 im Sommer, 9–12.30, 14–18 Uhr im Winter).

Auf der anderen Seite des großzügigen Platzes spiegelt sich die Maison Carrée in der gläsernen Schaufront des **Carré d'Art** 6 von Sir Norman Foster: Der Stararchitekt der Postmoderne zitiert deutlich erkennbar die Formen des römischen Podiumtempels. Seit 1993 ist hier im Musée d'Art contemporain eine der bedeutendsten Sammlungen zeitgenössischer Kunst in Frankreich zu sehen (Di–So 10–18 Uhr). Vom schicken Museumscafé hoch oben hat man einen weiten Blick über die Stadt.

Im schön restaurierten, jungen Viertel des Ilot Littré kann man preiswert essen und in einladenden Straßencafés das Geschehen ringsum beobachten. Der überdachte Markt in den von Wilmotte restaurierten **Halles** 7 bietet ein farben- und geruchsintensives Schauspiel – die Gänge sind nach Gewürzen und Kräutern benannt (Di–So 6–13 Uhr).

Die Innenstadt

Inmitten des Gassengewirrs der typisch mediterranen Innenstadt mit ihren alten Häusern, ausgesuchten Geschäften und Straßencafés erhebt sich die in den Religionskriegen zerstörte und im 19. Jh. wieder aufgebaute **Kathedrale Notre-Dame et St-Castor** 8. Sie bewahrt von ihren romanischen Ursprüngen nur noch einen hoch oben an der Fassade angebrachten Fries, dessen Reliefs Szenen aus der Genesis thematisieren. Auf der belebten kleinen Place aux Herbes nimmt die studentische Jugend ihre Drinks. Das barocke **Hôtel de Ville (Rathaus)** 9 zeigt eine von Starck entworfene Inneneinrichtung und eine Skulptur des zeitgenössischen Bildhauers Takis im Innenhof.

Über die von zahlreichen Terrassencafés belebte Place du Marché, auf der man abends im warm-gelben Laternenlicht sitzt, gelangt man zum **Amphitheater** 10, mit einer Zuschauerkapazität von 24000 und 60 rundum führenden, imposanten Arkadenbogen. Im Mittelalter bauten sich die Grafen von Nîmes eine Festung in das Amphitheater, und danach siedelte sich, wie in der Provence oft zu beobachten, ein ganzer Stadtteil mit einigen Hundert Bewohnern in den römischen Ruinen an (9–19 im Sommer, bis 18 Uhr im Winter, während Veranstaltungen geschl.).

Heute finden in den *Arénes,* der provenzalischen Hochburg des spanischen Stierkampfs, auch unblutige Spektakel wie Opern- und Ballettaufführungen statt. Ein aufblasbares Zeltdach sorgt für regensicheren Zuschauergenuss. Zur Feria-Zeit sind die Boulevards und Gassen drumherum das heiße Pflaster eines Volksfests mit spanischem Flair: endlose Tisch- und Bankreihen der Restaurants, die ein einfaches ›Formule Féria‹ anbieten, Bodegas, Musikkapellen, gigantische Paella-Pfannen, lärmende Straßenverkäufer und Tausende ausgelassener *Aficionados*.

Einen ruhigen Gegenpol bildet selbst in der Stierkampfsaison das **Musée Archéologique** 11. Es legt neben volkskundlichen, naturhistorischen und prähistorischen Funden – sehenswert die anthropomorphen Menhirstatuen – den Schwerpunkt auf das Goldene Zeitalter unter Roms Herrschaft. Liebhaber der keltischen Kultur sehen sich die Stelen der gallischen Krieger mit ihren seltsamen Hauben und die makabren Kopffriese an (Di–So 11–18, April–Sept. 10–18 Uhr). Die Palme an der von Starck entworfenen **Bushaltestelle Avenue Carnot** 12 zitiert einmal mehr Nîmes' römische Vergangenheit.

Office de Tourisme: 6 rue Auguste, Tel. 04 66 58 38 00, Fax 04 66 58 38 01, www.ot-nimes.fr.
Nîmescope: *Den* Veranstaltungskalender gibt es kostenlos zweimal monatlich in Restaurants, Bars, Geschäften.

Impérator Concorde 13: quai de la Fontaine, Tel. 04 66 21 90 30, Fax 04 66 67 70 25, hotel.imperator@wanadoo.fr. Luxusherberge der Star-Toreros, wo schon Hemingway und Lauren Bacall wohnten; zur Feria-Zeit richtet man hier einen Aficionado-Treff ein, DZ 100–180 €.
New Hôtel La Baume 14: 21 rue Nationale, Tel. 04 66 76 28 42, Fax 04 66 76 28 45, nimeslabaume@new-hotel.com. 3-Sterne-Hotel in einem Adelspalais des 17. Jh., komfortable Zimmer rund um den Innenhof, DZ 95–130 €.
Amphithéatre 15: 4 rue des Arènes, Tel. 04 66 67 28 51, Fax 04 66 67 07 79, www.hotel-amphitheatre@wanadoo.fr. 2-Sterne-Hotel in einem zentralen Stadtpalais des 18. Jh., DZ 37–52 €.
Temple 16 : 1 rue Charles-Babut, Tel. 04 66 67 54 61, Fax 04 66 36 04 36, www.hotel-du-temple.com. Farbenfrohe, adrette Zimmer mit Bad/WC im historischen Zentrum, DZ 36-46 €.
Auberge de Jeunesse: 257 chemin de l'Auberge-de-Jeunesse, Tel. 04 66 68 03 20, Fax 04 66 68 03 21, nimes@fuaj.org. Mit allem Komfort und vielen kulturellen Veranstaltungen, Minibus vom Bahnhof, Fahrradverleih, Übernachtung 8,50 €.
Domaine de la Bastide: 4 km auf der D 13 Richtung Générac, Tel./Fax 04 66 38 09 21. 3-Sterne-Camping mit vielen Sportmöglichkeiten (See, Reiten, Tennis).

Agapes 17: pl. des Esclafidous, Tel. 04 66 67 38 50, geschl. So, Mo. Provenzalisches Ambiente, Tagliatelle mit Gänseleber, schlichte, perfekt ausgeführte Küche, Menü ca. 23 €.
Wine Bar 18: 11 square de la Couronne, Tel. 04 66 76 19 59, So und Mo mittags geschl. Brasserie-Stil, Zigarren-Cave, preiswerte Tagesgerichte, Muscheln, Schweinsfüße, große Weinkarte, 13–23 €.
Côte Bleue 19: 12 rue du Grand-Couvent, Tel. 04 66 67 36 12, So, im Winter auch Mo–Mi abends geschl. Familiär, winzig, mit Terrasse, Tapenade-Kuchen mit Paprika-Sauce, Menü 8–14 €.

Atelier d'El Andaluz: 44 bld. Victor-Hugo, nach tel. Voranmeldung unter 06 83 87 63 82. Manuel Antunez, selbst früher Stierkämpfer, fertigt in den alten Küchen des Erzbischofspalastes glitzernde Torerokostüme.
Marie Sara: 40bis rue de la Madeleine. Damenmode-Boutique der blonden Ex-Torera, Rottöne bevorzugt, andalusisch-stierkämpferisch angehaucht.
Märkte: Marché des Producteurs, bld. Jean Jaurès ab pl. Séverine, Fr morgens. Trödelmarkt: Mo ganztägig, bld. Jean Jaurès.

Schicke Bars wie das **Café Olive** mit modernistischen Clubsesseln (No. 22) liegen am Boulevard Victor Hugo.
Le Prole: 20 rue Jean-Reboul. Treff von Künstlern, Studenten, In-Leuten, zu Feria-Zeiten beliebt, baumbeschatteter Hof, im Geburtshaus von Alphonse Daudet.
Bodegas (Ausschank nur während der Feria): Chez Jany, rue de l'Etoile: von Frauen geführt, Karaoke. Les Jardins de l'Imperator, quai de la Fontaine: *der* Treff, gehobenes Publikum.
Diskothek Koteba: karibisches Ambiente, Raï- und Zouk-Fans kommen von weither.

Théâtre de Nîmes: pl. de la Calade, Tel. 04 66 36 65 00. Theater, Tanz, Jazz – das dynamische Kulturzentrum der Stadt.

Férias: Nîmes feiert drei Férias: letztes Februar-Wochenende: Féria Primavera mit Novizen-Toreros, den *novilladas.* Pfingsten: zweiwöchig, die große Féria de Pentecôte, eins der drei beliebtesten Festivals Frankreichs, 4. September-Wochenende: Féria des Vendanges, intimer, für die lokalen Kenner. Karten für die Corrida: rue de la Violette, Tel. 04 66 02 80 80.

Clos de Gaillard: route d'Anduze: in der Garrigue 5 km vom Zentrum mehrere Entdeckungswege für Wanderer, Radler und ein Entdeckungsweg für kleine Kinder von 4 bis 6 Jahren.
Skate Park: espl. Charles-de-Gaulle.

Flughafen: Nîmes-Garons ca. 10 km südöstlich; nationale Flüge, Air France Tel. 04 66 70 70 70; Ryanair mit einer London-Verbindung. Busse vom Busbahnhof.
Bahnhof: av. Feuchères, Züge u.a. nach Arles, Marseille, Avignon. Fahrradverleih.
Busbahnhof: rue Ste-Félicité, Tel. 04 66 29 52 00, Busse in viele Städte, mehrmals täglich zum Pont du Gard.
Mietwagen: Croco Location, Route d'Avignon, Tel. 04 66 26 15 65: der preiswerteste Anbieter – ein Krokodil.

Im Sommer sind Läden donnerstags bis 22 Uhr geöffnet: Straßenmusiker, Theater, brodelndes Leben.

Uzès

Provence-Atlas S. 230, C 2
Von Nîmes führt die D 979 auf der Route des Garrigues durch die reizvolle, doch karge Garriguelandschaft über den im 13. Jh. errichteten **Pont St-Nicolas** (Parkplätze und Bademöglichkeit, aber Achtung! Diebstahlgefahr) und an den Schluchten des Gardon vorbei nach Uzès (8000 Einwohner). In der Nähe des malerischen Städtchens begann die Wasserleitung, die die Quellwasser der Eure nach Nîmes leitete. Hier lebte in karolingischer Zeit die überaus gebildete Dame Dhuoda, die 841 begann, das erste bekannte mittelalterliche Traktat über die Erziehung, gerichtet an ihren Sohn, zu verfassen. Der große Tragödiendichter Jean Racine (1639–1699) soll sich 22-jährig in Uzès dazu entschlossen haben, sein Leben der Literatur zu widmen.

Auf der nach ihm benannten Promenade Jean-Racine kugeln ernst dreinblickende Boule-Spieler um die Wette. Auf rechteckiger Basis erhebt sich hier die **Tour Fenestrelle.** Mit seinen sechs runden, sich nach oben zu verjüngenden Stockwerken, die Fenster in jedem Stockwerk anders gestaltet, ist der in seiner Form in Frankreich einzigartige Turm der einzige Rest der romanischen Kathedrale, die während der auch in Uzès heftig tobenden Religionskriege zerstört wurde.

Das **Schloss der Herzöge** *(Duché),* der höchsten Pairs von Frankreich im 17. Jh., weist eine schöne Fassade des berühmten Renaissancearchitekten Philibert Delorme auf, überragt von drei mittelalterlichen Türmen. Von der Tour Bermonde ergibt sich ein Blick auf die städtische Dachlandschaft aus den typischen provenzalischen, gerundeten rötlichen Tonpfannen (mit Führung; Juli–15. Sept. 10–13, 14–18.30, sonst 10–12 und 14–18 Uhr).

Mittelpunkt des charmanten Städtchens ist die kopfsteingepflasterte Pla-

Ein Meisterwerk römischer Ingenieurskunst: Pont du Gard

ce de la République (früher Place aux Herbes) mit zahlreichen Terrassencafés und -restaurants, gesäumt von gedrungenen Arkadengängen. Samstag vormittags findet hier der wohl schönste Wochenmarkt des Gard statt, von November bis März ein Trüffelmarkt. Die meisten der großen Stadthäuser in den pittoresken Straßen stammen aus Renaissance und Barock wie z. B. das Hôtel Dampmartin. In den zahlreichen Töpfereien kann man Keramikgefäße aller Art erstehen, für deren Herstellung Uzès berühmt ist.

Am nördlichen Stadtrand, in der Garrigue, überwuchert und romantisch verfallen, steht die kleine romanische **Kapelle St-Geniès.** Kinder bekommen große Augen und wässrige Münder im **Musée du Bonbon Haribo**, wo sich mit lebensgroßen Wachspuppen, Herstellungsdemonstration und Bonbonverkauf alles um das bunte Zuckerwerk dreht (Pont des Charrettes, Di–So 10–13, 14–18, Juli–Sept. tgl. 10–19 Uhr).

Office de Tourisme: pl. Albert, Tel. 04 66 22 68 88, www.uzes-tourisme.com.

Marie-Christine de Rouville: 10 rue Benoît, Tel. 04 66 03 43 70, Fax 04 66 03 11 42, www.lolivier-uzes.com. Ruhige Zimmer mit Blick aufs Schloss, im blumengeschmückten Innenhof kleiner Pool mit Gegenstromanlage, DZ 70–75 €.
Hôtel d'Albiousse: 17 rue du Docteur-Blanchard, Tel./Fax 04 66 03 64 34, www.avignon-et-provence.com/hotel-albiousse. Fünf individuell eingerichtete Zimmer im Stadtpalais des Grafen von Albiousse, lauschiger Innenhof, angeschlossen ein Antiquitätengeschäft, DZ 90–120 €.
Camping Mas de Rey: 3-Sterne-Platz 2,5 km westlich auf D 982, in Arpaillargues, Tel./Fax 04 66 22 18 27.

Les Artisans Réunis: Pont des Charrettes, tgl. geöffnet. Keramik, z.B. die gelb glasierten, großen (und teuren) *vases d'Uzès.*

Festival Autres Rivages: 15. Juli. Musik der Welt

Aérodrome d'Uzès-Belvezet: Le Village, Tel. 04 66 22 79 92. Ballonfahrten.

Pont du Gard

Provence-Atlas S. 230, C 3

Das von Uzès nach Nîmes geführte Frischwasser – man schätzt die tägliche Kapazität der Wasserleitung auf ca. 20 000 m^3 – floss auf seinem 50 km langen Weg nur 17 m abwärts: nicht mehr als 34 cm Gefälle pro Kilometer! Dass die römischen Ingenieure solche technischen Probleme zu bewältigen und gleichzeitig ästhetische Meisterwerke zu schaffen wussten, beweist der Pont du Gard, ein Aquädukt über den Gardon. Wahrscheinlich entstand er um das Jahr 19 v. Chr. auf Initiative Agrippas.

Die mit Steinplatten gegen Verdunstung und Verschmutzung geschützte Wasserleitung verläuft in dem oberen, kleinen Geschoss mit seinen 35 Bogen. Besucher durchwandern das Bauwerk im zweiten Geschoss, dessen elf Bogen auf den sechs des unteren Geschosses ruhen. Die unterschiedliche Breite der Bogen verleiht dem Bau eine größere Elastizität, z. B. gegen Erdbeben, aber auch gegen die Wassermassen des im Frühling anschwellenden Gardon; zu diesem Zweck vollzieht der Aquädukt auch einen leichten Knick, den man auf dem Bauwerk selbst gut erkennen kann.

Nunmehr vom Autoverkehr befreit, erhielt das von der UNESCO ins Weltkulturerbe der Menschheit aufgenommene Bauwerk zur Jahrtausendwende ein auf zwei Gebäude aufgeteiltes, in die Landschaft eingepasstes Besucherzentrum mit einer informativen Ausstellung auf dem linken Flussufer, Videoshows, einer Kinderspielstätte, Geschäften und Restaurants (Juni–Aug. 9.30–21.30, Sept.–Mai 9.30–18.30, Museum Mo vormittags geschl., Führungen zum Pont). Im Sommer werden die monumentalen Kalkstein-Bogengänge nachts effektvoll angestrahlt, man kann im Gardon schwimmen oder Kanu fahren – falls dann noch genügend Wasser drin ist.

La Bégude Saint-Pierre: außerhalb Remoulins an der D 981, Tel. 04 66 63 63 63, Fax 04 66 22 73 73, www.hotel-saintpierre.fr. Ehemalige Postkutschenstation inmitten der Natur, Garten, Pool, Zimmer mit Holzbalken in provenzalischen Farben, ausgezeichnetes Restaurant, DZ 53–114 €.

Camping La Soubeyranne: Rémoulins, D 986 Richtung Beaucaire, Tel. 04 66 37 03 21, Fax 04 66 37 14 65. 4-Sterne-Platz mit Bungalows- und Caravanverleih, Shop, Restaurant, Pool, Minigolf, Stellplatz 11–15 €.

Kayak Vert: Collias, Tel. 04 66 22 80 76. Verleih von Kanus, Kajaks, Geländerädern.

Wandern: Vom linken Flussufer am Pont führt ein beschilderter Lehrpfad von 1400 m durch die Landschaft.

TUNNEL E

Marseille und Umgebung

Der alte Hafen

Provence-Atlas S. 238/239

MARSEILLE

Die provenzalische Metropole lockt mit einer hochklassigen, facettenreichen Museen- und Kulturszene. Marseille polarisiert aber auch: Den einen fasziniert die vibrierende City-Atmosphäre, den anderen stoßen Großstadthektik und Schmuddel ab. Was meist nur die Einheimischen wissen: Vor den Toren der Megalopolis bieten Calanques und Pagnol-Berge überraschende Naturerlebnisse.

Provence-Atlas S. 238, C 3
Die Regionalhauptstadt der Provence liebt die Superlative. Mit knapp 800 000 Einwohnern nach Paris und Lyon ist sie die drittgrößte, mit 24 000 ha die ausgedehnteste, mit ihrem Gründungsdatum um 600 v. Chr. die älteste Stadt Frankreichs. Man sagt, Marseille bestehe aus 111 Dörfern, und tatsächlich ist das Zugehörigkeitsgefühl zu *ihrem* Stadtteil bei den Marseillern besonders ausgeprägt. Einigkeit herrscht, wenn es gegen die Anderen geht, wenn Olympique de Marseille spielt, skandalumwittert und heiß geliebt, möglichst zu Hause im legendären Stade Vélodrome am Boulevard Michelet. Oder wenn es gilt, den plebejischen Lokalstolz gegen die ›feine‹ Rivalin Aix herauszukehren. »Ich wohne in Aix«, sagt man dort, »ich bin Marseiller«, heißt es hier.

Als Verwaltungs-, Dienstleistungs- und Wirtschaftszentrum hat das ehemalige Massilia Aix jedenfalls längst den Rang abgelaufen. Mit der Universität, die sich Aix und Marseille teilen, der renommierten Kunstschule von Luminy, dem Nationalballett von Marie-Claude Pietragalla, dem Nationaltheater La Criée, der ehrgeizigen, immer weiter ausgebauten Museenlandschaft hat sich Marseille auch zur Kulturmetropole gemausert. Im Rahmen des Mammutprojekts Euro-Méditerrannée hat die bis 2010 avisierte Sanierung des vernachlässigten Viertels zwischen Hafen und Bahnhof erste Erfolge gezeitigt. Zur ›Hauptstadt des Mittelmeers‹ will man Marseille machen. Tatsächlich war die alte Handels- und Seefahrerstadt seit jeher mehr dem Mittelmeer als der binnenländischen Provence zugewandt.

Die Stadtväter setzen auch auf eine forcierte Entwicklung des Tourismus. Dabei kämpft Marseille vehement gegen seinen schlechten Ruf als Hochburg von Baumafia und Drogenhandel, als krisengeschüttelter Anlaufpunkt nordafrikanischer Zuwanderer, »der europäische Brückenkopf von Afrika«, wie Egon Erwin Kisch schon in den 20er Jahren schrieb. In die nördlichen Viertel mit hoher Arbeitslosigkeit und einer größtenteils nicht integrierten afrikanischen Bevölkerung sollte man sich als Tourist in der Tat nicht wagen. Im Zentrum jedoch kann man sich so sicher fühlen wie in jeder anderen europäischen Großstadt.

Der alte Hafen

Öffnungszeiten der Museen sofern nicht anders angegeben: Di–So Okt.–Mai 10–17, Juni–Sept. 11–18 Uhr.

Am Alten Hafen (Vieux Port) schlägt das Herz von Marseille. Hier spielt Marcel Pagnols verfilmte Dramentrilogie »Marius. – Fanny. – César« von 1929, deren volkstümliche Figuren wie den Kneipenbesitzer César, den Seefahrer Marius oder die Muschelverkäuferin Fanny man angeblich noch heute rund um das grandiose längliche Hafenrund antreffen kann. Wo heute die Taue der Segeljachten gegen die Masten klackern, Ausflugsschiffchen und die Marseiller Fischerboote mit der charakteristischen Spitze am Bug dümpeln, pflügten einst phokäische Ruderschiffe, Kreuzfahrerkoggen, Jacques Cœurs mit Spezereien beladene Karavellen und die von Sklaven geruderten Galeeren der Neuzeit durchs Wasser. Letztere wurden in der königlichen Marinewerft des 17. Jh. auf Geheiß von Ludwigs XIV. mächtigem Minister Colbert dort gezimmert, wo heute der italienisch anmutende **Cours Honoré d'Estienne d'Orves** eine weite, lebhafte Freilichtbühne für Terrassencafés und Restaurants bietet.

Am Quai des Belges findet jeden vormittags ein kleiner, lärmiger **Fischmarkt** [1] statt; angeblich sind nur die Verkäufer auf der linken Seite ›echte‹ Fischer, die noch auf eigenen Booten ausfahren. Was die berühmte Bouillabaisse angeht: Unter 30 € bekommt man kaum eine echte (s. a. S. 40), auch beileibe nicht in allen der zahllosen Brasserien und Restaurants um den Vieux Port.

Hat man drei Stunden übrig, kann man mit Ausflugsbooten von hier zum **Château d'If** übersetzen, das 1515–1531 auf Befehl Franz' I. errichtet wurde (April–Sept. 9–19, Okt.–März Di–So 9–12, 14–17 Uhr). Alexandre Dumas hat es mit seinem »Grafen von Monte Christo« unsterblich gemacht. Der Graf von Mirabeau, Protestanten oder die Kommunarden von 1870 – entgegen der lokalen Überlieferung weder der geheimnisvolle Mann mit der eisernen Maske noch der Marquis de Sade – waren in den Zellen eingekerkert. Der Blick schweift meerwärts zu den Iles du Frioul und auf das von den Bergketten Estaque, Etoile, St-Cyr und Marseilleveyre im sanften Halbkreis umschlossene Marseille. Der ewige Großstadtdunst lässt die von Hochhäusern gespickte Silhouette der Kalksteinhügel fotogen verschwimmen. Im ›Le Donjon‹ kann man innerhalb der Festungsmauern mittags einfach speisen.

Hinter der **Kirche St-Ferréol** [2] mit ihrer heiteren Barockfassade ragt als Mahnmal fehlgeleiteten Städtebaus der Betonbunker des Centre Bourse auf. In seinem Schatten erstreckt sich der **Jardin des Vestiges** [3] mit Ausgrabungen der Hafenbefestigungen

Sehenswürdigkeiten

1 Fischmarkt
2 St-Ferréol
3 Jardin des Vestiges
4 Musée d'Histoire de Marseille
5 Centre de la Vieille Charité
6 Kathedrale La Major
7 Hôtel de Ville
8 Musée du Vieux Marseille
9 Musée des Docks Romains
10 Musée de la Mode
11 Marché des Capucins
12 Palais Longchamp
13 Musée Grobet-Labadie
14 Musée Cantini
15 Notre-Dame-de-la-Garde
16 St-Victor
17 Jardin du Pharo

Übernachten

18 Hôtel Petit Nice
19 St-Ferréol's Hôtel
20 New Hôtel Bompard
21 Hôtel Hermès

Essen und Trinken

22 Le Miramar
23 Une Table au Sud
24 Les Arcenaulx
25 Bistrot Gambas
26 Chez Etienne

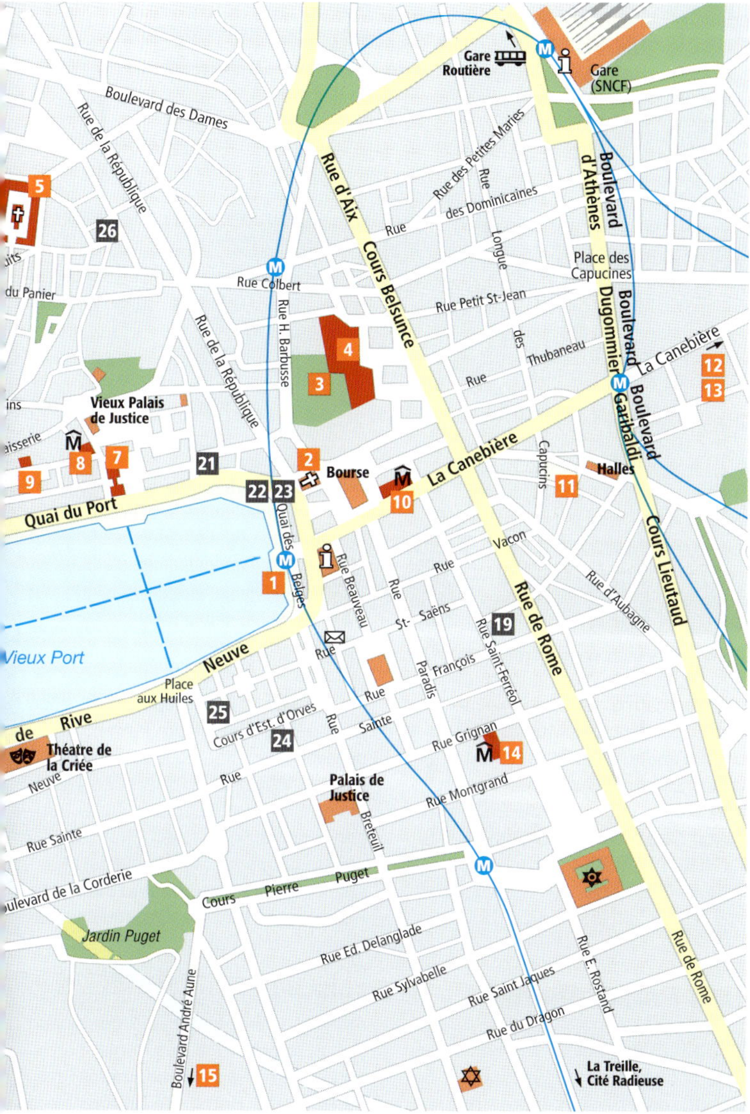
Gare Routière
Gare (SNCF)
Boulevard des Dames
Rue de la République
Rue d'Aix
Rue des Petites Maries
Rue des Dominicaines
Longue des Capucins
Boulevard d'Athènes
Place des Capucines
Rue Colbert
du Panier
Rue H. Barbusse
Cours Belsunce
Rue Petit St-Jean
Rue Thubaneau
Boulevard Dugommier
La Canebière
Boulevard Garibaldi
Vieux Palais de Justice
Bourse
Halles
Quai du Port
Quai des Belges
Rue Beauveau
Rue St-Saëns
Rue Vacon
Rue d'Aubagne
Cours Lieutaud
Rue de Rome
Vieux Port
Place aux Huiles
Rue Neuve
Rive Neuve
Rue Paradis
Rue Saint-Ferréol
Rue François
Cours d'Est. d'Orves
Rue Sainte
Théatre de la Criée
Rue Grignan
Palais de Justice
Rue Breteuil
Rue Montgrand
Boulevard de la Corderie
Cours Pierre Puget
Jardin Puget
Rue Ed. Delanglade
Rue Sylvabelle
Rue Saint Jaques
Rue du Dragon
Rue E. Rostand
Boulevard André Aune
La Treille, Cité Radieuse
1
2
3
4
5
7
8
9
10
11
12
13
14
15
19
21
22
23
24
25
26

Schick renoviert wurden die Gassen im alten Panier-Viertel

und Kaimauern aus griechischer und römischer Zeit. Das **Musée d'Histoire de Marseille** 4 vermittelt einen lebendigen Einblick in die keltoligurische, griechische und römische Epoche der Stadt. Eine besondere Kostbarkeit unter den Ausstellungsstücken ist das Wrack eines römischen Handelsschiffs aus dem 3. Jh. (Mo–Sa 12–19 Uhr).

Das Panier-Viertel

Das alte Panier, einst von korsischen und italienischen Einwanderern bewohnt, erhebt sich hinter den gesichtslosen Nachkriegsbauten des Quai du Port auf einem kleinen Hügel nördlich des Alten Hafens. Verwinkelte, von Wäsche überspannte Gässchen, dörfliche Plätze und steile Treppen verleihen ihm seinen Charme. Teils bunt restaurierte, teils bröckelnde Fassaden, Künstlerateliers und informelle Restaurants neben Baustellen und Graffiti – das Panier-Viertel steht auf der Schwelle vom heruntergekommenen Kleine-Leute-Viertel zur schicken Adresse. 1943 ließen die deutschen Besatzer einen Teil des Panier sprengen, in dem Résistance-Kämpfer, Prostituierte und Kriminelle Unterschlupf gefunden hatten. Wandern Sie am Clocher des Accoules die pittoreske Montée des Accoules herauf oder kosten Sie die Schokoladen der *Chocolatière* an der Place des Treize Cantons – eine Marseiller Institution mit so unverfälschter Atmosphäre, wie man sie dem ganzen Viertel noch lange wünscht.

Inmitten des Gassengewirrs thront stolz das Prestigeobjekt **Centre de la Vieille Charité** 5 in der einst die Armen und Bettler ›weggeschlossen‹ wurden. Das sandsteinsaubere, von dreigeschossigen Arkaden gesäumte Geviert mit der zentralen Kapellenrotunde entstand 1671–1745 nach Plänen des bekannten Marseiller Barockarchitekten Pierre Puget. Hier finden die großen Ausstellungen statt, haben das Musée d'Archéologie méditerranéenne mit ägyptischen, römischen und keltoligurischen Exponaten und ein Museum außereuropäischer Kunst mit einer mexikanischen Schädelsammlung Platz gefunden.

Ein Katzensprung nur ist es zur 1852–1893 im neobyzantinischen Stil dahingeprotzten **Kathedrale La Major** 6, für deren überdimensionales Schiff die romanische Vorgängerkirche um zwei Joche gekürzt wurde. Die kostbare alte Rumpfkirche verfügt im Innern über eine beeindruckende achteckige Kuppel (schon lange wegen Renovierungsarbeiten geschl.).

Im Rücken des reich gegliederten **Hôtel de Ville** (Rathaus) 7 von 1653–1674 birgt der Renaissance-Palast der Maison Diamantée das Heimatmuseum **Musée du Vieux Marseille** 8. Hier kann man sich anhand von Möbeln, Santons und Kos-tümen ein Bild vom Marseille der letzten drei Jahrhunderte machen (wegen Renovierungsarbeiten nur temporäre Ausstellungen). Eine archäologische Rarität sind die Ausgrabungen der römischen Docks des 1. Jh. Diese sowie weitere Dokumente des antiken Handelslebens zeigt das **Musée des Docks Romains** 9.

Die nach der Pagnol-Figur benannte Fähre ›César‹ setzt von dem Anleger vor dem Rathaus aufs andere Ufer über

La Joliette

Die von nobel abblätternden Häuserfluchten im Haussmann-Stil gesäumte Rue de la République führt zu den Docks des 19. Jh., deren architektonisch reizvolle Restaurierung behutsam den ursprünglichen Zweck reflektiert. Radio- und Forschungsinstitutionen, Handelsfirmen und Brasserien haben hier, in einem von Marseilles neuen Zentren, ihren Sitz genommen. Der Architekt Eric Castaldi hat die gusseisernen Pfosten, die Deckengewölbe aus Backstein und die imposanten Innenhöfe der Industriearchitektur in ein lichtdurchflutetes Meisterstück moderner Architektur verwandelt.

An den Docks beginnt der moderne Hafen **Europort Sud** oder Port Autonome de Marseille; Europas drittgrößter und des Mittelmeers größter Hafen erstreckt sich rund um den Golf von Fos. Personenschifffahrt und der Import von Zitrusfrüchten aus Nordafrika sind die Hauptstandbeine des Marseiller Teils. Vom Digue du Large kann man die beeindruckende Hafenlandschaft zu Fuß bewundern. Die »Histoboat«-Ausflugsboote der GACM legen vom Bassin de la Joliette-Arenc zur Besichtigung des Port Autonome ab.

Canebière und Palais Longchamp

Die weltberühmte **Canebière**, die ihren Namen von den heute verschwundenen Hanffeldern erhielt, ist tagsüber so hyperaktiv wie die Stadt, deren Lebensnerv sie darstellt. Sie war seit jeher Grenzscheide zwischen den armen Einwanderervierteln des Nordens und den distinguierten Adressen der Kaufmanns- und Kolonialelite im Süden. Angesagt ist die Magistrale heute für Rollerblader. Packende Wechselausstellungen zur zeitgenössischen Fashion-Welt sowie eine Dauerausstellung zur Mode ab 1930 zeigt das **Musée de la Mode** (tgl. 12–19 Uhr) 10. Hier im Café de la Mode isst man schick und mittags preiswert.

Auf dem **Marché des Capucins** 11 bekommt man neben den üblichen Wochenmarktwaren viel maghrebinische und armenische Spezialitäten. Hier begegnen sich Arm und Reich, Eingesessene und Zugewanderte.

›Cours Ju‹ wird der charmante, kontinuierlich ansteigende **Cours Julien** mit seinen Wasserspielen in Marseille nur genannt. Rund um dieses Zentrum des jungen, trendigen Marseille haben sich preiswerte Cafés und Restaurants, experimentelle Theater wie die Comedy-Bühne ›Chocolat-Théâtre‹, flippige Modeschöpfer, Antiquitätenhändler und Trödelläden angesiedelt.

Wie so viele historistische Bauten des Zweiten Kaiserreichs verdankt die Stadt das **Palais Longchamp** 12 dem Architekten Henri Espérandieu (Metrolinie 1, Station Longchamp/Cinq Avenues). Kolonnaden, Wasserspiele, eine Allegorie der Durance und überlebensgroße Tierfiguren schmücken den ehemaligen Wasserturm, krönender Abschluss des Durance-Wasser führenden Canal de Marseille. Der linke Flügel beherbergt das **Musée des Beaux-Arts** mit Gemälden des 16.–20. Jh., u. a. von Rubens, Courbet, David. Einen Schwerpunkt bilden die Werke der gebürtigen Marseiller Pierre Puget, Adolphe Monticelli und Honoré Daumier sowie aus der Schule der provenzalischen Landschaftsmaler wie Ziem. Im **Musée d'Histoire Naturelle** im rechten Flügel entdeckt man fast lebensecht wirkende ausgestopfte Tiere sowie Abteilungen zur provenzalischen Vorgeschichte, Flora und Fauna. Die großbügerliche Wohnkultur eines reichen Marseiller Pfeffersacks des 19. Jh. umgibt einen im **Musée Grobet-Labadié** 13 – Kunstschätze neben dem Neureichen-Nippes des Zweiten Kaiserreichs.

Südlich des Vieux Port

Südlich der Canebière verführt das quirlige Einkaufszentrum um die Rue de Rome, St-Ferréol und du Paradis mit teils sündhaft teuren Boutiquen, Patisserien und Feinkostläden zum Geldausgeben. Bleibendere Werte präsentiert das **Musée Cantini** 14 in einem Palais des 17. Jh. Mit Werken von Max Ernst, Matisse, Dufy, Picasso, Miró u.

Marseille

v. m. verfügt es über eine der größten Sammlungen der klassischen Moderne und zeitgenössischen Kunst.

Auf einem 154 m hohen Kalksteinfelsen thront Marseilles Wahrzeichen über einem Netz steiler Boulevards, das an die Straßen von San Francisco denken lässt: Eine gewaltige vergoldete Marienstatue bekrönt die Wallfahrtskirche **Notre-Dame-de-la-Garde** 15. 1853–1864 von Henry Espérandieu errichtet, ist die neobyzantinische Kathedrale mit goldgrundigen Mosaiken, Exvotos und von der Decke baumelnden Schiff- und Flugzeugmodellen zum Dank für Errettung aus der Not geschmückt. 1,5 Mio. Besucher jährlich machen sie zum meistbesuchten Gotteshaus der Provence. Hier beten die Feuerwehrmänner vor ihren Waldbrandeinsätzen, die Kicker von OM vor ihren Spielen. Nonstop-Beichten und ein Weihkerzen-Aufstellungsservice in der Krypta zeugen von der organisatorischen Effizienz der Missionsfranziskaner und von der ungebrochenen Liebe der Marseiller zu ihrer *Bonne Mère* (7–20 im Sommer, 7–19 Uhr im Winter; *Petit Train* und Bus 60 vom Alten Hafen). Kaffee und kleine Speisen servieren die aus aller Welt stammenden Karmeliterinnen der Caféteria ›L'Eau Vive‹ (abends und Mo geschl.).

Marseille ist neben den Lérins-Inseln die Keimzelle des europäischen Mönchtums. Johannes Cassianus, ein Rumäne, der in Bethlehem als Mönch gelebt und die ägyptischen Säulenheiligen kennen gelernt hatte, gründete hier 416 das erste europäische Kloster. Die heutige, im Innern größtenteils spätromanische **Basilika St-Victor** 16 verdankt ihr wehrhaftes Äußeres Umbauten im 14. Jh. Den ›Schlüssel des Hafens und der Stadt Marseille‹ nannte der ›gute‹ König René den religiösen Festungsblock, der Sarazenen, Seeräubern und Spaniern die Zähne zeigte. Ein Juwel ist St-Victors Unterwelt: ein wahres Labyrinth aus Krypten, entstanden auf Resten eines griechischen Steinbruchs sowie römischen und frühchristlichen Nekropolen, mit angemoosten Märtyrergräbern, Sarkophagen und archaisch wirkendem Bauschmuck (tgl. 8.30–18.30 Uhr).

Vom **Jardin du Pharo** 17, bei Marseillern zum Flanieren und Picknicken beliebt, hat man einen ausgezeichneten Blick auf die beiden die Hafeneinfahrt flankierenden Forts St-Jean und St-Nicolas, im 17. Jh. auf Befehl Ludwigs XIV. erbaut. Das Pharo-Schloss aus dem 19. Jh., nun ein supermodernes Kongresszentrum, schenkte Kaiserin Eugénie, die Gattin Napoleons III., der Stadt. Im Sommer kann man in der ›Buvette du Pharo‹ gute Snacks essen.

Führungen

Das Tourismusbüro bietet interessante Führungen an: »Der Rote Faden der Geschichte« – Vom Tourismusbüro ausgehend führen rote Markierungen auf der Straße durchs Panier-Viertel. »Taxi-Tourisme« – 4 verschiedene Taxirundfahrten mit deutscher Kassette (ab 1 Stunde, 30 €); außerdem an die 40 thematische Führungen und den »Histobus« – Busstadtbesichtigung.

LES IMMIGRÉS – AUF DEM WEG IN DIE MULTIETHNISCHE GESELLSCHAFT?

Über den Marseiller Hafen und die Gare St-Charles reisten sie in den 1960er und 70er Jahren ein: Millionen nordafrikanischer Arbeiter für die ›europäische Fabrik‹, von den Predigern des Wirtschaftswachstums gerufen, heute von rechtsextremen Politikern als Sündenböcke für die wirtschaftlichen und sozialen Probleme Frankreichs ausgegrenzt. Erschreckend hohe Arbeitslosenraten, maghrebinische ›Überfremdung‹, Kriminalität, Banden und Gewaltorgien in den Ausländerghettos der Vorstädte verunsichern die Franzosen. Fremdenfeindliche Übergriffe mehren sich auch im Süden. Zudem suchen viele Nord- und Schwarzafrikaner verstärkt ihr Heil in islamistischen Gruppierungen. Das Problem, das nach den Terroranschlägen des 11. September ganz neue Dimensionen angenommen hat, äußert sich auch in gewalttätigem Antisemitismus, wie Anschläge mit fundamentalistischem Hintergrund im Jahr 2002 auf französische Synagogen zeigen, u.a. in Marseille.

Dabei fanden in Marseille Fremde von Anbeginn an gastliche Aufnahme, wie die Legende weiß: Die ligurische Königstochter Gyptis habe Protis, dem Anführer der griechischen Phokäer, den Willkommenstrunk, Hand und Land angeboten – Reflex auf die vermutlich friedliche Landnahme der Griechen. Italiener und Korsen kamen im 19. Jh., Armenier nach dem türkischen Völkermord 1915.

Im »Purgatorium der Intelligenz« (Walther Mehring) – in Marseilles Panier- und Belsunce-Viertel, in Sanary-sur-Mer an der Côte d'Azur, im Internierungslager Les Milles bei Aix – warteten während des Zweiten Weltkriegs auch deutsche Antifaschisten und Intellektuelle im Niemandsland von Konsulaten, Ausreisegenehmigungen und Gestapo-Spitzeln auf ihren ›Transit‹, wie es Anna Seghers in ihrem Roman eindringlich schildert: Arnold Zweig, Franz Werfel, Bertolt Brecht, die Familie Mann, Max Ernst, um nur einige berühmte Namen zu nennen. Das *Site Mémorial des Milles* südlich von Aix kann man besichtigen (Mi 9–12, 14–18 Uhr, sonst nach Voranmeldung Tel./Fax 04 42 24 34 68).

Eine wahre Völkerwanderung brachte nach dem verlorenen Algerien-Krieg 1962 über eine Million heimatlos gewordener *pieds noirs* (Algerien-Franzosen) und *harkis* (algerische Kollaborateure) nach Frankreich: Marseille, vom Ansturm der Vertriebenen hoffnungslos überfordert und von den Politikern im Stich gelassen, platzte aus allen Nähten. Die Algerien-Franzosen, denen von den Alteingesessenen zunächst großes Misstrauen entgegenschlug, verstanden sich indes gut in die provenzalische Gesellschaft zu integrieren. Größtenteils blieben sie an den nördlichen Gestaden des Mittelmeers, die Algerien klimatisch und geografisch so ähnlich sind.

In Marseille leben derzeit nach vorsichtigen Schätzungen an die 160 000 Muslime: im Belsunce- und Porte d'Aix-Viertel, gleichsam zu Füßen der berühmten

Treppen von St-Charles, oder in den *cités,* den tristen Wohnsilos in der nördlichen *banlieue.* Schlendert man von der Canebière hinter dem Centre Bourse den Cours Belsunce entlang und dann in die schmalen Gassen, die sich in südlicher Richtung bis zum Boulevard d'Athènes erstrecken, meint man einen Souk zu betreten: Maghrebiner und Schwarzafrikaner beherrschen das Straßenbild, es riecht nach den Gewürzen und starken Aromen des Orients, vor Stoffläden mit gold und bunt glänzender Brokatware schlürfen Männer in Dschellaba ihren Tee. Hier findet man Koranschulen und in der Rue du Bon Pasteur, die hinter dem Triumphbogen an der Porte d'Aix abgeht, die Große Moschee von Marseille – *Marseille la casbah.*

Die in Frankreich geborenen Kinder algerischer Einwanderer, die sich selbst *beurs* nennen, sind hin und her gerissen zwischen zwei Gesellschaften und deren Normenkanon: Obwohl sie mit 18 Jahren den französischen Pass beantragen können (bis dahin besitzen sie die französische und algerische Staatsbürgerschaft), sehen sie sich doch bei Wohnungs- und Jobsuche konstant benachteiligt und zu Bürgern zweiter Klasse degradiert. Die Selbsthilfeorganisation ›SOS Racisme‹ oder der arabische Marseiller Lokalsender ›Radio Gazelle‹ versuchen ihnen positive Signale auf der Suche nach einem *beur*-Selbstbewusstsein zu geben, nach einer Identität jenseits von Fundamentalismus und Kriminalität.

Begegnungsort von Nord und Süd: der Marché des Capucins

Die Corniche

An der Badebucht Anse des Catalans beginnt die **Corniche John F. Kennedy**, eine der schönsten Küstenstraßen der Welt, die sich am azurblauen Meer und der Felsenküste bis Callelongue hinzieht. Ein Riesenporträt des Marseiller Idols Zinedine Zidane schmückt die Fassade von Nr. 84. Ursprünglich eine schwarz-weiß Reklame, avancierte der nach mutwilliger Zerstörung in Farbe wieder erstandene Fußballer-Kopf zur Touristenattraktion.

Im **Vallon des Auffes** schaukeln Fischerboote in Reih und Glied, und die rötlich-gelben Häuschen drängen sich den Hang hinauf. Kurz darauf kommt man zur kleinen Maldormé-Halbinsel; ein Spaziergang führt an felsigen Badebuchten mit sonnenhungrigen Marseillern vorbei, an Gärten und Villen. Hinter Césars Denkmal für die *Rapatriés*, die heimgeführten Algerien-Franzosen, beginnt der großzügige **Prado-Strand**, in den 1970er Jahren künstlich aufgeschüttet mit dem Aushub der Metro. Das Wassersportzentrum mit seinen Restaurants ist ein angesagter Treff der Marseiller und besonders der Skater.

Die Avenue du Prado führt an der großen Kopie von Michelangelos David im Rücken des Prado zum **Parc Borély**, beliebt bei Joggern und Hundebesitzern. Hier liegt auch der Botanische Garten. Das klassizistisch-schlichte, 1768 erbaute **Château Borély** wurde in Privatinitiative restauriert und dient nun als Ausstellungsort (134 av. Clot-Bey, Mo–Fr 10–18 Uhr, Bus No 44 von Metrostation Rond Point du Prado).

Von der Avenue du Prado zweigt rechts der Boulevard Michelet ab, an dem die 1945 von Le Corbusier entworfene **Cité Radieuse** auf raumsparenden Betonpfeilern aufragt (Bus 21 von Canebière/Bourse; für eine Besichtigung am Empfang bld. Michelet nachfragen). Als zukunftsweisendes Experiment geplant, als ›Wohneinheit‹, in der bis zum Sportplatz, Kino und Einkaufszentrum alles enthalten war, was der (Plan-) Mensch zum Leben braucht, hat *Le Corbu*, wie die Marseiller sie nennen, viel von ihrem städtebaulichen Nachkriegs-Optimismus eingebüßt.

Von der Corniche hinter dem Parc Borély führen Avenue de Bonneveine und de Hambourg zum MAC, dem **Musée d'Art contemporain** neben Césars Riesenfinger-Plastik. In hellen, weiten Räumen hängen Wechselausstellungen zeitgenössischer Kunst (69 av. de Haïfa, Bus 23 und 45). Noch weiter über die Corniche geht es zu einem weiteren neueren Museumsprojekt, dem **Musée de Faïence** mit Steingutexponaten von der Steinzeit bis zu Jena-Glas und Memphis; der Schwerpunkt liegt auf den phantasievoll bemalten Erzeugnissen der großbürgerlichen Tafelkultur des 18. Jh. Die Bastide Pastré in ihrem kiefernbestandenen Park, typisch für die schlossähnlichen ›Sommerfrischen‹ der großen Marseiller Familien, bildet den mondänen Rahmen (Bus 19).

Das Ende der Küstenstraße bildet ein winziger, unprätenziöser Fischerhafen, ein beliebtes Ausflugsziel der Marseiller, wo sich kaum ein Tourist hin verirrt: **Callelongue**. Dahinter beginnt die Felseinsamkeit der Calanques.

La Treille und Château-Gombert

Am nordöstlichen Stadtrand von Marseille lohnt ein Ausflug auf den Spuren von Marcel Pagnols (1895–1974) »Kindheit in der Provence«, zu dem es ein Faltblatt des Office de Tourisme mit Verkehrsverbindungen gibt. Als »Der Ruhm meines Vaters« und »Das Schloss meiner Mutter« wurden die beiden Romanteile 1990 verfilmt. Die autobiographischen Irrungen und Wirrungen des jungen Marcel, sein glückliches Familienleben und die Ferien in der Garrigue-Wildnis der Chaîne de l'Etoile sind mit scheinbar leichter, liebevoll ironischer Hand beschrieben.

In Les Camoins steht das **Château de la Buzine**, »das Schloss, vor dem meine Mutter sich so gefürchtet hatte«. Pagnol kaufte es in den 1940er Jahren, doch sein Traum, hier ein cineastisches Zentrum einzurichten, erfüllte sich nicht. Eine Restaurierung des maroden Bauwerks, das jährlich von 50 000 Pagnol-Pilgern besucht wird, sowie ein Pagnol-Museum sind angedacht.

Unterhalb des Dorfs **La Treille** fließt noch der ungedeckte Kanal, der bei der allsommerlichen Reise der Pagnols aufs Land so wichtig war. Auf dem Friedhof liegen sie alle begraben: Pagnol mit seiner Mutter Augustine und der kleinen Enkelin in dem einzigen laizistischen Grab ohne Kreuz, Bruder und Vater, der im Ersten Weltkrieg gefallende Freund Lili. Den Chemin des Bellons hinauf kommt man in den Weiler Les Bellons, wo noch ein Sohn Pagnols in der Bastide Neuve wohnt. Kurz dahinter beginnen die Wanderwege durch die Chaîne de l'Etoile, zum Garlaban, Pic de Taoumé, Tête Rouge. »Hinter dem Haus bildeten die Kiefern dunkle Inseln auf dem weiten Hochland, das sich über Hügel, Täler und Hochebenen bis zur Kette der Sainte Victoire ausdehnte. Die Bas-tide Neuve war das letzte Haus vor Beginn der Einöde...«

Le Cigalon

Auf der schattigen Terrasse dieses Landgasthofs in La Treille fühlt man sich wie zu Pagnols Zeiten: **Le Cigalon**, 9 bld. L. Pasteur, Tel. 04 91 43 03 63. Einziges Menü 17,50 €, z.B. die Marseiller Spezialität *pieds et paquets* oder die *daube provençale,* ein provenzalischer Rinderschmortopf.

In **Château-Gombert** am nördlichen Stadtrand, wo auch das Hochtechnologiezentrum seinen Sitz hat, versetzt einen das Heimatmuseum in die Zeit Pagnols und vor Pagnol (place des Héros, Mo, Mi, Do/Fr 9–12, 14–18.30, Sa/So 14.30–18.30 Uhr). Hier in *Castëu Goumbert* werden provenzalisches Brauchtum und provenzalische Sprache noch hochgehalten. Bei der landesweit bekannten *Fête St-Eloi* am 2. Sonntag im Juni werden 140 Pferde vor der Kirche gesegnet.

Office de Tourisme: 4 La Canebière, Tel. 04 91 13 89 00, www.marseille-tourisme.com. City-Pass.

Petit Nice 18: Anse de Maldormé, Corniche Kennedy, Tel. 04 91 59 25 92, Fax 04 91 59 28 08,

www.petitnice-passedat.com. Luxushotel in einer Villa an der Felsküste, modern eingerichtete Zimmer; DZ 260–490 €.
St-Ferréol's Hôtel 19: 19 rue Pisançon, Tel. 04 91 33 12 21, Fax 04 91 54 29 97, www.hotel-stferreol.com. 3-Sterne-Hotel im Einkaufsviertel (Fußgängerzone), charmante, individuelle, kleine Zimmer mit Malernamen, ein Hauch von schummrigem Plüsch, Jacuzzi DZ 70–110 €.
New Hôtel Bompard 20: 2 rue des Flots Bleus, Tel. 04 91 99 22 22, Fax 04 91 31 02 14, www.new-hotel.com. 3-Sterne-Hotel im Grünen über der Corniche, Schwimmbad, DZ 92–145 €.
Hôtel Hermès 21: 2 rue Bonneterie, Tel. 04 96 11 63 63, Fax 04 96 11 63 64, www.hotel.marseille.com. 2-Sterne-Hotel mit Blick auf Vieux Port, provenzalisch angehauchte nette Zimmer, insbesondere das auf dem Dach und die drei mit Terrasse, DZ 58–77 €.
Le Château de La Panouse: 198 av. de la Panouse, außerhalb, im IX. Arrondissement, Tel./Fax 04 91 41 01 74. Chambres d'hôtes in wunderschön gelegener Villa des 19. Jh., Schwimmbad, DZ inklusive reichhaltigem Frühstück 52–87 €.
La Petite Maison: 5 rue des Flots-Bleus, Tel. 04 91 31 74 63. Familäres Haus mit Garten, vom Orangenwein bis zum preiswerten Abendessen macht die Wirtin alles selbst, DZ/Frühstück 53–61 €.
Jugendherbergen: Bois-Luzy, Allée des Primevères, Tel./Fax 04 91 49 06 18. Kleine Auberge de Jeunesse in alter Bastide, Zelten möglich, Bus No. 8 von Canebière. Bonneveine: 47 av. Joseph-Vidal, am Château Borély, Tel. 04 91 17 63 30, Fax 04 91 73 97 23. Modernes Gebäude, Fahrradverleih, Bus Nr. 44 von Metro-Haltestelle Rond Point du Prado.

Die meisten Restaurants, Bars und Cafés findet man am Cours Honoré d'Estienne d'Orves und am Cours Julien.

Le Petit Nice: im gleichnamigen Hotel, s.o., So und Mo mittags geschl. Das lichte Zwei-Sterne-Restaurant mit Blick aufs Meer bietet außergewöhnliche Gourmetküche, Schwerpunkt Fisch und Meeresfrüchte, Menü 85–170 €.
Le Miramar 22: 12 quai du Port, Tel. 04 91 91 10 40, So, Mo geschl. Eine Institution, bekannt für Bouillabaisse und Meeresfrüchte, Terrasse am Alten Hafen, à la carte ca. 70 €.
Une Table au Sud 23: 2 quai du Port, Tel. 04 91 90 63 53, So, Mo geschl. Eins der angesagtesten Restaurants der Provence, in sonnengelbem Ambiente mit Hafenblick im 1. Stock, Ravioli mit Frischkäse und Olivenöl, Menü 33–49 €.
Les Arcenaulx 24: 25 cours Honoré d'Estienne d'Orves, Tel. 04 91 59 80 30, So geschl. Originelles Speisen inmitten alter Bücher, angeschlossen Antiquariat, Bibliothek, Boutique, Menü 23–45 €.
Bistrot Gambas 25: 29 pl. aux Huiles, Tel. 04 91 33 26 44. Alles um die Crevette.
Chez Etienne 26: 43 rue de Lorette, Mo geschl., kein Telefon, keine Kreditkarten. Beliebte, immer volle Pizzeria-Trattoria.

Das wichtigste Einkaufsviertel erstreckt sich zwischen Préfecture und Canebière, Nobelboutiquen findet man in der Rue du Paradis und Rue de Rome; Souk-Atmosphäre herrscht an der Rue du Tapis Vert.
Etude de Provence: 25–27 rue Breteuil. Alte provenzalische Möbel, nicht billig.
Charly Casquette: 188 av. Roger-Salengro. Seit den 1930er Jahren sind die handgenähten Schirmmützen unverzichtbar für Pétanque-Spieler – Kult in Marseille.
Madura: 2 rue Paradis. Leuchtend provenzalische Kissen, Stoffe, Tischdecken.
Atelier Carbonel: 47 rue Neuve-Ste-Cathérine. Santon-Atelier mit kleinem Museum, Mo–Sa 9.30–12.30, 14–19 Uhr.

La Compagnie de Provence: 1 rue Caisserie. Originale Marseiller Seife und verwandte Produkte.
OM-Boutique: 3 quai des Belges. Fanartikel des Fußballvereins, angeschlossen das Café OM mit Club (www.olympiquedemarseille.com).
Märkte: Wochenmarkt: pl. des Capucins, Mo–Sa 8–19. Fischmarkt: Quai des Belges, Mo–Sa 8–13 Uhr. Cours Julien: Trödel alle 2 Sonntage, Fr morgens: Biomarkt; Blumen: Sa, Mi morgens.

Bar de la Plaine: 57 pl. Jean Jaurès. Angesagte Apéro-Bar der Jungen, am Wochenende Konzerte, manchmal tritt auch die Marseiller Gruppe Massilia Sound System auf.
Web bar: 114 rue de la République. Cybercafé mit Veranstaltungssaal in einem renovierten Industrielager.
Docks des Suds: 12 rue Urbain V. Kultur- und Bürgerzentrum auf 5000 m^2, Cafés, Konzerte, Themenabende.
La Caravelle: 34 quai du Port. Vorkriegsbar, Marseiller Tapas (Kémia), Nachtrestaurant, Fr/Sa Jazz, Terrasse am Alten Hafen.
Le Café Parisien: 1 pl. Sadi Carnot. Eine Institution: Essen rund um die Uhr, Konzerte von arabisch-andalusisch bis klassisch unter vergoldetem Stuck des 19. Jh.
Le Trolleybus: 24 quai de Rive Neuve. Disko in alter Galeerenwerft, postmodernes Ambiente. Rock, House, Funk.

Nationaltheater La Criée: 30 quai de Rive Neuve, Tel. 04 91 54 70 54. Im umgebauten Fischmarkt von 1909.
Oper: 2 rue Molière, Tel. 04 91 55 14 99 oder 55 11 10. Art-Déco-Gebäude.
Nationalballett Pietragalla: pl. Carli, Tel. 04 91 54 34 34.

Fiesta del Sud: An den Oktoberwochenenden Konzerte aller modernen Musikrichtungen in der ganzen Stadt.

Baden: Dank moderner Kläranlagen akzeptable Strände um Marseille. Plage du Petit Roucas Blanc: familienfreundlich; Plage Borély: Surfer, Paraglider; Plage du Prado: In-Treff mit Restaurants, dazu eine ideale Piste für Rollerblader.
Tauchen: UCPA cap-Croisette, 27 cours Gouffé, Marseille-Cantini, Tel. 08 25 82 08 30. In den Calanques und Wracktauchen vor der Küste.
Wellness: Centre de Bien-Être Château Berger, 281 corniche J. F. Kennedy, Tel. 04 91 52 61 61. Meerbäder, Whirlpools, Wassergymnastik u. v. m.

Internationaler Flughafen (Marseille-Provence) ca. 18 km nordwestlich, Tel. 04 42 14 14 14, www.marseille.aeroport.fr, Flughafenbus alle 20 Min. zur Gare St-Charles.
Schiff: von der Gare de la Joliette Fähren nach Korsika und Nordafrika sowie Kreuzfahrten.
Ausflugsboote vom Quai des Belges: mehrere Touren, u.a. mehrmals tgl. Château d'If, Iles du Frioul, Mi, Sa, So 14 Uhr Calanques. Mit Schiff mit durchsichtigem Boden zur Côte Bleue vom Port Autonome: GACM, Tel. 04 91 55 50 09, www.answeb.net/gacm.
Bahnhof St-Charles: Tel. 08 36 35 35 35.
Busbahnhof daneben, Tel. 04 91 08 16 40; Busse und Bahnen in alle Richtungen.
Metro und Bus: Gut ausgebautes Verkehrsnetz mit 2 Metrolinien und vielen Bussen. Plan in Metrostationen und Office de Tourisme, Tickets in Metrostationen und Tabakläden, einzeln auch im Bus.
Mietwagen: Europcar, 7 bld. Maurice Bourdet, Tel. 04 91 99 40 90.
Taxi: Tel. 04 91 02 20 20.
Fahrradverleih: MBK-Cycles, 8 cours Lieutaud, Tel. 04 91 54 33 14.

ETANG DE BERRE UND DIE KÜSTE BEI MARSEILLE

Im zersiedelten Industriegebiet um Marseille entdeckt man zwischen Autobahnlabyrinthen und Megatanks unvermutete Oasen: das Wander- und Schwimmparadies der Calanques und sympathische Provinzstädte wie Salon-de-Provence, Martigues und Aubagne, ein keltisches Oppidum und eine römische Brücke.

Die Calanques

Provence-Atlas S. 239, D 4
Zwischen Marseille und Cassis erstrecken sich die Calanques (prov. *calanco* = steil abfallend), Meeresbuchten zwischen steilen, weiß leuchtenden Kalksteinklippen – ein unbesiedeltes, kaum erschlossenes Steinland, in unmittelbarer Nähe der Großstadt ein erstaunlicher Kontrast. Seit dem Neolithikum war die Küste bewohnt. 1991 entdeckte der Taucher Henri Cosquer 1991 eine Grotte mit steinzeitlichen Felszeichnungen in der Anse de la Triperie. Aus konservatorischen Gründen wird der sensationelle Fund wohl nie öffentlich zugänglich sein, Repros der **Grotte Cosquer** sind im Musée d'Histoire de Marseille zu sehen. Die bewaldete Felsenlandschaft wurde von den Römern kahl geschlagen; heute ernährt die Felskrume nur noch spärliche Kiefern- und Garriguevegetationen.

Schmale, gewundene Sträßchen mit phantastischen Ausblicken, im Sommer wegen der Waldbrandgefahr gesperrt, führen über die von der Corniche abzweigende Avenue de Hambourg zu den Marseille nächsten **Calanques de Sormiou** und **de Morgiou.** Hier finden sich Restaurants und die Cabanons, die traditionellen Sommerhäuschen ohne Wasser und Strom. Beliebt bei den Marseillern ist auch der kleine Ort **Les Goudes**. Angeln, Tauchen, Schwimmen, Beine baumeln lassen – hier ist man am Ende von Marseille und fühlt sich wie am Ende der Welt.

Wanderung zur Calanque d'En Vau

Die folgende Wanderung zur Calanque d'En Vau dauert ca. vier Stunden. Am Kopf der Calanque de Port-Miou stellt man seinen Wagen ab (Achtung: Autoknacker!). Entlang dem Jachthafen folgt man dem ausgetretenen Wanderweg

Höhepunkt der Marseiller Felsenküste: die Calanque d´En Vau

GR 98b. Felsvorsprünge über azurblauem Wasser dienen als Badestege. Über die Landzunge, die die Calanque de Port-Miou von Cassis trennt, blickt man auf die rötlich glühenden Steilklippen des Cap Canaille. Nach etwa 40 Minuten erreicht man die beliebte kleine Badebucht der **Calanque de Port-Pin**. Durch ein Tal und dann über eine felsige Hochebene, von der sich in alle Richtungen phantastische Blicke bieten, sieht man unter sich die **Calanque d'En Vau**, deren türkisfarbenes Wasser durch Bäume und Felszacken schimmert. Der direkte, senkrechte Abstieg, Teil des GR 98b, ist nur für trittsichere, schwindelfreie Wanderer zu empfehlen. Ein Umweg von etwa 20 Min. führt von hinten an den Strand heran. Ein Bad hier ist unvergesslich: unter sich der silbrig flimmernde Felsboden oder dunkelgrüne Algenkolonien, über sich die senkrecht aufragenden Felsen, an die sich vereinzelte Kiefern und Steilwandkletterer klammern.

Le Lunch: Calanque de Sormiou, Tel. 04 91 25 05 37, geöffnet April–15. Okt. mittags und abends, Juli/Aug. mittags nur Sa/So. Am Wasser, Bouillabaisse und Meeresfrüchte, Vorbestellung obligatorisch, à la carte 50 €.
L'Escale: Les Goudes, 4 bld. Alexandre Delabre, Tel. 04 91 73 16 78, So abends und Mo geschl. Paradiesische Lage am kleinen Hafen mit Blick auf den Leuchtturm, Bouillabaisse, Meeresfrüchte, Menüs 23–30 €.

Ausflugsboote der GACM fahren vom Quai des Belges am Alten Hafen zu den von Klippen gesäumten Calanques. Auch von Cassis aus verkehren Ausflugsboote.

Cassis

Provence-Atlas S. 239, D 4
Die kleine Bade- und Weinstadt (8000 Einwohner) gibt mit ihrer supervollen Strandpromenade einen ersten Vorgeschmack auf die Côte d'Azur: Appartementhäuser und Hotels auf den Hängen, in den kühlen engen Gassen der Altstadt Restaurants und Galerien, an der Strandpromenade am Hafen Terrassencafés, Souvenirnippes und Ausflugsboote – zu den Calanques oder auch mit gläsernem Bootsrumpf, um einen Blick in die Unterwasserwelt werfen zu können. Über all den Schönen, die hier entlangschlendern, residieren die Reichen hinter den stilvoll restaurierten Mauern ihrer mittelalterlichen Burg. Den Weißwein des kleinen AOC-Anbaugebiets sollten Sie unbedingt probieren. Der Sonne und den reflektierenden Kalkböden verdankt er seine natürliche Süße. Cassis ist der älteste Weinberg Frankreichs!

Office de Tourisme: pl. Baragnon, Tel. 04 42 01 71 17. Wanderkarten und -pläne für Calanques; Liste der Weinbauern; Infos zu Bootsverleihern, Wasserski, Fischen, Surfen.

Du Grand Jardin: 2 rue P. Eydin, Tel. 04 42 01 70 10, Fax 04 42 01 70 10. Zentrales, ordentliches 2-Sterne-Hotel, DZ 58–67 €.
Auberge de la Jeunesse: La Fontasse, Forêt de la Gardiole, Tel. 04 42 01 02 72. 3 km westlich im Naturschutzgebiet, ohne Restaurant, Verpflegung mitbringen.

Nino: 1 quai Barthélemy, Tel. 04 42 01 74 32, So abends außerhalb der

Saison, Mo geschl. Unmittelbar am Hafen, guter Fisch, Menüs 30, 49 €.

Clos d'Albizzi: chemin St-Vincent. Die 450 Jahre alte Winzerfamilie verkauft einen fruchtigen, nach uralten Traditionen vinifizierten Weißwein und einige Rosés.
Wochenmarkt: Mi, Fr, pl. du Marché.

Bahnhof: 3 km nördlich, Züge nach Aubagne, Marseille.
Bootsausflüge zu den Calanques, quai St-Pierre, ganzjährig.

La Ciotat

Provence-Atlas S. 239, E 4
In atemberaubenden Kurven windet sich die **Route des Crêtes** (D 41A) von Cassis nach La Ciotat, wo heute viele Werften still liegen. Von Frankreichs höchsten Klippen (La Grande Tête, 399 m), dem wenig niedrigeren, dafür aber berühmteren **Cap Canaille** (362 m) und zahlreichen weiteren Aussichtspunkten schweift der Blick in den senkrechten Abgrund, auf den blauen Meereshorizont, das gegenüberliegende Calanque-Massiv und die provenzalischen Kalksteingebirge des Landesinneren. Zahlreiche Wege führen entlang der Abbruchkanten der Klippen, die zum Land hin sanft abfallen und wie riesige, hoch geschobene Tortenstücke wirken – Vorsicht! Am unbefestigten, abbruchgefährdeten Rand geht's *sehr* steil runter.

Maison des Falaises:19 chemin de Fardeloup, La Ciotat, Tel. 04 42 08 56 31, www.guidesciotadens.com. Wander- und Steilwandkletterführer.

Aubagne

Provence-Atlas S. 239, E 3
Die Hochburg der Santon-Herstellung (42 000 Einwohner) ist bekannt als Geburtsort Marcel Pagnols – sein Geburtshaus steht am Cours Barthélémy Nr. 16 – und Standort der Fremdenlegion. Die von Treppen und schmalen Gassen durchzogene Altstadt hat durchaus ihren Reiz. **Le Petit Monde de Pagnol** zeigt berühmte Figuren aus Pagnols Werk wie Fanny, Marius und Manon des Sources in Ton-Form, geschaffen von Aubagner Santoniers (Esplanade de Gaulle, tgl. 9–12.30, 14.30–18 Uhr).

Office de Tourisme: rue Antide Boyer, Tel. 04 42 03 49 98, www.aubagne.com, geführte Touren und Wanderungen auf Pagnols Spuren.

Atelier Thérèse Neveu: cours de Clastre, Di–So 10–12, 14–18 Uhr. Santon-Atelier am Ort der ehemaligen Werkstatt der berühmten Santonière, Werkstattbesichtigung und Verkauf.
Atelier d'Art Sylvette Amy: 2 bld. Emile Combes, Mo–Sa 9–12, 14–18 Uhr. Keramik, Hauptthema die 1895 von Louis Sicard geschaffene Zikade *(cigale)*.

Kurz hinter dem Dorf Lascours von der D 44 E Richtung Napollon führt ein gelb markierter **Wanderweg** in ca. 90 Min. auf Marcel Pagnols Garlaban (712 m).

Salon-de-Provence

Provence-Atlas S. 238, B 1
Die quirlige Regionalstadt (37 000 Einwohner) weist eine Vielzahl schicker

Geschäfte in der renovierten Altstadt und auf dem von Platanen gesäumten Boulevard auf. Auf der mit Straßencafés belebten Place Crousillat am Boulevardring plätschert ein romantischer, seit dem 18. Jh. grotesk zu einer Pilzform versinterter Brunnen. Durch das einstige Stadttor, die Porte de l'Horloge, betritt man die gleichnamige Gasse, die Hauptachse der Altstadt.

In Salon lebte und starb Nostradamus (1566), Hofarzt des französischen Königs Karl IX., der als erster die Ratten als Überträger der Pest ausfindig machte, ein Humanist und visionärer Mediziner, dessen dunkle Prophezeiungen zur Jahrtausendwende Konjunktur hatten. Sein Wohnhaus in der Altstadt, die **Maison de Nostradamus** (tgl. 9–12, 14–18 Uhr),wurde elegant wiederhergestellt. Sie ist von Wachsfiguren bewohnt, wie sie einen auch im **Musée Grevin de Provence** auf einem Streifzug durch die provenzalische Geschichte begleiten (pl. des Centuries, Mo–Fr 10–12, 14–18, Sa/So 14–18, 15. Juni –15. Sept. tägl. 15–20 Uhr). Die Altstadt bekrönt das **Château de l'Empéri** mit einem mittelalterlichen Donjon und dem Armeemuseum.

Office de Tourisme: 56 cours Gimon, Tel. 04 90 56 27 60.

La Salle à Manger: 6 rue du Maréchal Joffre, Tel. 04 90 56 28 01, So abends, Mo geschl. Feinschmeckerküche in einem stilvollen Palais mit Garten, Thymian-, Lavendel- und Rosmarinsorbet, Menü 24 €.

Savonnerie Marius Fabre: 148 av. Paul Bourret. Kleines Seifenmuseum und Verkauf der traditionellen Seifen-Kuben aus Palm- und Olivenöl in ehemaliger Fabrikhalle, Mo–Fr 9.30–12, 14–17 Uhr.

Historisches Festival: Anfang Juli. 1000 verkleidete Darsteller lassen das Salon zur Zeit des Nostradamus wieder erstehen.

Jazzfestival im Burghof, Juli/Aug. Eins der renommiertesten Frankreichs.

Rund um den Etang de Berre

Provence-Atlas S. 238, A/B 2

La Barben besitzt ein Schloss aus dem 14.–17. Jh. mit kostbarer Innenausstattung und romantischem Park – und einen Zoo. Auf einem ca. 90-minütigen Spaziergang mit reizvollen Ausblicken besucht man u. a. Bären, Zebras, Raubkatzen, Nilpferde und jede Menge Rinder. Hunderte von Kätzchen tollen als Zugabe durch die großzügigen Gehege (Zoo tgl. 10–18, Schloss Mi–Mo 10–12, 14–18 Uhr).

Fährt man von Salon die D 21 und D 10 in Richtung **St-Chamas,** zeigt der Blick von einer der typischen Kalksteinspitzen, dass der Etang de Berre einmal sehr schön gewesen sein muss. Heute halten Raffinerien, chemische Fabriken, der Militärflughafen von Istres und der Internationale Flughafen von Marignane den nur etwa 9 m tiefen See in einer giftigen Umklammerung. Die Römer bauten den aus zwei Bogendurchgängen bestehenden **Pont Flavien** mit seinen vier sprungbereiten Löwen und dem eleganten Bauschmuck als Brücke der Via Aurelia über die Touloubre.

Vor ihnen siedelten hier schon die Keltoligurer, die in strategisch günstiger Lage auf einem Felskegel das **Oppidum St-Blaise** vom 7. Jh. v. Chr. an errichteten. Die kleine romanische Kapelle St-Blaise, die Grundmauern der frühchristlichen Basilika davor, die Ausgrabungen und vor allem die mit perfekt behauenen Quadern errichtete hellenistische Stadtmauer aus der Blütezeit der Stadt, dem 3. Jh. v. Chr., gewinnen durch die Umgebung noch an Reiz: der weite Blick und die würzig duftende Garrigue aus Kiefern, Feigenbäumen, Pinien und Wacholder, und das alles mit der Skyline von Fos im Hintergrund und einem ungesund rostroten Etang zu Füssen.

Auch das ›provenzalische Venedig‹ **Martigues** (43 000 Einwohner) ist längst nicht mehr das Fischernest, das Maler wie Corot oder Ziem faszinierte. Es liegt am Canal de Caronte, der den Etang de Berre mit dem Mittelmeer und den Erdölhäfen Port-de-Bouc und Lavéra verbindet. Nur auf der Ile Brescon säumen am überschätzten, aber viel fotografierten Miroir aux Oiseaux noch einige freundlich bunte Häuschen den Canal St-Sébastien. Die ubiquitäre Vorstadtwüste der Verbrauchermärkte, Wohnsilos und des Asphaltdschungels rückt ihnen wie dem kleinen Musée Ziem mit seiner Sammlung provenzalischer Maler des 19. Jh. zu Leibe (Boul. du 14 Juillet, Do–So 14.30–18.30, Juli/August Mi–Mo 10–12, 14.30–18.30 Uhr).

Die von Straßentrassen zerschnittene, mit Hochleitungsmasten gespickte **Chaîne de l'Estaque** bietet ein anschauliches Beispiel für die Zerstörung der provenzalischen Landschaft um Marseille. Der Gebirgszug trennt den Etang de Berre von der **Côte Bleue,** einer landschaftlich mäßig reizvollen Badeküste und Ferienmegalopolis aus den drei ineinander gewachsenen eins-tigen Fischerorten **Carro, Sausset-les-Pins** und **Carry-le-Rouet.** Am Fels- und Kieselstrand von Carry könnte auch der hier geborene Schauspieler Fernandel (1903–1971) schwimmen gelernt haben, der sich als Don Camillo ein kleines Stück filmischer Unsterblichkeit erspielt hat.

Auberge à la Folie: route de St-Julien, Sausset-les-Pins, Tel. 04 42 45 06 87, Fax 04 42 44 59 28. Zwei-Sterne-Hotel in einem alten Mas, schmucke Zimmer, Deftig-Provenzalisches wie Fischsuppe auf der schattigen Terrasse, DZ 40–50 €, Menü ab 17 €.

Oursinades: Kulinarische Seeigelwochen, an den drei letzten Januarsonntagen in Sausset-les-Pins und den drei ersten Februarsonntagen in Carry-le-Rouet.

Domaine des Béates: route de Cairval, Lambesc. Rote, Rosés, Weiße aus dem Traditionshaus Chapoutier zeigen, dass man aus den Coteaux d'Aix auch edle Weine vinifizieren kann.

Tauchen: UCPA, Calanque de Niolon, Tel. 04 91 46 90 16. Großes Tauchzentrum in ehemaligen Befestigungen aus der Zeit Napoleon III.

Der Osten: Aix, Luberon und Haute-Provence

Lourmarin im Luberon

Provence-Atlas S. 232, 233, 234, 235, 239

AIX-EN-PROVENCE UND UMGEBUNG

Kultiviert und mondän geht es heute in Frankreichs begehrtester Stadt zu, wobei ein Hauch von apart abblätternden Fassaden nicht stört. Der Geist des ›goldenen‹ 18. Jahrhunderts, der in Rokokostadthäusern und auf von Brunnen geschmückten Plätzen lebt, passt gut zu zeitgenössischem Kulturbetrieb und schicken Boutiquen. Cézanne malte hier und in der Ste-Victoire, in die ausgeschilderte Wege führen.

Provence-Atlas S. 239, D 1
Die Großstadt Aix (137 000 Einwohner) lockt Besucher mit einer lebhaften Kulturszene rund um das Highlight des weltberühmten Musikfestivals, einem selten geschlossenen barocken Stadtbild. Aix zählt zu den begehrtesten Wohnorten in Frankreich. Die renommierte Universität mit ihren ca. 30 000 Studenten und die zahlungskräftigen Familien hoher Angestellter und Manager drücken der Stadt einen modernen, aber gediegenen Stempel auf, der es als klassischen Antipoden zum ›plebejischen‹ Marseille ausweist. Die ›Stadt der 101 Brunnen‹ mit ihren Häuserfassaden in warmen Beigetönen wurde und wird umfassend renoviert. Kein Wunder, dass sie Frankreichs ersehntestes Wohnziel ist – und eins seiner teuersten Pflaster. Noch ein Rekord: Aix besitzt die auf die Fläche umgerechnet höchste Restaurantdichte in Frankreich.

Im Tal zu Füßen des zerstörten keltischen Oppidums Entremont versprachen warme und kalte Quellen, den strapazierten römischen Kriegergliedern Linderung: Aquae Sextiae Salluviorum taufte der römische Statthalter, Proconsul Gaius Sextius Calvinus, die Siedlung nach ihren Bädern und sich selbst und den besiegten Kelten. Unter den Anjou ertebte Aix nach der Römerzeit eine neue Blüte: Ludwig II. von Anjou gründete 1409 die Universität. Nach der Angliederung an Frankreich tagte das provenzalische Parlament in Aix. Seine Vertreter prägten im 17. und 18. Jh. durch Anlage großer Prunkalleen wie des Cours Mirabeau, den Bau von Stadtpalais und ganzer Stadtteile wie Villeverte und Quartier Mazarin das barocke Gesicht von Aix.

Um die Kathedrale

Im Bourg St-Sauveur, wo das Zentrum der römischen Kolonie lag und sich im 11. Jh. rund um die Kathedrale die Stadt neu konstituierte, liegt die Geburtsstätte von Aix. Die **Kathedrale St-Sauveur** [1] mit ihrem prächtigen flamboyanten Portal ist – eins der wenigen Beispiele in der Provence – weitgehend spätgotisch geprägt (Bauzeit 1323–1513). Vom ersten Vorgängerbau stammt noch das Baptisterium aus dem 5. Jh., ein Zentralbau und Juwel frühchristlicher Baukunst. In ihm sind mit den Säulen römische Spolien verbaut, und durch Fußbodengitter blickt man auf die Fundamente im wörtlichen und übertragenen Sinn: Teile des römischen Forums. Im Chor hängen kostbare Tapisserien aus dem 16. Jh. Für das »Triptychon des brennenden Dornbuschs«, ein Hauptwerk der Avignoner Schule, malte Nicolas Froment 1476 im Auftrag des Mäzenatenkönigs René, wie dem höchst erstaunten Moses die Jungfrau mit Kind inmitten des brennenden Busches erscheint (zur Zeit ist es wegen Restaurationsarbeiten nicht zu sehen). Im kleinen romanischen Kreuzgang aus dem 12. Jh. fallen die schlanken Säulchen mit ihren teils figuralen Kapitellen und die ›geflochtene‹ Ecksäule ins Auge (Kathedrale 7.30–12, 14–18 Uhr; für den Kreuzgang und die spätgotischen Holzschnitzereien innen am Hauptportal muss man den Wächter rechts am Eingang fragen).

Gegenüber dem romanischen Portal, durch das man die Kirche verlässt, sieht man Aix' gut gekleidete Studenten in ihre **Universität** [2] strömen.

Der **Palais de l'Archevêché** [3], das 1650–1730 errichtete Barockgebäude des ehemaligen erzbischöflichen Palastes, beherbergt heute das **Musée des Tapisseries.** Man entdeckt nicht nur manieristische Wandbehänge des 17./18. Jh., u.a. den einzigartigen zur

Wochenmarkt auf der Place Richelme

DEN KELTEN AUF DER SPUR: ENTREMONT

»Zu ihrer Torheit gehört auch der barbarische und fremdartige Brauch, ... dass sie, aus der Schlacht zurückkehrend, die Köpfe der getöteten Feinde über den Hals der Pferde hängen, mit sich nehmen und vor der Haustüre annageln. Die Köpfe der vornehmsten bestrichen sie mit Zedernöl und zeigten sie den Fremden«, berichtet der römische Historiker Strabon. Der schaurige Brauch wirft ein grelles Schlaglicht auf die durch und durch kriegerische Gesellschaft der Kelten. Archäologische Funde scheinen Strabon zu bestätigen: Bei dem im Musée Granet in Aix mit Funden aus Entremont rekonstruierten ›Kopfbaum‹ legt der Sieger seine Hand auf die abgeschlagenen Köpfe seiner Feinde, die in der keltischen Ikonographie mundlos (= stumm = tot) wiedergegeben werden – will er sich so auf magische Weise deren Kraft einverleiben oder vor Wiedergängern schützen?

Ursprünglich in Rot, Schwarz und Weiß bemalt war der Türrahmen aus dem Heiligtum von Roquepertuse, aus dem heraus Totenschädel – von besiegten Feinden oder Geopferten – den ›Fremden‹ entgegengrinsen. Er befindet sich heute im Musée d'Archéologie méditerranéenne in Marseille, das neben dem Musée Granet die bedeutendsten keltischen Hinterlassenschaften besitzt.

Entremont, auf einem Kalksteinplateau 3 km nördlich der heutigen Metropole gelegen, ist der keltische Vorläufer und die Keimzelle von Aix. Hier hatten von etwa 200 bis 100 v. Chr. die in einer Konföderation zusammengeschlossenen Saluvier ihre Hauptstadt. Das etwa 3 ha umfassende Oppidum Entremont bewachte die Kreuzung zweier wichtiger Fernstraßen – zahlreiche Funde beweisen weit reichende Handelsbeziehungen. Die urbane Siedlung mit Geschäften und Wohnbauten scheint so gar nicht zum Bild der Köpfe sammelnden Barbaren zu passen.

Zwei Wehrmauern mit rechteckigen bzw. runden Befestigungstürmen umfassen und gliedern das Oppidum in zwei Areale. Die ältere Hochstadt weist kleine Häuser und ein größeres Gebäude auf, das mit Ritzzeichnungen von Köpfen und einer Schlange versehen und vielleicht als Heiligtum zu betrachten ist. Die größere, einst sogar aus zweistöckigen Häusern bestehende jüngere Unterstadt, wo man Reste einer Ölmühle, einer Schmiede und eines Glasofens entdeckt hat, lässt auf ein aktives Handelszentrum schließen.

Weder die strategisch günstige Lage mit den steil abfallenden Felswänden noch die künstlichen Befestigungen halfen indes gegen die überlegene römische Kriegstechnik. Die Griechen von Massilia, die die starke keltische Macht in ihrem Rücken ärgerte, riefen die Römer zu Hilfe, die 123 v. Chr. Entremont eroberten und in Schutt und Asche legten. Da die Stadt kurz darauf verlassen und nicht neu bebaut wurde, bietet sich den Archäologen hier ein seltener Glücksfall. Von der Freigabe des militärischen Geländes hinter dem ›Heiligtum‹ erhofft man sich weitere Aufschlüsse (Mi–Mo 9–12, 14–18 Uhr, Eintritt frei; halbstündlich Bus Nr. 21 von der Avenue Victor Hugo/St-Christophe hierher).

Geschichte Don Quichottes, sondern auch zeitgenössische Textilkunst sowie eine Abteilung mit Kulissen, Modellen und Kostümen zum **Festival d'Art Lyrique** (Mi–Mo 10–11.45, 14–17.45 Uhr, feiertags geschl.). Der Innenhof ist Hauptspielort dieses Opernfestivals, daneben finden Aufführungen im Hôtel Maynier d'Oppède und der Domaine du Grand-St-Jean statt. Jean Giono und Jean Cocteau gehörten zu den Dauerbesuchern der 1948 ins Leben gerufenen Festspiele. Die besten Interpreten aus aller Welt treten hier auf, gern wird z. B. Mozart gegeben.

Die schmale Rue Gaston de Saporta mit ansprechenden Imbissläden wie dem Tartes-Paradies *Autour d'une Tarte* (No 13), Galerien und Boutiquen ist die belebte Hauptgasse in der Fußgängerzone des alten Aix. Sie führt an barocken Stadtpalais vorbei, z. B. am **Hôtel de Châteaurenard** 4, 1650 von Pierre Pavillon erbaut, einem der bekanntesten Aixer Barockarchitekten, und am **Hôtel d'Estienne de St-Jean**, in dessen original erhaltenen Räumen das Heimatmuseum **Musée du Vieil-Aix** 5 Möbel, Trachten, Santons und die sprechenden Holzmarionetten einer Krippe zeigt (Di–So April–Sept. 10–12, 14.30–18, Nov.–März 10–12, 14–17 Uhr, feiertags geschl.).

Rund um den barocken Brunnen auf dem großzügigen Rathausplatz, den die Tisch- und Stuhlbatterien der Straßencafés fast vollständig in Beschlag nehmen, herrscht immer ein bisschen die junge und agile Atmosphäre eines Open-Air-Festivals – außer dienstags, donnerstags und samstags vormittags, wenn der Blumenmarkt mit seinem bunten, duftenden Angebot die Kaffeetrinker vorübergehend vertreibt. Pierre Pavillon zeichnete im 17. Jh. auch für die Pläne des imposanten **Hôtel de Ville** 6 verantwortlich. Die einzeln stehende spätmittelalterliche **Tour de l'Horloge** 7 neben dem Rathaus trägt in einem zarten schmiedeeisernen Käfig eine Glocke, darunter eine Renaissanceuhr und eine barocke astronomische Uhr.

Georges Vallon, auch er ein berühmter Aixer Architekt, errichtete ab 1754 die **ehemalige Kornhalle** 8, deren Erdgeschoss heute die Post einnimmt. Die Skulpturen im Dreieckgiebel zeigen die Stadt Aix und den Rhône-Flussgott in personifizierten Allegorien, die die Intensivierung des Getreideanbaus durch neu angelegte Bewässerungssysteme feiern. Auf der Rückseite der Kornhalle, der Place Richelme, findet jeden vormittags der Obst- und Gemüsemarkt statt. Einer der beiden barocken Atlanten am **Hôtel d'Arbaud** 9 wendet dem lebens-

Cézanne in Aix

Schritt für Schritt lotst das Fremdenverkehrsamt von Aix Cézanne-Verehrer auf einen 34 Stationen umfassenden Pilgerweg. Bronzemarkierungen mit dem Signet »C« im Pflaster dienen als Markierung: vom Geburtshaus in der Rue de l'Opéra 28 über das Hutmachergeschäft des Vaters am Cours Mirabeau 55 bis zum Grab auf dem Friedhof St-Pierre.

prallen, frühmorgens und mittags abgasintensiven Treiben seinen muskelstrotzenden Rücken zu, der andere seine breite Brust.

An der Nordseite des Rathauses fällt die lang gestreckte **Place des Cardeurs** 10, wo im Mittelalter das Judenghetto lag, sanft in Richtung Boulevardring ab: Ein Sommerabend lässt sich in Aix kaum stimmungsvoller als in einem der von gut gekleideten jungen Leuten besuchten Terrassenrestaurants verbringen, mit Blick auf den monumentalen Keramikbrunnen des in Aix geborenen Künstlers Jean Amado.

Pierre Pavillon, nomen est omen, erbaute 1665 den **Pavillon Vendôme** 11. Die original eingerichteten Innenräume dieses Schmuckstücks barocker Baukunst kann man besichtigen, durch den geometrisch angelegten barocken Garten spazieren (Mi–Mo April–Sept. 10–12, 14–18, Okt., Febr., März 10–12, 13.30–17.30, Nov.–Jan. 10–12, 13–17 Uhr, feiertags geschl.).

Um den Cours Mirabeau

Gegenüber der Place Albertas, mit ihrem Brunnen und den edlen, die Kunst des Unterstatements pflegenden Fassaden einer der sehenswertesten Plätze von Aix, zeigt das Hôtel Boyer d'Eguilles Spaziergängern seine kolossale korinthische Pilasterfassade und Besuchern seine renovierungsbedürftigen barocken Räume. Unter Stuckdekor und Deckengemälden kann man im **Musée d'Histoire Naturelle** 12 u.a. versteinerte, auf der Montagne Ste-

Sehenswürdigkeiten
1 Kathedrale St-Saveur
2 Universität
3 Palais de l'Archevêché
4 Hôtel de Châteaurenard
5 Musée du Vieil-Aix
6 Hôtel de Ville
7 Tour de l'Horloge
8 ehem. Kornhalle
9 Hôtel d'Arbaud
10 Place des Cardeurs
11 Pavillon Vendôme
12 Musée d'Histoire Naturelle
13 Palais de Justice
14 Ste-Marie-Madeleine
15 St-Jean-de-Malte
16 Musée Granet

Übernachten
17 Château de la Pioline
18 La Bastide du Roi René
19 Hôtel des 4 Dauphins
20 Hôtel Le Prieuré
21 Chambres d'hôte La Quinta des Bambous
22 Auberge de Jeunesse

Essen und Trinken
23 Le Clos de la Violette
24 L'Amphytrion
25 Café Bastide du Cours
26 Les Agapes

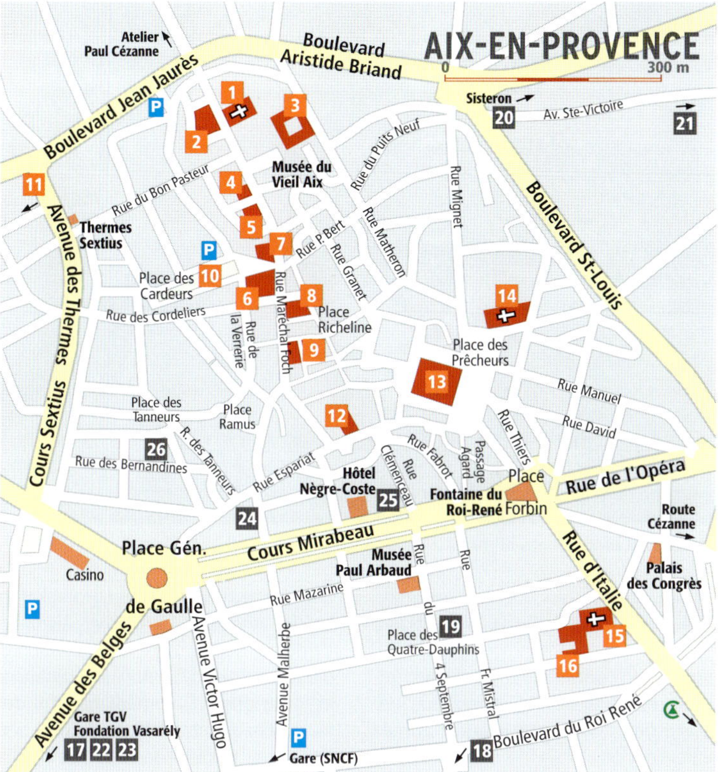

Victoire und bei Bauarbeiten in der Innenstadt gefundene Dinosaurier-Eier entdecken (tgl. 10–12, 13–17 Uhr). Die hiesigen Straßenzüge nördlich des Cours Mirabeau sind vornehmstes Pflaster: Starcouturiers, Edelparfümerien und Feinkostläden verwöhnen ihre gut situierte Kundschaft.

Auf der Place des Prêcheurs, dem ältesten, noch unter König René angelegten Platz von Aix, wo früher Volksbelustigungen wie etwa Hinrichtungen stattfanden, steht man im Zentrum der ab 1606 planmäßig angelegten ›Neustadt‹ Villeverte. Der überdachte Innenhof des **Palais de Justice** 13 mit seinen kalt wirkenden doppelten Arkadenreihen wurde nach Plänen von Claude-Nicolas Ledoux gegen Ende des 18. Jh. ausgeführt und ist eines der wenigen noch erhaltenen Beispiele für die monumental-pathetische Revoluti-

Atlas: S. 239

Unter Platanen: Cours Mirabeau

onsarchitektur. Die Dominikanerkirche **Ste-Marie-Madeleine** 14 birgt mit dem Triptychon der Verkündigung, um 1445 von einem unbekannten Meister gemalt, einen weiteren Schatz aus der von König René patronierten Schule von Avignon.

Das untere Drittel des von einem annähernd eiförmigen Boulevardring umgebenen Innenstadtbereichs schneidet der **Cours Mirabeau** vom unregelmäßigen Straßenlabyrinth der Nordstadt ab: eine großzügige, gerade aufgehübschte Flanier- und gegen Abend Parkmeile, von imposanten Fassaden des italienisch inspirierten Barock und viel frequentierten Straßencafés gesäumt. Für die *jeunesse dorée* von Aix gehört es fast zur Pflicht, sich auf dem Cours sehen zu lassen. Auf dem Mittelstreifen setzen grotesk verkalkte, moosige Brunnen Akzente. Vierreihig gepflanzte Platanen tauchen die Lebensader von Aix auch tagsüber in grünliches Dämmerlicht. An der Place Forbin am östlichen Ende hält der ›gute‹ König René, im 19. Jh. als Brunnenfigur verewigt, eine Muskatellertraube hoch, die er in die Provence eingeführt haben soll. In Nr. 55 verbrachte Cézanne seine Kindheit, und die **Rotonde** am westlichen Ende schmückt ein Löwen-Brunnen im prunkliebenden Stil des Zweiten Kaiserreichs. Der Namensgeber dieser Straße, Graf Mirabeau (1749–1791), ging 1789 als Deputierter des Dritten Standes von Aix in die Pariser Nationalversammlung. Der wegen seiner Bissigkeit gefürchtete Publizist und Le-

DAS GOLDENE ZEITALTER VON AIX DIE PALÄSTE DER PARLAMENTARIER

Wer heute durch Aix' Innenstadtbereich und über die breiten, großzügig konzipierten Boulevards schlendert, dem begegnen auf Schritt und Tritt die Paläste jenes Amtsadels, der in relativer Unabhängigkeit von Paris lukrative Pfründen, Interessensphären und politische Macht in der Provinz Provence unter sich aufgeteilt hatte. Die ›Parlamentarier‹ sind – trotzdem – nicht mit den Mandatsträgern moderner Demokratien zu vergleichen, handelte es sich doch um Ständevertreter des Adels, des (hohen) Klerus und der (reichen) Bürger.

Ihre repräsentativen Wohnbauten, die *hôtels particuliers*, entstanden vor allem im 17. und 18. Jh., dem Goldenen Zeitalter von Aix. Der Einfluss aus Paris, dem tonangebenden Zentrum des französischen Barock, äußert sich im gemessenen, würdig klassizistischen Dekor und in einem oft U-förmigen Grundriss mit zentralem Ehrenhof wie im Hôtel de Caumont. Aus dem nahen Italien, der führenden europäischen Barocknation, stammt der hoflose Grundriss, bei dem die Palaisfassade direkt an der Straße aufragt wie bei den prächtigen Stadthäusern des Cours Mirabeau und der Rue Gaston de Saporta. Auf italienische Vorbilder verweisen auch die manieristischen, überbordenden Schmuckformen antiklassischer Tendenz: gekröpfte und gesprengte Giebel, muskelstrotzende Atlanten (architektonische Trägerfiguren), diamantiert zugespitzte Quader oder florentinisch inspirierte Bossen (Quader mit roh behauener Frontfläche), Trompe-l'œil-Malerei, die die Illusion von Architektur schafft, sowie die kunstvollen schmiedeeisernen Gitter, z. B. am Rathausbalkon.

Der Ehrenhof nach französischem Muster ermöglichte herrschaftliches Auftreten bzw. Vorfahren der Kutschen, eines wichtigen Statussymbols. Dem barocken Repräsentationsbedürfnis kam zudem die zentrale Platzierung und Sorgfalt bei der Gestaltung des Portals und der Eingangstreppe entgegen – standesgemäßer Besuch wurde immer über diese Treppe empfangen, da die herrschaftlichen Räume im 1. Stock, der Beletage, lagen. Im Erdgeschoss sorgten unsichtbare, durch Tapetentüren und versteckte Ganglabyrinthe geschleuste Dienstboten und fleißiges Personal in Küchen-, Vorrats- und Wirtschaftsräumen dafür, dass ›oben‹ alles funktionierte.

Übernachtungstipp: Für 150–300 € pro Zimmer oder Suite darf man sich in der Bastide La Pauline für eine Nacht wie ein Adliger im Ancien Régime fühlen. Hier, im Hügelland nördlich von Aix, empfing die berüchtigte Pauline Borghese, die Schwester Napoleons, ihren Liebhaber. Die neuen Besitzer haben den klassizistischen Louis-seize-Stil gekonnt mit sparsamen modernen Elementen gewürzt (Les Pinchinats, chemin de la Fontaine des Tuiles, Tel. 04 42 17 02 60, Fax 04 42 17 02 61). Besichtigen kann man La Pauline 15. April–Sept. Sa/So 15–18.30 Uhr, sonst nach Vereinbarung.

bemann trat bis zu seinem – natürlichen – Tod für eine konstitutionelle Monarchie ein.

Quartier Mazarin

Ab 1646 planmäßig errichtet, wurde das Quartier Mazarin nach dem Erzbischof von Aix benannt, dem Bruder des mächtigen, die Geschicke Frankreichs von 1642 bis 1661 lenkenden Kardinals. Den diskreten Charme der Großbourgeoisie strahlt dieses ruhige Wohnviertel aus, dessen teils dem Lauf der Zeit huldigende, teils edel renovierte Stadthäuser schlichte, in warmen Ocker- und Gelbtönen strahlende Fassaden mit eleganten Fensterfluchten, Dachterrassen, Gärten und schmiedeeisernen Gittern aufweisen. Von der Place des Quatre Dauphins mit dem reizenden barocken Delphinbrunnen von 1667 kann man das streng gitter-

Die Farben der Provence auf den Fassaden von Aix

förmig angelegte System der Straßenfluchten gut erkennen.

Neben der gotischen **Kirche St-Jean-de-Malte** 15 beherbergt das **Musée Granet** 16 außer archäologischen Exponaten, unter denen die keltischen Krieger- und Kopfskulpturen Weltrang besitzen, eine reiche Sammlung von Gemälden, darunter Werke aus der Schule von Avignon, des in Uzès geborenen Granet, einem der Mäzene des Museums, der Klassizisten Ingres, David und Géricault und aus der sog. Provenzalischen Schule. Als Leihgaben aus dem Louvre dokumentieren acht Gemälde des berühmtesten Bürgers von Aix, Paul Cézanne (1839–1906), die künstlerische Entwicklung dieses zu Lebzeiten ungeliebten, heute gefeierten Sohnes der Stadt (Mi–Mo 10–12, 14–18 Uhr).

Außerhalb der Innenstadt

Das noch ganz wie zu Lebzeiten **Cézannes** eingerichtete **Atelier** – einst ein Landhaus, heute eingezwängt zwischen die Hochhausblocks der nördlichen *banlieue* – und der dazugehörige verwilderte Garten versprühen den Charme museal aufbereiteter ›Lebens- und Wirkstätten‹. Immerhin aber ist dies der Ort, wo in den letzten Jahren seines Lebens Cézannes berühmte Landschaften der Ste-Victoire und die ›Badenden‹ entstanden. Samstags um 9.30 Uhr beginnt hier die Stadtführung auf Cézannes Spuren (9 av. Paul Cézanne; April–14.6. 10–12, 14.30–18, 15.6.–Sept. 10–18.30, Okt.–März 10–12, 14–17 Uhr; Bus Nr. 1 von der Rotonde vor St-Christophe alle 20 Min.).

42 der gigantischen Wandbilder Victor Vasarélys (1908–1997) – *intégrations monumentales* – erhielten in der 1976 eigens errichteten **Fondation Vasarély** einen adäquaten Rahmen. Der Mitbegründer der Op Art brachte

Les Deux Garçons

Im über und über vergoldeten und mit Friesen geschmückten Empire-Interieur von Aix wohl berühmtester Café/Brasserie diskutierten und tranken schon Cézanne und Emile Zola. Das »2 G« auf dem Cours Mirabeau, ein Hauptanlaufpunkt von Touristen und Einheimischen, serviert in drei Sälen ansprechende, nicht gerade billige Tagesgerichte und hat durchgehend geöffnet.

in seinen von reinen geometrischen Formen geprägten Werken Sehphänomene wie den Flimmereffekt zur Anschauung (1 av. Marcel Pagnol, Stadtteil Jas de Bouffan; 16. März–Okt. Mo–Fr 10–13, 14–19, Sa/So 10–19, Nov.–15. März Mo–Fr 9.30–13, 14–18, Sa/So 9.30– 18 Uhr; Bus Nr.4 vor Casino).

Office de Tourisme: 2 pl. du Général de Gaulle, Tel. 04 42 16 11 61, www.aixenprovencetourism.com. Besichtigungen, z.B. von sonst nicht zugänglichen Bastiden des Pays d'Aix.

Château de la Pioline [17]: 260 rue Guillaume-du-Vair, Les Milles, 5 km südwestlich der Stadt (Atlas S. 239, D2), Tel. 04 42 52 27 27, Fax 04 42 52 27 28, www.chateau-la-pioline.fr. Luxusherberge in Rokokoschloss, im Kern eine Burg des 16. Jh., einige der im Stil des 18. Jh. eingerichteten Zimmer gehen auf den geometrischen Garten; Gourmetrestaurant in eleganten Sälen oder auf der Traumterrasse, z.B. Jakobsmuscheln mit Zitronenthymian und Bourbon-Vanille, Samstagabends musikalische Dinner, DZ 135–300 €, Hauptgericht ca. 25 €.

La Bastide du Roy René [18]: 31 av. des Infirmeries, Tel. 04 42 37 83 00, Fax 04 42 27 54 40, www.bastideduroyrene.com. 3-Sterne-Hotelresidenz in ehemaligem Konvent, schlichte, geschmackvolle Modernität, Apartments mit Küche, Duplex mit Mezzanin oder 2 Räume mit Gartenterrasse 77–103 €, bei mehr als einer Nacht preiswerter.

Des 4 Dauphins [19]: 54 rue Roux-Alphéran, Tel. 04 42 38 16 39, Fax 04 42 38 60 19. 2-Sterne-Hotel in einem Stadtpalais im ruhigen Quartier Mazarin, DZ im provenzalischen Stil 45–70 €.

Le Prieuré [20]: ca. 4 km auf RN 96 Richtung Sisteron, Tel. 04 42 21 05 23, Fax 04 42 21 60 56. 2-Sterne-Hotel inmitten eines Schlossparks, liebevoll à la 18. Jh. eingerichtete Zimmer, DZ 53–70 €.

La Quinta des Bambous [21]: chemin des Ribas, St-Marc Jaumegarde, Tel. 04 42 24 91 62, www.aixenprovencetourism.com/gb-quinta-bambous.htm. 7 km außerhalb, Chambres d'hôtes mit asiatischem Flair mit Bambus, japanischem Holz und Lotusteich, Pool, Zimmer mit Küchenecke und Terrasse/Garten, DZ 68–76 €.

Auberge de Jeunesse [22]: 3, Av. Marcel Pagnol, Jas de Bouffan, Tel. 04 42 20 15 99, mit Restaurant.

Airotel Camping Chantecler: Val St-André, Richtung Nizza, Tel. 04 42 26 12 98, Fax 04 42 27 33 53, www.airotel-chantecler.com. Luxuriöser 4-Sterne-Platz, Schattenhügel, Pool, Laden.

Preiswertere Restaurants gibt es konzentriert in den Sträßchen zwischen Rotonde und Place des Cardeurs, Brasserien und Cafés am Cours Mirabeau und Place de l'Hôtel de Ville.

Le Clos de la Violette [23]: 10 av. de la Violette, Tel. 04 42 23 30 71, So, Mo und Mi Mi mittags geschl. Jean-Marc Banzos saisonale und regionale Zwei-Sterne-Küche ist eine der besten der Provence, kühles großbürgerliches Ambiente mit Blick in den Garten, Menüs 53, 106 €.

L'Amphitryon 24: 2/4 rue Paul-Doumer, Tel. 04 42 26 54 10, So und Mo geschl. Heller Speisesaal oder Hof mit Korbstühlen, feine, einfallsreiche Feinschmeckerküche mit viel Gemüse, Menü 17–45 €.

Café Bastide du Cours 25: 45 cours Mirabeau, Tel. 04 42 26 10 06, tgl. mittags und abends. Mehrere unterschiedlich eingerichtete Salons in ehemaligem Konvent des 18. Jh., Salon de Thé, provenzalische Menüs 18 und 26 €.

Les Agapes 26: 11 rue des Bernardines, Tel. 04 42 38 47 66, tgl. abends. Gemütlich-künstlerisches Ambiente, provenzalische Küche, Menüs 17, 22 €.

Das Viertel der **Antiquitätenhändler** liegt um die Place des Trois-Ormeaux mit ihrem reizenden Brunnen.

Mode: Viele Boutiquen, z.B. Christian Lacroix, rue Maris-Reinaud und angrenzende Straßen.

Patisserie Bechard: 12 cours Mirabeau. Verführerische Törtchen und Desserts.

Confiserie d'Entrecasteaux: 2 rue d'Entrecasteaux. Verkauf von Calissons d'Aix neben der Herstellungshalle, auch Nougat, seit vier Generationen im Dienst des Naschwerks.

Boutique des Musées: 5 rue des Chaudronniers. Replika der französischen Museen.

Petit Musée Cézanne: 24 rue Gaston de Saporta. Galerie und Geschäft rund um Cézanne, zeitgenössische Künstler.

Santons Fouque: 65 cours Gambetta, Mo–Sa 8–12, 14–18 Uhr. Atelierbesichtigung und Verkauf, hier schuf die Santon-Künstlerin Mireille Fouque die berühmte Figur »Coup de Mistral«.

Château Simone: außerhalb in Meyreuil (Atlas S. 239 D 2). Die außergewöhnlichen Roten, Rosés und Weißen der Domäne, alle drei Jahre im Eichenfass ausgebaut, gehören zu der winzigen Appellation Palette und gelten als die größten Weine der Provence.

Märkte: Wochenmarkt: tgl. pl. Richelme, Di, Do, Sa pl. des Prêcheurs und pl. de la Madeleine. Blumenmarkt Di, Do, Sa pl. de l'Hôtel de Ville, Mo, Mi, Fr, So pl. des Prêcheurs. Flohmarkt: pl. de Verdun, Di, Do, Sa vormittags.

L'Unic Bar: 40 rue de Vauvenargues. Für das Schwätzchen beim *apéro*, am Abend Tapas.

Le Hublot: 17 rue Paul Bert. Kommunikatives Cybercafé, großer Bildschirm für Fußballübertragungen.

La Fonderie: 14 cours St-Louis. Club, Konzerte.

Mistral: 3 rue Frédéric Mistral. Angesagte Keller-Disko, Dance und Techno, Themen- und Studentenabende.

Théâtre du Jeu de Paume: 17–21 rue de l'Opéra, Tel. 04 42 99 12 12. Historisches Gebäude mit viel Gold und rotem Pomp, *das* Theater von Aix, wo schon Stars wie Fanny Ardant spielten.

Festival International d'Art Lyrique: europaweit bekanntes Opernfestival im Juli. Infos und Karten: Boutique du Festival, 11 rue Gaston de Saporta, Tel. 04 42 17 34 34, Fax 04 42 63 13 74, www.festival-aix.com.

Jazzfestival: Juli.

Danse à Aix: Juli/Aug. Verschiedene Balett- und andere Tanzveranstaltungen.

Segnung der Calissons: 1. Sept. in der Kirche St-Jean-de-Malte.

Krippenausstellung und Verkauf: im Dez. neben dem Office de Tourisme.

Aix en Musique: ganzjährig Konzerte aller Art – Klassik, Rock, Jazz, World Music.

Maison de la Ste-Victoire

Das Haus in St-Antonin-sur-Bayon führt mit Ausstellungen, Videofilm und Lehrpfad in die Naturgeschichte und Landschaft der Ste-Victoire ein. Im Sommer bieten Eco-guides geführte Themen-Wanderungen an, z.B. für Kinder auf der Spur der Dinosaurier oder des Bonelli-Adlers; Wegvorschläge zu Fuß, mit Eseln (nur Kinder dürfen auf ihnen reiten) oder per Geländerad (Verleih); Restaurant, Café, Boutique (Tel. 04 42 66 84 40, Mo–Fr 10–18, Sa/So bis 19 Uhr).

Thermes Sextius: 55 cours Sextius, Tel. 0800/ 63 96 99, www.thermes-sextius.com. Dieser Tempel der Wellness verbindet architektonisch ein Palais des 18. Jh. mit futuristischen Linien – Schwimmbäder, Whirlpools, Jetstrahler, Wassergymnastik, Zen-Massage, Hydrotherapie u.v.m.

Flughafen: Marseille-Provence 25 km (s. S. 157).
Zug: Gare SNCF, av. Victor Hugo.
TGV-Bahnhof, Technopole de l'Arbois, südlich an der D 9 Richtung Marignane, Tel. 08 36 35 35 35. Pendelbus in die Innenstadt und zum Flughafen, alle Autovermieter vorhanden.
Busbahnhof: av. de l'Europe/rue Lapierre, Tel. 04 42 91 26 80. Züge und Busse in alle Richtungen.
Mietwagen: Ada Location, 1 av. Henri-Mouret, Tel. 04 42 52 36 36.
Fahrradvermietung: Cycles Zammit, 27 rue Mignet, Tel. 04 42 23 19 53.

Montagne Ste-Victoire

Provence-Atlas S. 239, E 1
Der Tagesausflug einer ›Umrundung‹ der Montage Ste-Victoire führt immer wieder zu Cézanne. Über fünfzigmal hat der Vater der modernen Malerei seine Malweise am Motiv dieses Massivs zur Perfektion geschliffen, ist Schritt für Schritt seinem selbst gesteckten Ziel näher gekommen, die Tiefendimension ausschließlich mit dem Mittel der Farbe darzustellen. Vom Boulevardring führen fünf vom Office de Tourisme gekennzeichnete Wege – Wegweisersäulen mit Cézannes Selbstbildnis mit Melone – zu wichtigen Malstationen um Aix, z.B. zum Bibémus-Steinbruch und nach Le Tholonet.

Inmitten eines Parks in **Le Tholonet** steht eine der für das Pays d'Aix so typischen *bastides*, ehemalige Landsitze des Adels aus dem 17./18. Jh. Das verschwenderisch mit Wasser gefüllte Becken vor dem Schloss weist schon darauf hin, dass hier die größte Bewässerungsgesellschaft des Landes ihren Sitz hat. Von hier führt, geht man einige Meter auf der Straße bis zu dem rechts hochführenden Chemin de la Paroisse zurück in Richtung Aix, ein fast durchgängig betonierter Weg zum romantisch gelegenen kleinen Stausee **Barrage Zola**. Er besaß als einer der ersten seiner Art eine konkav gebogene Staumauer, die der Vater des berühmten Schriftstellers Emile Zola 1843 bis 1854 errichtete. Cézanne und Zola waren Schulfreunde, zerstritten sich jedoch später über ihre entgegengesetzten Kunstauffassungen – Cézanne auf dem Weg zur Abstraktion durch Farbe, Zola ein sozial engagierter Verfechter des kritischen Realismus.

Vom **Parc de la Roque-Haute**, einem ausgeschilderten, von zahlreichen Aixer Familien frequentierten Picknickareal, führen wie von vielen Parkplätzen rund um die Ste-Victoire Wege auf den Gipfel. Die Schäden des verheerenden Waldbrandes von 1989 sind hier auf der Südflanke noch unübersehbar. Von der Straße, Route Cézanne genannt, sieht man das Croix de Provence, ein im 19. Jh. errichtetes Gipfelkreuz. Die höchste Erhebung der Ste-Victoire ist der weiter östlich gelegene, 1011 m hohe Pic des Mouches. Das ganze Kalksteinmassiv, wie alle provenzalischen Gebirge in west-östlicher Richtung aufgefaltet, erstreckt sich über 12 km und zeigt hier im Süden wesentlich schroffere Felsabfälle als im bewaldeten und sanfter ansteigenden Norden.

Bei der Umrundung des Massiv kommt man zunächst über die einsamsteinigen, mit dünner Garrigue bewachsenen Bergfüße, dann durch Weinberge um **Puyloubier** und **Pourrières** und schließlich auf der Nordseite durch niedrige Eichenwäldchen, die hier und da den Blick auf Weiden, kleine Gehöfte und Schafherden freigeben.

Im Garten seines Renaissanceschlosses ruht in **Vauvenargues** ein weiterer Großer der modernen Malerei: Pablo Picasso. Er möchte hierbei so wenig gestört werden wie weiland Cézanne bei seiner Malerei – Schloss und Garten sind nur von außen zu besichtigen.

Relativ bequem lässt sich die Montagne Ste-Victoire von Norden über den alten Pilgerweg ersteigen: Vom Gehöft Les Cabassols, 1 km westlich von Vauvenargues an der D 10 gelegen, führt der Wanderweg GR 9 in etwa vier Stunden durch die bewaldeten Massivfüße 500 Steigungsmeter hoch zum **Croix de Provence** und von dort auf dem Gipfelkamm entlang in Richtung Osten, über den Pic des Mouches herunter nach Puyloubier.

Andrea McGarvie-Munn: route de Rians, Pourrières, Tel. 04 94 78 40 38, Fax 04 94 78 44 88, www.sword-point. com/andrea. Provenzalisch-modern eingerichtete Zimmer in Mas aus dem 18. Jh., Pool, Tennisplatz, Klavier; Küche für Selbstkocher oder Abendtafel, für Gruppen und Einzelreisende, Trüffelsuche, Ausritte u. v. m., DZ 92 €

Relais Ste-Victoire: Beaurecueil (S. 239, D 1), Tel. 04 42 66 94 98, Fax 04 42 66 85 96, relais-ste-victoire@wanadoo.fr. Sterngekrönte, innovative provenzalische Gourmetküche in altem Mas mit Terrasse (DZ 77–92 €), Menüs 50, 80 €.

Domaine Richeaume: Puyloubier. Der deutsche Musiker und Naturschützer Henning Hoesch verkauft hier seinen renommierten biologisch angebauten Wein.

Wallfahrt im April zur alten Ermitage St-Ser auf dem Gipfelkamm mit Folkloregruppen.

Baden im Stausee Lac de Bimont.

GORDES, PAYS DE ROUSSILLON UND LUBERON

Zwei der schönsten provenzalischen Felsnester sind das graue Gordes und das Ockerdorf Roussillon. Die unberührte Natur des Regionalparks Luberon lädt zum Wandern, Radfahren, Klettern oder Reiten ein. Zwei Rundtouren führen zu trutzigen, halb verlassenen Dörfern, den *villages perchés*, Ockersteinbrüchen, Renaissanceschlössern und Ölmühlen. In Mas im Landhausstil lässt man sich mit ausgesuchter Regionalküche verwöhnen.

Abbaye de Sénanque

Provence-Atlas S. 232, B 2
Bereits im Jahre 1148 hatten sich im Tal der Sénancole Zisterziensermönche niedergelassen, das Land gerodet und bestellt. Die Zisterzienser waren für ihre Leistungen in der Bodenkultivierung berühmt. Sie suchten Erleuchtung in der Einsamkeit, folgten den reformatorischen Regeln Bernhards von Clairvaux, der in Abgrenzung von dem prunkvollen, ›verweltlichten‹ Lebensstil der Cluniazenser seinen Mönchen Arbeit, Armut, Demut und Askese vorschrieb. Die Abteigebäude stammen größtenteils aus der 2. Hälfte des 12. Jh., wurden jedoch teilweise im 16. Jh. von den Waldensern zerstört und im 17. Jh. sowie 1854 wiederhergestellt. Seit 1988 leben hier wieder zisterziensische Mönche.

Kirche und Klostergebäude spiegeln die ganz auf die innere Gottesschau gewandte, allem schmückenden Beiwerk abholde Gesinnung des hl. Bernhard und folgen einem europaweit einheitlichen und streng funktional auf das Ordensleben der Mönchsgemeinschaft zugeschnittenen Bauplan. So gelangten die Brüder zu den allnächtlich vorgeschriebenen Gebeten vom Dormitorium (Schlafsaal) über eine Treppe in die Kirche, eine dreischiffige Basilika mit achteckiger Vierungskuppel, eingewölbt mit Spitztonnen. Die Besichtigung führt in den der Meditation dienenden Kreuzgang, das Refektorium (Speisesaal), den Kapitelsaal, in dem sich die Mönche täglich trafen, um ein Kapitel der Ordensregel zu diskutieren und vom Abt ihre jeweiligen Aufgaben zugeteilt zu bekommen, und das Calefactorium (Heizraum), den einzigen beheizten Raum des ganzen Klosters – außer der Küche (März–Okt. Mo–Sa 10–12, 14–18, So 14–18, Nov.–Febr. Mo–Fr 14–17, Sa/So 14–18 Uhr; Messe werktags 12, So 9 Uhr).

Gordes

Provence-Atlas S. 232, B 2
In konzentrischen Häuserringen scheint sich das graue Gordes (2100 Einwohner) an den Fels zu klammern, der das Tal der Coulon beherrscht. Das Renaissanceschloss mit seinen drei wohlgerundeten Halbtürmen auf dem Gipfel ließ Bertrand de Simiane 1525 unter Einbeziehung einer mittelalterlichen Burg der Herren von Agoult bauen. Mittlerweile beherbergt es Werke des zeitgenössischen flämischen Künstlers Pol Mara (Mi–Mo 10–12, 14–18 Uhr, Juli/Aug. auch Di). Nachdem der französische Maler und Kunstpädagoge André Lhote das weitgehend von der Landflucht entvölkerte Gordes 1938 ›entdeckte‹, hauchten großstadtmüde Künstler, Literaten und Kunsthandwerker dem pittoresken Felsnest – wie Roussillon und zahlreichen anderen Orten des Luberon – ein neues, mittlerweile ziemlich kostspieliges Leben ein. Auf der Place du Châeau, mit Terrassencafés und Brunnen unter Schatten spendenden Bäumen, findet dienstags vormittags ein Markt statt.

5 km südlich zeigt man im **Moulin des Bouillons**, einer Ölmühle aus dem 16. Jh., eine informative Ausstellung zu Ölbaum und Olivenöl (Mi–Mo 10–12, 14–18, im Winter bis 17 Uhr). Kurz dahinter erhebt sich ein Juwel der Romanik inmitten eines mit Gräbern gespickten Felsens: die Kapelle **St-Pantaléon** (Schlüssel gegenüber in der schlichten, preiswerten *auberge* des winzigen Weilers, Tel. 04 90 72 23 15).

Die Attraktion in der unmittelbaren Umgebung von Gordes ist das **Village des Bories,** ein Museumsdorf aus zahlreichen dieser für die Region so ty-

Lavendelumschlossen: die Zisterzienserabtei von Sénanque

DER PARC RÉGIONAL DU LUBERON: SANFTER TOURISMUS

Über eine Länge von 65 km erstreckt sich der von der UNESCO zum Biosphärenreservat erklärte Gebirgszug des Luberon zwischen Cavaillon und Manosque, begrenzt von den Flusstälern der Coulon/Calavon im Norden und der Durance im Süden. In der noch sehr ursprünglichen Landschaft mit Eichen-, Kiefern- und Atlaszedernwäldern haben Nattern, Eidechsen, Wildschweine, Biber und seltene Raubvögel wie der Bonelli-Adler, der weiße ägyptische Geier mit seiner lustigen Federhaube oder der Schlangenadler ein Refugium gefunden.

Der höchste Berg des Luberon, der Mourre Nègre (1125 m), lässt sich vom Weiler Auribeau aus in hin und zurück etwa drei Stunden ersteigen: Der mit blauen Pfeilen markierte Weg beginnt hinter dem Friedhof südlich des Ortes und trifft nach etwa 2 km auf den GR 92, der auf den Gipfel führt.

Den heute geschützten Tierarten erging es besser als den ketzerischen Waldensern im 16. Jh., denen die Amtskirche nicht verzeihen konnte, dass sie von ihnen an die ursprünglichen christlichen Ideale Armut, Demut und evangelisches Leben gemahnt wurde: Dem groß angelegten Massaker im April 1545 fielen an die 3000 Menschen zum Opfer, zahlreiche Dörfer wie Lacoste, Lourmarin oder Mérindol wurden zerstört. Eine Themenstraße, La Route des Vaudois en Luberon, führt auf ihren Spuren durchs Land.

Die wirtschaftliche Förderung der durch anhaltende Landflucht betroffenen Region und die Verbesserung der Lebensqualität sind neben dem Naturschutz erklärte Ziele des 1977 geschaffenen Regionalparks; er umfasst 165 000 ha, an die 155 000 Bewohner und 68 Gemeinden (www.parc-du-luberon.org). Bei dieser doppelten Zielfunktion sind Interessenkonflikte geradezu vorprogrammiert: So dienen weder die Industrieansiedlungen um Apt noch die Steinbrüche des begehrten Luberon-Kalksteins dem Landschaftsschutz – sie schaffen jedoch dringend benötigte Arbeitsplätze. Neben der Landwirtschaft – Getreide-, Obst- und Weinanbau, Schafzucht und nicht zuletzt der Trüffelsuche – verspricht vor allem der ›sanfte‹, die Natur respektierende und ins Ferienkonzept miteinbeziehende Tourismus, beiden Seiten gerecht zu werden. Jedes Office de Tourisme im Luberon hält vielfältige Vorschläge für markierte Wanderwege, Radtouren auf über 100 km ausgeschilderter, verkehrsarmer Sträßchen und weitere Sportmöglichkeiten wie Reiten, Klettern oder Ballonfahren bereit.

Darüber hinaus hat die Regionalparkverwaltung vier ausgeschilderte und mit erklärenden Tafeln bestückte Wanderwege angelegt, die das Naturerlebnis mit dem Kennenlernen Luberon-typischer Wirtschafts-, Pflanzen- und Lebensformen verbindet. Ein ca. zwei Stunden dauernder Lehrpfad führt durch die Forêt des Cèdres mit weiten Ausblicken auf den Luberon, ausgehend vom Parkplatz des ›Zedernwaldes‹; ausgeschildert ist er am östlichen Ortsausgang von Bonnieux. Die für motorisierte Fahrzeuge gesperrte Forststraße über den Kamm des Luberon eignet sich zum Radfahren und Wandern.

Am höchsten Punkt des reizenden kleinen Goult mit seiner romanischen Kirche beginnt an der frisch renovierten Windmühle der einstündige Spaziergang der Terrasses de Culture; er gibt Einblick in die im 19. Jh. weit verbreiteten, nun dem Untergang geweihten Terrassenkulturen, die hier wie in einem Amphitheater das Tal füllen; man lernt zahlreiche für die Gegend typische Bories kennen. (Zu den Wegen Nr. 3 und 4 s. Roussillon S. 185 und Cavaillon S. 185f.). Auch schön: die beiden markierten, je eineinhalbstündigen Wege zu den Bories des Adlernestes Viens.

Landschaftstypische Architektur im Luberon: Bories aus Trockensteinmauerwerk

Das aparte Felsennest Gordes wurde von Kunsthandwerkern wiederentdeckt

pischen Steinbauten. Die bienenkorb- und bootsrumpfförmigen *bories* bestehen aus Trockenmauerwerk (ohne Mörtel), das im Dachbereich in Form eines sog. falschen Gewölbes Stein für Stein ein Stückchen weiter vorkragt, bis die ›Kuppel‹ geschlossen ist – eine an den nördlichen Gestaden des Mittelmeeres verbreitete Bauform. Obwohl die Bauweise auf neolithische Vorläufer zurückgehen mag, datieren die ca. 3000 Bories, die man überall in dieser Region bis zum Lure-Gebirge im Osten und zum Mont Ventoux im Norden findet, doch ›nur‹ aus dem 16. bis 19. Jh. (9 Uhr bis Sonnenuntergang).

Office de Tourisme: pl. du Château, Tel. 04 90 72 02 75, www.gordes@ wanadoo.fr

Les Bories: route de Sénanque, Tel. 04 90 72 00 51, Fax 04 90 72 01 22, www.lesbories@wanadoo.fr. Luxushotel mit Außen- und Innenpool, Schönheitsfarm, Zimmer mit riesigen weißen Marmorbädern, 1-Sterne-Restaurant in Bories-Architektur, DZ 146–286 €, Menü 30–80 €

Ferme de la Huppe: Les Pourquiers, Tel. 04 90 72 12 25, Fax 04 90 72 01 83, gerald.konings@wanadoo.fr. 2-Sterne-Hotel in einem Mas des 18. Jh., ausgesucht rustikale Deko, DZ 61–114 €, Menü 28–45 €

Camping Les Sources: Fontanille, Route de Murs, Tel. 04 90 72 12 48, Fax 04 90 72 09 43. 2-Sterne-Platz mit Pool, Terrassen am Hang.

Roussillon und Colorado provençal

Provence-Atlas S. 232, C 2
In allen Schattierungen des Ocker leuchten die Häuschen des malerischen **Roussillon** (1200 Einwohner). Der bis 1975 in den Ockerbrüchen der Umgegend gewonnene Farbstoff diente nicht nur unseren prähistorischen Vorfahren zum Kolorieren ihrer Höhlen, sondern auch den Bewohnern der hiesigen Felsnester zum Streichen ihrer Hausfassaden. Vom Friedhof Roussillons führt ein gut ausgeschilderter, viel begangener ›Ockerspaziergang‹, der *Sentier des Ocres,* zu den Bastionen und Schlünden der aufgelassenen, einst im Tagebau betriebenen Ockerbrüche – Farbenrausch zwischen ›Klippen aus Blut und Gold‹ (Juli/Aug. tgl. 9–19.30, Sept.–Mitte Nov., März–Juni 10–17.30, sonst Di–So 9–12, 13–17 Uhr, bei Regen geschl.). In der ehemaligen Ockerfabrik Mathieu außerhalb des Ortes erklärt das **Conservatoire des Ocres** Abbau- und Verarbeitungsprozesse (Führungen Juli–Sept. tgl. und Okt. Sa/So 11, 14, 15, 16, 17 Uhr).

Nach einem Abendspaziergang, unter dem Glockenturm entlang zum höchsten Punkt des Ortes, speist man gut und einfach in den vielen Restaurants im Freien, die angestrahlten, warm rot und gelb leuchtenden alten Häuser über sich, während einem bettelnde Katzen um die Beine streichen.

Noch mehr Ocker gibt es südlich von **Rustrel,** das man über das hübsch-verträumte Agrarstädtchen **St-Saturnin-lès-Apt** erreicht. Seine mittelalterlichen Burgruinen ziehen sich auf ein lang gestrecktes Felsplateau hinauf. Zwischen Rustrel und Gignac liegen die berühmtesten und ausgedehntesten Ockerbrüche, der **Colorado provençal.** Zahlreiche Wege führen vom Weiler Bouvène durch die immer ein wenig drückend-feuchte Waldlandschaft, in der kalkbeige und rostigbraune Bäche fließen, tiefrote Sandhügel zu erklimmen sind und in phantastischen Formen erodierte Ockerbastionen in allen Schattierungen leuchten.

Office de Tourisme: pl. de la Poste, Roussillon, Tel. 04 90 05 60 25.

La Forge: Notre-Dame-des-Anges, Rustrel, Tel. 04 90 04 92 22, Fax 04 90 04 95 22, www.laforge.com.fr. Chambres d'Hôtes in ehemaliger Eisenfabrik von 1840 mitten im Wald, Zimmer in Ockertönen, mit Schmiedeeisen und Kunst, DZ inkl. Frühstück 86–94 €.

Cavaillon

Provence-Atlas S. 232, A 3
Inmitten einer fruchtbaren Gartenlandschaft am Rande des Luberon liegt die nicht umwerfend attraktive ›Welthauptstadt der Melone‹ (25 000 Einwohner), der zweitwichtigste Exportgroßmarkt Frankreichs. Wie andere Städte des Comtat Venaissin gehörte Cavaillon von 1274 bis 1791 zum Heiligen Stuhl.

Die Römer hinterließen mit dem **Arc romain** zwei elegant verzierte Bogen, die Reste des ehemaligen Stadttores aus Augusteischer Zeit. Von dort führt, zunächst über Treppen, später an Olivenhainen vorbei und über felsige Garrigue, ein etwa 20-minütiger ausgeschilderter Fußweg zur romanischen **Chapelle St-Jacques** hoch. Von dem 190 m hohen Kalksteinhügel hat man einen phantastischen Blick.

Im Zentrum der Altstadt steht die spätromanische **Cathédrale St-Véran** mit Kreuzgang und einer schönen Sonnenuhr über dem Eingang (April–Okt. tgl. 10–12, 15–18, Nov.–März 14–16 Uhr). Das ehemalige jüdische Ghetto weist viele enge und verschachtelte Gässchen sowie eine **Synagoge** auf, 1724–1774 im reinsten Rokokostil mit Dekorationen von filigraner, pastellfarbener Leichtigkeit errichtet (April–Sept. Mi–Mo 10–12.30, 14.30–18.30, Okt.–März Mi–Fr, Mo bis 16 Uhr). In solchen *carrières* genannten Ghettos lebten unter teuer bezahltem päpstlichem Schutz jüdische Gemeinden, neben Carpentras und Cavaillon auch in Avignon und Isle-sur-la-Sorgue.

Office de Tourisme: 79 pl. F. Tourel, Tel. 04 90 71 32 01, www.cavaillon.com. Führung ›Circuit des melons‹.

Parc: 183 pl. F. Tourel, Tel. 04 90 71 57 78, Fax 04 90 76 10 35, hotelduparc.cavaillon@wanadoo.fr: Klassisches französisches 2-Sterne-Hotel, DZ 35–51 €.
Camping de la Durance: Digue des Grands Jardins, Tel. 04 90 71 11 78, Fax 04 90 71 98 77, www.guideweb.com. Halbschattiger 3-Sterne-Platz am Durance-Ufer, auch Ponyclub.

Prévôt: 353 av. de Verdun, Tel. 04 90 71 32 43, So abends und Mo geschl. Mediterrane Bio-Feinschmeckerküche, in der Melonenzeit von Mitte Mai bis Sept. kocht Ms. Prévôt ein Menü, bei dem alle Gänge aus Melone bestehen, Menü mittags 25, abends 40 €

Wochenmarkt: Mo morgens pl. F. Tourel.
Pâtisserie Jarry: 84 cours Sadi Carnot. Melonenmarmelade, -tartes, -aperitif.

Bahnhof: av. Pierre Sémard, Tel. 08 36 35 35 35.
Busbahnhof: davor, Tel. 04 90 78 32 39, u.a. nach Avignon, Apt.

Apt

Provence-Atlas S. 232, C 3
Das umtriebige Apt (11 000 Einwohner) ist das Zentrum des Luberon und der Herstellung der schon von den Avignoner Päpsten geschnuckerten kandierten Früchte. In der kleinen, von einem Boulevardring umschlossenen Altstadt kommt typisch provenzalisches Flair auf, besonders, wenn am Samstagvormittag ein bunter Markt rund um die zentrale, von Platanen beschattete Place de la Bouquerie stattfindet. Viele Kunsthandwerker verkaufen Getöpfertes, Gesponnenes, Gemaltes.

Im **Musée Archéologique** kann man neben prähistorischen und gallorömischen Funden alte Meisterwerke der hiesigen Fayenceschule sehen (Mi–Mo 10–12, 14–17 Uhr). Unter dem Chor der ursprünglich romanischen, in den folgenden Epochen jedoch vielfach umgestalteten ehemaligen **Cathédrale Ste-Anne** befindet sich eine Krypta des 12. Jh. und unter dieser

Wandern in in den Ockerbastionen des Colorado provençal

wiederum eine aus vermutlich merowingischer Zeit, eine winzige archaische Höhle unter einem Rundbogen. Natur und Kultur des Regionalparks erklären Ausstellungen in der **Maison du Parc**, die auch Informationen für Besucher, insbesondere für Wanderer und Radfahrer, bereithält. Das paläontologische Museum hier zeigt Prachtexemplare aus der fossilienreichen Umgebung, in einer Boutique bekommt man landestypische Produkte (Mo–Sa 9–12, 13.30–18 Uhr, im Sommer bis 19 Uhr).

Office de Tourisme: 2 av. Philippe de Girard, Tel. 04 90 74 03 18; **www.luberon-news.fr:** Veranstaltungshinweise, Wetterbericht und alle möglichen touristisch relevanten Infos.

Auberge du Luberon: 8 pl. du Faubourg du Ballet, Tel. 04 90 74 12 50, Fax 04 90 04 79 49, www.auberge-luberon-peuzin.com. 3-Sterne-Hotel mit klassisch und provenzalisch eingerichteten Zimmern, DZ 52–84 €, im Restaurant Feinschmeckermenüs u.a. mit fruits confits oder Trüffeln 26–77 €.

Relais de Roquefure: 6 km westlich an RN 100, Tel. 04 90 04 88 88, Fax 04 90 74 14 86. 2-Sterne-Hotelzimmer und Wandererschlafsaal in provenzalischem Mas inmitten eines Zedernwaldes, Reiterhof, Fahrradverleih, Essen für Gäste, DZ 35–53 €.

Camping Le Luberon: route de Saignon, Tel. 04 90 04 85 40, Fax 04 90 74 12 19, www.camping-le-luberon.com. 3-Sterne-Platz mit Luberonblick auf bewaldetem Terrain, Pool.

Bauernmärkte

Auf den morgendlichen *marchés paysans* von Apt (Di), Cadenet (Sa), Coustellet (So, Juli/Aug. auch Mi abends), St-Martin-de-la-Brasque (So), Pertuis (Mi, Sa) und La Tour d'Aigues (Do) verkaufen in der Saison Bauern ihre selbst erzeugten Waren wie Honig, Käse, Obst, Gemüse und Geflügel – ideal für Gourmet-Shopping. Auch Kunsthandwerkliches wird feil geboten.

Confiserie Marcel Richaud: 112 quai de la Liberté. Traditioneller Familienbetrieb für *fruits confits*.
Maison de la Céramique: Les Beaumettes, tgl. 10–18 Uhr. Verkaufsausstellung vieler Luberon-Töpfer, Galerie.
Château d'Isolette: route de Bonnieux. Prämierte, voluminöse Rotweine, Rosés, Weiße mit breiter Aromenpalette.

Radwandernetz: ›Le Luberon à Vélo. Cavaillon–Apt–Forcalquier‹, ausgeschilderte Route. Heft mit Radvermietern, Reparaturwerkstätten und Infos bei der Maison du Parc.
Fahrradverleih: Activ'Bike, 753 RN 100, Tel. 04 90 74 16 43.

Busse z.B. nach Avignon, Cavaillon, Carpentras, Lourmarin, Busbahnhof av. de la Libération, Tel. 04 90 74 20 21.

Petit Luberon

Das Erosionstal der Combe de Lourmarin, durch das die D 943 von Apt nach Cadenet führt, trennt den westlichen, bis zu 700 m hohen und stärker zerklüfteten Petit Luberon von dem östlichen, bis zu 1000 m hohen Grand Luberon; er zeichnet sich durch abgerundete, üppiger bewaldete Bergkuppen aus. Im Tal fließt die Aigebrun, der einzige ganzjährig Wasser führende Fluss der Region, ein einzigartiges Biotop.

Bonnieux und Lacoste

Provence-Atlas S. 232, C 3
Über den dreibogigen **Pont Julien,** gegen Ende des 1. Jh. v. Chr. als Brücke der Via Domitia über den Calavon errichtet, führt noch heute die Autostraße. **Bonnieux** (1500 Einwohner) ist eins der größeren *villages perchés,* der pittoresken Felsnester des Luberon mit ihren alten, teils noch aus der Renaissance stammenden Stadthäusern. Vom Plateau auf dem höchsten Punkt des Ortes, neben einer alten Wehrkirche und hohen Zedern, schweift der Blick über das gelb-rote Ziegeldachmeer auf die bewaldeten Hänge des Luberon.

Von hier sieht man bereits **Lacoste** am Hang kleben, das noch das Bild eines Luberon-Dorfes vor der touristischen ›Instandsetzung‹ vermittelt: holperig gepflasterte Gassen, malerisches altes Gemäuer und nicht minder malerische Gärtchen. Lacostes mittelalterliche Burg, wo der Marquis de Sade (1740–1814) wohnte und sich, wie man vermuten könnte, sadistisch vergnügte, bietet ein recht deprimierendes Flickwerks aus ungesicherten Ruinen, soll aber nun restauriert werden. Die für Sexualpathologen wie für Literaturwissenschaftler gleichermaßen interessanten Romane des ›göttlichen Marquis‹ stellen in ihrer Apotheose des Bösen und der ungezügelten Triebhaftigkeit die philanthropisch-aufklärerischen Dogmen des 18. Jh. auf den Kopf.

Les Trois Sources: St-Victor, Bonnieux, Tel. 04 90 75 95 58, Fax 04 90 75 89 95, www.luberon-news.com/les-trois-sources.html. Großzügige Chambres d'hôtes mit Kachelböden, rustikal und geschmackvoll, in einem befestigten Bauernhof des 18. Jh., Pool, DZ inkl. deftigem Frühstück 60–130 €.

La Chevauchée: Bahnhof von Bonnieux, Tel. 04 90 75 93 59. Ausritte, Reitkurse.
Fahrradverleih: Mountain Bike Luberon, rue Marceau, Tel. 04 90 75 89 96.

Ménerbes

Provence-Atlas S. 232, B 3
Hoch oben auf einem steil abfallenden Felsen thronend, leistete **Ménerbes** (1000 Einwohner) während der Religionskriege des 16. Jh. den katholischen Truppen fünf Jahre lang erbitterten, aber erfolglosen Widerstand. Nichts half auch gegen die touristischen Invasoren, die die von Peter Mayle berühmt geschriebenen Gassen, Brunnen, alten Steinhäuser, Befestigungsreste, Türmchen mit *barbarottes* – den typisch provenzalischen schmiedeeisernen Glockenkäfigen – und die Aussicht bewundern und sich in den Terrassenrestaurants am Fuße der Altstadt laben. Ein amüsantes Kuriosum: das Musée du Tire-Bouchon mit an die 1000 Korkenziehern (tgl. 10-12, 14-19, im Winter Sa/So geschl.).

Mas du Magnolia: Tel./Fax 04 90 72 48 00, www.avignon-et- provence.com/bb/mas-du-magnolia. Großes Mas mit einem Swimming Pool mitten im Grünen, ansprechende Designzimmer (der Raum ›Picholine‹ allerdings weniger), das DZ mit Frühstück kostet 85–145 €.

Le Galoubet: 104 av. Marcellin-Poncet, Tel. 04 90 72 36 08. Restaurant in einem Gewölbe aus dem 16. Jh., Menü 22 €.

Oppède-le-Vieux

Provence-Atlas S. 232, B 3
Bei Ménerbes beginnt bereits die fruchtbare, hier vorwiegend mit Weinfeldern bedeckte Ebene von Cavaillon, aus der sich einzelne Felskegel wie der von **Oppède-le-Vieux** erheben. Die in den 1950er Jahren von Künstlern wieder besiedelten und restaurierten Häuser, meist aus Mittelalter und Renaissance, drängen sich zu Füßen der Kirche und der heute ruinösen, von Raymond VI. von Toulouse 1209 errichteten Burg. Von hier blickt man in die nahe Macchiawildnis im Rücken des Berghangs, talwärts auf die malerischen Hausetagen und Baukränchen im Hintergarten, wo ein neues Wohnhaus aus Steintrümmern entsteht. Zu Füßen des Luberon-Städtchens arbeitet seit Generationen die Ölmühle der Familie Mathieu, wo man – außer sonntags – ›jungfräuliches Öl‹ aus der *première pression* kaufen und vom 15.November bis Weihnachten bei der Ölpressung zusehen kann (Route du Four Neuf, Tel. 04 90 76 90 66, Boutique).

Bonnieux ist eins der charmantesten Felsennester des Luberon

Mas Guillaumet: Oppède, Tel. 04 90 76 82 47. Authentisch-schlichtes provenzalisches Haus, wo einst Seidenraupenzucht betrieben wurde, Zimmer in Blau-Weiß-Tönen, bewohnt von der ›echten‹ Provenzalin Maryse Fournier, DZ 53 € Frühstück inkl.

Mérindol und Gorges du Régalon

Provence-Atlas S. 232, B 4

Mérindol, das sich einmal mehr jener Luberon-typischen, pittoresken Lage auf einer Felskuppe erfreut, gehört zu den Waldenser-Orten, die Baron Maynier d'Oppède 1545 in Schutt und Asche legte. Im ›Beschluss von Mérindol‹ hatte das provenzalische Parlament in Aix fünf Jahre zuvor beschlossen, die waldensische Ketzerei mit Feuer und Schwert auszurotten.

Von der D 973 hinter Logis Neuf erreicht man mit dem gebührenpflichtigen Parkplatz und Picknickareal den Ausgangspunkt für Wanderungen in die **Gorges du Régalon**. Auf dem Weg führen Hinweise zur Ferme de Mayorques, wo es Auskünfte zum Regionalpark gibt und ein Schäfer mit seiner Herde lebt. Nach zehn Minuten durch Garrigue und halb verwilderte Ölbaumplantagen schließen sich die Schluchtwände zusammen, nach weiteren zehn Minuten so eng, dass nur noch ein Fußgänger durchpasst, während sich über den Köpfen tonnenschwere Steinbrocken berühren. Die überall zu sehenden Höhlen, von der Wucht der durch die Felsen schießenden Frühjahrswasser ausgewaschen, boten schon vor ca. 12 000 Jahren steinzeitlichen Jägern Unterschlupf.

Abbaye de Silvacane

Provence-Atlas S. 232, C 4
Ein Abstecher führt in das flache, fruchtbare Durance-Tal, dessen ausgedehntes Bewässerungssystem mit betonierten Kanälen, Pumpstationen und Wasserkraftwerken einen hautnahen Einblick in die provenzalische Agrarindustrie gewährt. Im 12. Jh. war dies alles noch Sumpf, und im hiesigen Wald (lat. *silva*) und Schilfrohr (lat. *canna*) verbargen sich die Zisterzienser-Mönche der Abtei Silvacane vor den Anfechtungen der Welt. Man besichtigt die 1175–1230 im strengen, auf jeden Bauschmuck verzichtenden Zisterzienser-Stil errichtete Kirche mit der rechteckigen Apsis, den Kreuzgang vom Beginn des 13. Jh., Calefactorium sowie Kapitelsaal (Okt.–März Mi–Mo 9–12, 14–17, April–Sept. tgl. 9–19 Uhr)

Grand Luberon

Fort de Buoux

Provence-Atlas S. 232, C 3
Hinter dem Weiler Buoux führen ein nach links abzweigendes Stichsträßchen und dann ein ausgeschildeter Pfad in ca. 20 Minuten zum Fort de Buoux. Das Felsplateau hoch über dem Tal der Aiguebrun, der strategisch wichtigen, da einzigen Nord-Süd-Verbindung durch den Luberon, hatte schon keltoligurische Siedler angezogen, bevor die Menschen im Mittelalter ein ausgeklügeltes Graben- und Mauersystem aus dem Fels schlugen. König Ludwig XIV. ließ im 17. Jh. diese Hoch-Burg‹, in der Protestanten ihre Zuflucht gefunden hatten, schleifen. Vorratssilos, Dorfruinen, verloren ins Tal blickende Torbogen und am höchsten Punkt des leicht ansteigenden Plateaus die Mauern der Burg lassen sich entdecken – Vorsicht bei den vielen Gruben auf dem Plateau und an den ungesicherten, steil abfallenden Rändern!

Wein aus Grambois

Im mauerbewehrten Dorf Grambois drehte Yves Robert, weil hier die Zeit zu Beginn des 20. Jh. stehen geblieben zu sein scheint, seine Verfilmungen von Marcel Pagnols Kindheitserinnerungen. Die Kooperative am Fuße des Felskegels verkauft einen gut trinkbaren A.O.C.-Wein – ganz modern mit Schlauchabfüllanlage, an der man sich seinen Roten *en vrac*, im Plastikkanister, abholen kommt.

Klettern: Das Tal der Aiguebrun, insbesondere um das Fort de Buoux, ist ein beliebtes Gebiet für Steilwandkletterer. Kurse bietet Améthyste, Les Seguins, Tel. 04 90 04 80 55.

Lourmarin

Provence-Atlas S. 232, C 3
Das zweite touristische Zentrum der Region (1200 Einwohner) sticht Apt in Punkto kulinarischer Genüsse klar aus. Das elegante Renaissanceschloss, nach der Zerstörung während der Französischen Revolution von einem Indus-

triellen annähernd stilecht wieder aufgebaut und möbliert, bietet heute Stipendiaten der Aixer Akademie der Künste und Wissenschaften Unterkunft. Auf einem geführten Rundgang besichtigt man u. a. die Renaissancekamine, das Archiv mit wertvollen Urkunden und eine anthropomorphe jungsteinzeitliche Stele (Führungen tgl. Mai–Sept. 10, 11, 14.30, 15.30, 16.30, 17.30, Okt.–April 11, 14.30, 16 Uhr). Auf dem Friedhof liegen der Literaturnobelpreisträger Albert Camus (1913–1960) und der provenzalische Autor Henri Bosco begraben, lange Zeit Konservator des Schlosses.

Office de Tourisme: 9 av. Philippe-de-Girard, Tel. 04 90 68 10 77.

Le Moulin de Lourmarin: rue du Temple, Tel. 04 90 68 06 69, Fax 04 90 68 31 76, www.moulindelourmarin.com, Restaurant Di, Mi mittags geschl. Luxushotel unter Einbeziehung einer renovierten alten Ölmühle; mit zwei Sternen prämiert die aromen- und einfallsreiche Luberon-Küche des jungen Edouard Loubet, großzügig-rustikales Ambiente, DZ 280–380, Menüs 95, 139 €.
Auberge La Fenière: route de Cadenet, Tel. 04 90 68 11 79, Fax 04 90 68 18 60, Reine@wanadoo.fr, Di mittags, Mo geschl. Sternengekörnte Regionalküche mit fremdländischen Zitaten von Reine Sammut, eine Institution, Menüs 43, 100 €, DZ 125–178 €.
La Cordière: rue Albert Camus, Tel./Fax 04 90 68 03 32, www.lourmarin.com. Chambres d'hôtes: große, schlicht-geschmackvolle Gästezimmer in Stadthaus um einen blumengeschmückten Innenhof, teils mit Kochecke, alte Türen, weiße Wände und Terrakottafliesen, DZ 48–61 €.
Camping Les Hautes Prairies: route de Vauguines, Tel. 04 90 68 02 89, Fax 04 90 68 23 83. 3-Sterne-Platz mit Pool, ländliche Stille am Ortsrand.

Ausritte organisiert das Mas Récaute in Lauris, Tel. 04 90 08 29 58, auch Ferienwohnungen und Chambres d'hôtes.

Cucuron

Provence-Atlas S. 233, D 3
Ein Luberon-Dorf (1800 Einwohner), wie es im Buche steht, z. B. bei Daudet, der aus Cucuron das fiktive Cucugnan seiner »Briefe« machte. Spazieren Sie zum mittelalterlichen Donjon und überblicken das mattrote Dachziegelmeer, dann wieder zurück durch das Stadttor, am Brunnen vorbei, an dem die Frauen noch heute Wasser holen, das enge Sträßchen zur Kirche hinauf. Die beherbergt in ihrem Inneren den üblichen barocken und neogotischen frommen Kitsch – eine schlichte romanische Dorfkirche, wie man sie überall in der Provence antrifft. Frankreich ist hier noch so beschaulich dörflich, dass Teile der Giono-Verfilmung »Der Husar auf dem Dach« ohne große Umbauten gedreht werden konnten. Um den Platanen beschatteten *étang,* einen Mühlteich aus dem 16. Jh., findet Dienstagmorgens der Markt statt.

La Petite Maison: pl. de l'Etang, Tel. 04 90 77 18 60, Mo, Di geschl. Erfindungsreiche, sternengekrönte provenzalische Gourmetküche in bistroähnlichem Raum oder unter der lauschigen Weinlaube, Spargel, Spanferkel, Menü 21–69 €.

Fest der hl. Tulle: 4. Sa im Mai, mit Maibaum-Aufstellen.

Ansouis

Provence-Atlas S. 233, D 4
Das kleine Dorf mit seinen alten Häusern in hellbeigem Sandstein und dem Schloss, das von eleganten barocken Terrassengärten umgeben ist, wirkt ungleich aristokratischer als das dörfliche Cucuron. Der feudale Schlossbau zeigt vom mittelalterlichen Burgverlies über die Renaissancefassade bis zur provenzalischen Küche aus dem 18. Jh., dass er durchgängig bewohnt und verändert wurde (tgl. 14.30–18, Juli–15. Sept. auch 10–12 Uhr, mit Führung). In der Schlosskapelle und der romanischen Kirche am Fuße der Burg werden mehrere Reliquienbüsten von Elzéar und Delphine de Sabran aufbewahrt: Wäre es nach dem heilig gesprochenen Paar gegangen, hätte es gar keine Familie Sabran und keine Burg gegeben, denn die beiden hatten sich anlässlich ihrer Hochzeit ewige Keuschheit gelobt.

La Tour d'Aigues

Provence-Atlas S. 233, D 4
In dem in einer Talsenke gelegenen Städtchen (3900 Einwohner) künden beeindruckende Ruinen vom einstmals prächtigsten provenzalischen Schloss der Renaissance – im 18. Jh. fiel es verheerenden Bränden zum Opfer. Das historische Museum des Pays d'Aigues im Schlosskeller zeigt auch schöne Exemplare der hiesigen Fayencen (April–Juni, Sept. tgl. 9.30–12, 14–18/Nov.–März bis 17, Di nachmittags, Sa und So vormittags geschl.; Juli/Aug. tgl. 10–13, 14.30–18.30 Uhr).

Office de Tourisme: im Schloss, Tel. 04 90 07 50 29.

Musik- und Theateraufführungen im Sommer auf der Freilichtbühne des Schlosses.
Festival de la Bande Dessinée: Mai, Comic-Festival mit Straßentheater.

Saignon

Provence-Atlas S. 232, D 3
Ein idyllischer Höhepunkt: Auf einem langen Felssporn zieht sich das befestigte Dorf mit Burgruine und romanischer Kirche hin, abends stimmungsvoll angestrahlt.

Auberge du Presbytère: pl. de la Fontaine, Tel. 04 90 74 11 50, Fax 04 90 04 68 51, www.provence-luberon.com. Kleines Hotel in altem Dorfhaus mit Blick auf Brunnen und Lavoir, DZ 48–102 €, Menü 28 €.
Auberge des Régains: ausgeschildert von D 48 Richtung Auribeau, Tel. 04 90 74 39 34. Jugendherberge in der Natur, Wandertipps.
Le Castelas: Sivergues, Tel. 04 90 74 60 89. Wunderschön renovierter befestigter Bauernhof des 16. Jh. mit Käserei und Ziegenkäseverkauf. Ins Restaurant der Ferme-Auberge kommen Leute von weither. Chambres d'Hôtes zu 30–45 €; Menü 23 €, z.B. Grillzicklein.

HAUTE-PROVENCE

Die kargen Landschaften sind etwas für Kenner und Einsamkeitsfans. Um die Landstädtchen Manosque und Forcalquier stehen stille alte Kirchlein, wird der Banon-Käse ins Kastanienblatt gewickelt. Im Sommer versetzen blühende Lavendelfelder die Hochebenen in einen violetten Farbenrausch. Die Verdon-Schluchten sind *das* Naturwunder der Provence und ein Eldorado für Wildwassersport, Klettern und Wandern.

Manosque

Provence-Atlas S. 234, B 3
Die Kleinstadt (20 000 Einwohner) bildet das wirtschaftliche Zentrum der umliegenden Haute-Provence. Die kargen, immer windigen Hochebenen (Plateaus) von Valensole, Albion, Puimoisson und der bis 1800 m hohen Montagne de Lure wurden von der Landflucht des 19. Jh. besonders stark betroffen. Auch heute verrichten nur wenige Menschen – das Département Haute-Provence zählt nicht mehr als 130 000 Bewohner – die Knochenarbeit des Lavendel- und Getreideanbaus im ›Giono-Land‹. Von so viel bodenständiger Heimatverbundenheit wie seine Romane zeugen die Lebensdaten des Dichters: 1895 in Manosque im Haus Nr. 14 in der Rue Grande geboren, wandelte er sich in der Hölle der Grabenkämpfe des Ersten Weltkriegs zum radikalen Pazifisten. 1970 starb er in Manosque, nachdem er – vergeblich – gegen die Stationierung der Atomraketen auf dem Plateau d'Albion gekämpft hatte.

Von den spätmittelalterlichen Befestigungswällen der Stadt der Grafen von Forcalquier blieben die **Porte Saunerie** und am gegenüberliegenden Punkt des unregelmäßigen Boulevardrings die unteren Teile der **Porte Soubeyran** erhalten, die heute ein Campanile mit Barbarotte krönt. Diese für die Provence so charakteristischen eisernen Glockenkäfige auf Kirchtürmen oder Stadttoren sind in dieser Region besonders zahlreich: Das französische Fremdenverkehrsamt hat sogar eine ›Route des Campaniles‹ zusammengestellt. Die Kirchen **St-Sauveur** – mit prallbunten historistischen Glasfenstern – und **Notre-Dame-de-Romigier**, um die herum eine unaufdringliche Altstadtsanierung gelungen ist, zeugen in ihrem Erscheinungsbild mehr von ihren späteren Umbauten als von ihrer romanischen Ur-Substanz. In der klassizistischen Chapelle de la Présentation befindet sich die **Fondation Carzou**, die u. a. ein die ganze Wand überziehendes Fresko dieses Künstlers zeigt: eine moderne, irritierende Apokalypse des modernen Kriegs (Fr–So 10–12, 14.30–18.30 Uhr).

Office de Tourisme: pl. du Dr. Joubert, Tel. 04 92 72 16 00, www.villemanosque.fr. Zahlreiche Informationsbroschüren, z. B. zu Wanderungen und Radtouren in der Umgebung.

Hostellerie de la Fuste: 6 km südlich, Tel. 04 92 72 05 95, Fax 04 92 72 92 93, www.lafuste@aol.com. Luxuriöser Landgasthof mit 1-Sterne-Restaurant, DZ 117–182 €, Menü 45–90 €.
Campagne St-Lazare: zu Füßen der Stadt, Tel. 04 92 75 48 76, Fax 04 92 75 49 07, www.stlazare.net. Bunt-rustikale Chambres d'hôtes , Pool, Ausritte, Räder. DZ 65–80 €, 4-Pers.-Appartments in Bauernhof des 17. Jh. 130–160 €, im Restaurant Menüs 13–60 €.
Auberge de Jeunesse: Parc la Rochette, av. Argile, Tel. 04 92 87 57 44, Fax 04 92 72 43 91.

Dominique Bucaille: 43 bld. des Tilleuls, Tel. 04 92 72 32 28, Mi abend und So geschl. Gutes Preis-Leistungs-Verhältnis, Mittelmeerküche in gemütlichem Ambiente, Menü 23–61 €.

Markt: Samstag.

Journées Giono:Juli. Lesungen, Konzerte, Filme und vieles mehr.

Bahnhof: pl. Frédéric Mistral, Züge nach Aix, Marseille, Sisteron.
Busbahnhof: bld. Charles de Gaulle, Tel. 04 92 87 55 99, Züge nach Marseille und Avignon.

Riez

Provence-Atlas S. 234, C 3
Von Manosque kann man einen (langen) Tagesausflug zu den Schluchten des Verdon unternehmen, doch mehr Muße hat man natürlich, wenn man vor Ort übernachtet. Auf der zunächst von Kermeseichen, dann von Lavendel- und Getreidefeldern bedeckten **Hochebene von Valensole** dehnen sich, vor allem um den Ort Puimoisson, die Lavendelfelder schier endlos aus.

Am westlichen Ortsrand des mittelalterlichen **Riez** stehen vier Säulen mit Marmorkapitellen und Architrav (1. Jh.) recht unvermittelt inmitten einer Wiese, vielleicht die Reste eines römischen Apollontempels. Nicht weit, an der Kreuzung der D 953/D 11, versteckt sich ein seltener kunsthistorischer Schatz: das aus dem 5. Jh. stammende frühchristliche Baptisterium, ein Zentralbau aus acht römischen Spoliensäulen, Umgang und Gewölben aus dem 12. Jh. (April–Okt. tgl. 9–12, 14–18 Uhr).

Giono-Land

Das Kulturzentrum **Centre Jean Giono** besitzt neben einer Ausstellung zum Autor Bibliothek und Videothek und bietet Wanderungen und Stadtführungen auf Gionos Spuren an (April–Sept. Mi–Mo 10–12.30, 15–19, Okt.–März Di–Sa 14–18 Uhr). Im Lou Paraïs-Viertel kann man das abgeschiedene **Wohnhaus Gionos** mit seinem Arbeitszimmer besichtigen, wo noch alles wie zu des Dichters Zeiten zu sein scheint (Fr 15–17.30 Uhr, nach vorheriger Anmeldung Tel. 04 92 87 73 03).

ATOMMACHT FRANKREICH – VABANQUE ODER RIEN NE VA PLUS?

Seit Charles de Gaulle im letzten Jahr des Zweiten Weltkriegs die CEA, das Kommissariat für Atomenergie, gründete und 1960 die erste Atombombe – versuchsweise – in der damals noch französischen Sahara explodierte, ist die ›Große Nation‹ Atommacht. Jeder Präsident, dessen Finger allein den roten Knopf drücken dürfen, und ein Großteil der Bürger stehen zur Abschreckungsstreitmacht Force de Frappe, offiziell Force de Dissuasion. Die Bomben sind hausgemacht, parziell in der Provence: Der Schnelle Brüter von Marcoule auf dem Orange gegenüberliegenden Rhône-Ufer mit dem schönen Namen Phénix (wie der ›Phönix‹ aus der Asche) und das Anreicherungswerk von Pierrelatte wenig weiter nördlich mischen dabei kräftig mit.

Nicht zu vergessen die ›friedliche‹ Nutzung, wozu neben den beiden oben erwähnten provenzalischen Atomgrößen auch das Anreicherungswerk Tricastin nördlich von Orange beiträgt. Das warme Kühlwasser dieser Anlagen im Rhône-Tal wird darüber hinaus für Gewächshäuser, Fischzucht und in Pierrelatte gar für eine viel besuchte Krokodilfarm genutzt (La Ferme aux Crocodiles, tgl. April–Okt. 9.30–19, Nov.–März 10–18 Uhr).

Unser westlicher Nachbar hat sich seit der Ölkrise der 1970er Jahre weltweit zum Atomenergie-Produzenten Nummer zwei gemausert, weist die größte AKW-Dichte unseres Erdballs auf und deckt an die 80 % seines Energiebedarfs mit Atomstrom – auch hier: Weltrekord. Doch 1997 zeigte eine Studie des Industrieministeriums, dass Strom aus modernen Erdgaskraftwerken wesentlich preiswerter kommt. Obwohl erst einmal kein AKW abgeschaltet werden soll, zeichnet sich hier möglicherweise so etwas wie ein Umdenken ab.

Sicherheitsbedenken bestehen schon seit langem: kleinere Zwischenfälle, überquellende Zwischenlager wie in Marcoule, der alljährliche Kühlwassermangel in der Dürreperiode sowie die Tatsache, dass Rhône-Tal und Durance-Verwerfung traditionell erdbebenbedroht sind. Die Franzosen sehen sich mit der statistischen Wahrheit konfrontiert, dass ihre Chance auf einen Super-Lottogewinn kleiner ist als auf einen Super-Gau.

Im Oktober 1994 wurde im Centre d'Etudes Nucléaires de Cadarache bei Manosque aus Forschungszwecken solch ein Gau simuliert. Während draußen am Durance-Ufer Atomkraftgegner demonstrierten und Greenpeace gegen die ›atomare Brandstiftung‹ wetterte, wurde im Forschungsreaktor Phébus (nach Phöbus Apollon, dem ›strahlenden‹ griechischen Lichtgott) der Versuch vorzeitig abgebrochen, da der hochgefahrene Reaktorkern den ersten der drei Schutzmäntel zu durchschmelzen drohte. Ansonsten wird noch ausgewertet. Ein bisheriges Ergebnis: Radioaktives Jod verwandelt sich im Falle eines Unfalles in geringerem Ausmaß als bisher angenommen in Gasform.

Patrice Zorzan: rue du Marché. Lavandin-Honig, für den Riez berühmt ist, Honigessig, Gewürzbrot.
Trüffelmarkt: Mi morgens im Café de France, Nov.-März.
Markt: Mi, Sa.

Moustiers-Ste-Marie

Provence-Atlas S. 235, D 3
Was Riez anstrebt, im Kunsthandwerkerort Moustiers-Ste-Marie (625 Einwohner) ist es verwirklicht: der totale Tourismus. In den späten 1920er Jahren belebte Marcel Provence die berühmte hiesige Fayenceproduktion wieder neu. Seitdem wird die filigrane ornamentale und figürliche Malerei auf weiß glasierter Tonware wieder ausgeübt. Das von Provence gegründete **Museum** zeigt repräsentative Stücke der großen Kunsthandwerkerdynastien wie der Clérissy, Oléry und Laugier ab dem 18. Jh. (pl. du Presbytère, Mi–Mo April–Okt. 9–12, 14–18, Juli/Aug. bis 19 Uhr). In den zahllosen Fayenceateliers kann man für Massenware oder originalgetreue historische Nachschöpfungen – besonders schön die kleinen Wandbrunnen und die riesengroßen Suppenterrinen – sein Geld loswerden.

Das ›malerischste Dorf Frankreichs‹ duckt sich unter den massigen, von einem Gebirgsbach in zwei Hälften geteilten Felsbuckel, der den Ort mit seinen alten Häusern und schmalen Gassen fotogen zu erdrücken scheint. Die Wände der sehenswerten romanischen **Dorfkirche** mit ihrem säulengeschmückten Turm sind vom Druck der Baumassen schon ganz schief einwärts verrutscht.

Wellness

In **Gréoux-les-Bains**, beherrscht von einer Burgruine der Templer, kurt man oder frönt dem Wellness-Trend in einem ›troglodytischen‹, römisch inspirierten Kurhaus. Indikationen: Atemwegserkrankungen und Rheuma. Thermes, Chaîne Thermale du Soleil, Tel. 04 92 70 40 01, Fax 04 92 74 27 38, www.greoux-les-bains.com.

Ein steiler Weg von zehn Minuten führt zur ursprünglich romanischen, im 16. Jh. weitgehend spätgotisch umgestalteten Wallfahrtskapelle **Notre-Dame-de-Beauvoir**, deren exponierte Lage den ›schönen Ausblick‹ bietet, den ihr Name verspricht. Sie ist Schauplatz der traditionellen Dorffeste am ersten Samstag nach Ostern und am 8. September mit viel provenzalischer Folklore. Über der Kapelle, zwischen den beiden Felsen, hängt die rätselhafte, 227 m lange vergoldete Kette mit Stern. Frommer Legende zufolge ist sie die Votivgabe eines Kreuzritters aus dem lokalen Adelsgeschlecht derer von Blacas. Weitere ausgeschilderte Spaziergänge führen zur Magdalenengrotte und zum Riou-Wasserfall.

Office de Tourisme: im Zentrum von Moustiers, Tel. 04 92 74 67 84, www.moustiers@wanadoo.fr. Infos zu Wanderungen, Radtouren, Radverleih, Kanu/Kajak, Regionalpark.

La Bastide de Moustiers: von D 952, Quartier St-Michel, Tel. 04 92 70 47 47, Fax 04 92 70 47 48,

www.bastide-moustiers.com. *Hôtel de charme* des Mega-Küchenchefs Alain Ducasse in Bastide-Gelände, Garten, Küche, Zimmer – alles im provenzalischen Stil, DZ, z.B. ›Lavendel‹ oder im ehemaligen Taubenhaus, 230–275 €; provenzalisch inspirierte Gourmet-Menüs 49, 69 €
La Ferme Rose: 1 km Richtung Ste-Croix, Tel. 04 92 74 69 47, Fax 04 92 74 60 76. 2-Sterne-Hotel mit persönlich eingerichteten Zimmer, teils 1950er Jahre, in renoviertem Bauernhof, DZ 60–130 €
Camping St-Jean: Tel. 04 92 74 66 85, Fax 04 92 74 66 85. 3-Sterne-Platz, halbschattiges Wiesengelände mit Ortsblick.
Gîte d'étape de Venascles: Tel. 04 92 74 67 36, Fax 04 92 74 67 36, www.gite-moustiers.com. Halbpension im DZ oder Schlafsaal, Auskünfte und Ausgangsort für Klettern, Wandern, Geländefahrrad und Wassersport.

Les Santons: pl. Eglise, Tel. 04 92 74 66 48, Mo abend und Di geschl. Provenzalische Gourmetküche, Menüs 39–53 €.

Atelier Bondil: pl. de l'Eglise. Einer der traditionsbewusstesten Fayence-Hersteller.
Markt: Fr morgens.

Paragliding: Verdon Passion, av. Fr. Mistral, Moustiers, Tel. 06 08 63 97 16 oder 04 92 74 69 77.

Gorges du Verdon

Provence-Atlas S. 235, E 3
Das 1997 zum Regionalpark ernannte Naturdenkmal sucht seinesgleichen in Europa (*Parc naturel régional*, www.parc.regional.verdon@wanadoo.fr). Seinen Namen verdankt der 170 m lange Durance-Zufluss Verdon den leuchtend grünen Wassern, die in einer Tiefe von 250 bis 700 m auf dem Grund schroffer, teilweise senkrecht abfallender Kalksteinfelsen dahinfließen bzw. -schäumen. Nach Regengüssen allerdings sind sie milchig trüb und kalkgrau.

Die Rundfahrt um die Verdon-Schluchten teilt sich in die hoch oben auf den Klippen verlaufende Kammstraße am Nordufer (*rive droite*), die die hautnaheren ›Abblicke‹ in senkrechte Felsenschluchten bietet, und die Straße am Südufer (*rive gauche*), die auf niedrigerem Niveau geführt ist und die grandioseren Aus- und Aufblicke auf das gegenüberliegende Ufer verspricht. Zahlreiche und mit Parkmöglichkeiten versehene Aussichtspunkte (*belvédères*) ermöglichen es eingefleischten Autotouristen, ihre Fotos durch heruntergekurbelte Fenster zu schießen – manche sind jedoch nur durch kleinere Spaziergänge zu erreichen.

Kurz hinter **La Palud-sur-Verdon,** dem Basislager ernsthafter Verdon-Wanderer, beginnt die spektakuläre Kammstraßenschleife (D 23) des **Circuit des Crètes**, auf der sich die Aussichtspunkte geradezu inflationär häufen. Am Belvédère Escalès arbeiten sich Felskletterer die senkrechten Steilwände empor, der Belvédère Dent d'Aire bezeichnet den höchsten Punkt dieses Teilstücks, und bei der Hostellerie La Malines mit Restaurant und Wandererunterkunft *(gîte d'étape)* beginnt der Sentier Martel.

Vom **Point Sublime** unterhalb des fast verlassenen Adlerhorst-Dorfes Rougon gewinnt man nach fünfminütigem

Moustiers Ste-Marie am Eingang der Verdon-Schluchten

Spaziergang über ein Felsplateau einen phantastischen Blick auf den Eingang des **Grand Canyon du Verdon:** Dieses Kernstück der Verdon-Schluchten, das von hier bis Aiguines reicht, erinnert nicht nur dem Namen nach an seinen amerikanischen Vetter. Hinter dem Point Sublime wird es fast schlagartig flacher und der Verdon breiter, so dass man beim Pont Carrejuan baden, zelten und seine Kajaks zu Wasser lassen kann – die zweitägige Flussfahrt von hier nach Aiguines ist allerdings nichts für Ungeübte. Die N 955 und D 80 führen durchs Hinterland der Schluchten nach **Trigance**, einem malerischen Felsnest mit einer zum Schlosshotel umgebauten mittelalterlichen Burg.

Bei den **Balcons de la Mescla** (von prov. ›sich mischen‹), wo die Straße wieder die Schluchten erreicht, mischen sich die Wasser von Verdon und seinem Zufluss Artuby. Es folgen die 180 m hohe, einen kühnen Bogen über den Abgrund schwingende Brücke Pont de l'Artuby und der Tunnel du Fayet mit Sicht- und Parknischen. An der Falaise des Cavaliers, von deren Höhe man in den ›Styx‹ herunterblickt, beginnt die **Corniche Sublime**, das letzte und wohl grandioseste Teilstück der Schluchten, das weite und hohe Ausblicke auf die wie Kathedralwände emporgewachsenen Felsklippen eröffnet.

Vom kleinen Ort **Aiguines**, der für seine Drechslerkunst berühmt ist, fällt der nun nicht mehr von Schwindel getrübte Blick auf den **Lac de Ste-Croix** mit seinem Segel-, Surf-, Bade- und Campingbetrieb. Am Pont de Galetas,

Ausflug in die Vorgeschichte

Im kleinen Quinson, am Verdon-Ufer zwischen Lac de Ste-Croix und Lac d'Esparron gelegen, eröffnete 2001 das größte prähistorische Museum Europas, das **Musée de Préhistoire** (15. Juni–15. Sept. tgl. 10–20, Feb.–14. Juni, 16. Sept.–15. Dez. Mi–Mo 10–18 Uhr, www.museeprehistoire.com). In einem elegant in die Landschaft eingefügten Bau von Sir Norman Foster versetzen prähistorische Fundstücke, Dioramen, interaktive Technik und 1 zu 1-Rekonstruktionen aus dem Alltagsleben und von der wichtigen Fundstätte Baume Bonne die Besucher in die Zeit ihrer Urahnen zurück. Die bereits vor 400 000 Jahren bewohnte Grotte de la Baume Bonne kann man von hier mit Führung oder allein auf einer insgesamt dreistündigen, mit Schautafeln ausgestatteten Wanderung besichtigen.

wo der Verdon in den Stausee einfließt, kann sich jeder Tretboote oder Kajaks mieten und etwa 3 km in den ruhigen und immer türkisklaren Anfangsteil der Schlucht paddeln. Nach ca. 120 km oder sechs Stunden einschließlich kleinerer Pausen und Ausflüge ist wieder Moustiers-Ste-Marie erreicht.

Die klassische Wanderung auf dem vom gleichnamigen Geologen und Wanderpionier zu Beginn des 20. Jh. angelegten **Sentier Martel** führt in ca. sechs Stunden von der Hostellerie La Malines zum Point Sublime. In etwa eineinhalb Stunden windet sich der relativ bequeme Weg in Serpentinen von La Malines auf den Schluchtgrund, danach sind recht schwierige Partien – oft knöchelhoch unter Wasser stehende Tunnel, Geröllpartien, Treppen, eine Eisenleiter – zu überwinden; festes Schuhwerk, Verpflegung und Wasservorrat sind unerlässlich, eine Taschenlampe für die Tunnel ist praktisch. Der im Schluchtgrund und am Hang darüber verlaufende, vielbegangene Weg folgt dem GR 4 sowie den rot-weißen Markierungen und ist nicht zu verfehlen.

In zehn Minuten erreicht man den Schluchtgrund vom Parkplatz am Ende der kurz hinter der Auberge du Point Sublime abzweigenden D 23 (nichts im Auto lassen!). Von hier zäumt man den letzten Teil des Sentier Martel von hinten auf. Das macht Appetit auf die ausgezeichneten Forellen und Hechte des Verdon.

Office de Tourisme: Castellane, route Nationale, Tel. 04 92 83 61 14, www.castellane.org. *Die* Anlaufstelle für Infos zum Regionalpark und Outdoor-Aktivitäten.

Auberge des Crêtes: route de Castellane, La Palud-sur-Verdon, Tel. 04 92 77 38 47, Fax 04 92 77 30 40, www.aubergedescretes@wanadoo.fr. Wanderherberge mit Gartenterrasse, DZ 45–51 €, Halbpension 47 €.
Auberge du Point Sublime: Le Point Sublime, Tel. 04 92 83 60 35, Fax 04 92 83 74 31, www.point.sublime@wanadoo.fr. Solide Herberge der Kette Logis de France, DZ 42–51 €, Menü 13,30–37 €.

Château d'Esparron: Esparron-de-Verdon, Tel. 04 92 77 12 05, Fax 04 92 77 13 10, www.esparron.com. Luxuriöse Chambres d'hôtes im 18. Jh.-Flügel der mittelalterlichen Burg von Bernard und Charlotte Anne de Castellane, Frühstück in der alten Gewölbeküche, barocke Salons, DZ inkl. Frühstück 130–200 €.
Auberge de Jeunesse: route de la Maline, Esparron-de-Verdon. Tel. und Fax 04 92 77 38 72.

Bureau des guides de la Palud: rue Principale, Tel./Fax 04 92 77 30 50. Führer für Wandern, Klettern, Kanufahren.
Klettern: La Palud ist das Zentrum der Felskletterer. In den Gorges hoben *grimpeurs* aus Marseille diesen Sport in den 1960er Jahren aus der Taufe. Die Falaise de Valaute ist etwas für Anfänger, der Arête du Belvédère für Fortgeschrittene.
Reiten: Ferme de Vauvenières, St-Jurs, Tel. 04 92 74 44 18, Fax 04 92 74 44 18, stjurs@clubinternet.fr. Ausritte, Eselverleih, Fahrradverleih, begleitete Wanderungen, Camping auf dem Bauernhof und Halbpension möglich.
Wassersport: Verdon Loisirs, Ste-Croix-de-Verdon, Tel. 04 92 77 70 26. Boots-, Kanu, Kajakverleih am Lac de Ste-Croix.
Wildwassersport: Acti-Raft, Route des Gorges du Verdon, Castellane, Tel. 04 92 83 76 64, www.acti-raft.com. Rafting, Kanu, Kajak u.a.

Pays de Forcalquier

Forcalquier

Provence-Atlas S. 233, F 2
Der Hauptort des Pays de Forcalquier (4300 Einwohner) besitzt viel Flair und südfranzösische Gelassenheit: ein paar Bars um den Marktplatz, wo man sich zum Morgencafé trifft, eine romanische Kirche, einen bunten Montagvormittag-Markt, auf dem auch ein paar Alternativbauern ihren biologischen Ziegenkäse verkaufen, brunnengeschmückte Plätze und alte Häuser über engen Gassen, die zum ›Hausfels‹ ansteigen. Diesen bekrönt ein neobyzantinischer Zentralbau, darunter versteckt sich der klägliche Turmrest der ehemaligen Grafenburg. Namhafte Troubadours beehrten den Sitz des mächtigen Geschlechts, dessen Selbstständigkeit die Ehe der Erbin mit dem provenzalischen Grafenhaus 1209 beendete.

Office de Tourisme: pl. du Bourguet, Tel. 04 92 75 10 02, www.forcalquier.com. Im Sommer Stadtführungen, Infos für Touren und Wanderungen im Pays de Forcalquier und der Montagne de Lure.

Auberge Charembeau: route de Niozelles, Tel. 04 92 70 91 70, Fax 04 92 70 91 83, www.charembeau.com. 2-Sterne-Hotel in einem Mas im Grünen, Pool, DZ 54–84 €.
Camping Lac du Moulin des Ventres: 3 km östlich von Niozelles auf N 100, Tel. 04 92 78 63 31, Fax 04 92 79 86 92. Luxuriöser 4-Sterne-Platz an kleinem See.

Le Lapin Tant Pis: pl. Vieille, Tel. 04 92 75 38 88. Geschmackvolles Bistro-Ambiente, kreative Speisen wie Gänseleber-Hamburger, Schwerpunkt Lamm, Menü 26 €.

Rencontres Musicales de Haute-Provence: Tel. 04 92 79 57 72, Juli. Konzerte klassischer Musik in Forcalquier und anderen Orten der Umgebung. Orgelkonzerte in Forcalquier.

Paradies für Leckermäuler: Bauernmärkte

Ballonfahrt von einem halben Tag für ca. 200 €, Anmeldung beim Office de Tourisme.

Limans

Provence-Atlas S. 233, E 2
Um das alte Örtchen Limans häufen sich die berühmten Taubenschläge, die teilweise bis aufs 15. Jh. zurückgehen. Taubenzucht war, anders als die Jagd, kein feudales Privileg und deshalb eine ergiebige Ernährungsquelle für die Bauern.

Pourcine: Limans, Tel. 04 92 73 01 54, Fax 04 92 73 13 61, E-Mail joel.corbon@wanadoo.fr. Bauernhof mit Ferienwohnungen und Gästezimmern, Verkauf von Banon-Käse, Kaninchen, Geflügel etc.

Banon

Provence-Atlas S. 233, E 1
Das mittelalterliche Banon zeigt Fremden die aus hohen Hauswänden gebildete kalte Schulter, ein in der Provence häufig anzutreffender Ersatz für eine echte Stadtmauer. Es gab einem köstlichen AOC-Käse den Namen, der nur aus Ziegenmilch, mit Naturbast in einem braunen Kastanienblatt verschnürt, echt ist.

Veranstaltungen: Markt Di vormittags. Ende Mai: Käsefest.

Charcuterie/Epicerie Melchio, pl. République: Banon-Käse.

Plateau d'Albion

Provence-Atlas S. 232, D 1
Auf dem windigen, unwirtlichen Plateau d'Albion mit den einsamen Gehöften und den schier endlosen Getreidefeldern fallen die breiten Militärstraßen ins Auge: Mittlerweile wurden die einst hier stationierten atomaren Mittelstreckenraketen verschrottet. Proteste der Bevölkerung, die eine weitere wirtschaftliche Verödung des abgelegenen Landstrichs befürchtet, konnten die Schließung des Stützpunkts nicht verhindern. Um die Wallfahrtskapelle **Notre-Dame-de-l'Ortiguière** kommt denn auch deutlich Anus-Mundi-Atmosphäre auf. Die vier archaischen Konsolen in der Apsis tragen rätselhafte Reliefs, die meist den Kampf Mensch gegen Monster darstellen. Man meint gar eine Midgardschlange zu erkennen.

St-Christol

Provence-Atlas S. 233, D 1
Auf persischen Einfluss deuten die Apsissäulen in der Prioratskirche von St-Christol, einmalig in der ansonsten mit figürlichem Dekor sparsamen provenzalischen Romanik: Kapitelle mit vegetabilem Dekor, auf den Säulenschäften ein Flachrelief, das Vögel und Wappentiere zeigt, und vor allem die Basisfiguren der Säulen, bei denen sich – typisch für persische Schmuckformen – zwei Köpfe einen Körper teilen.

Simiane-la-Rotonde

Provence-Atlas S. 233, D 2
Die engen, konzentrisch um einen Felsen ansteigenden steilen Gassen und Treppen von Simiane-la-Rotonde krönt, einziger Rest der Burg der Herren von Simiane, ein runder, sich nach oben leicht verjüngender Turm. Sein oberer Innenraum mit zwölf rundbogigen Wandnischen und Kuppel ist eins der rätselhaftesten Bauwerke der provenzalischen Romanik: Burg- oder Grabkapelle, profaner Donjon oder vielleicht Versammlungsrund eines Ordens? (April–14. Juni Mi–Mo 15–17.30, 15. Juni–Sept. tgl. 10–12.30, 15–19 Uhr).

Auberge du Faubourg: Le Faubourg, Tel. 04 92 75 92 43. Einstige Postkutschenstation wie aus der guten alten Zeit, preiswertes Essen, DZ 38 €.
Les Granges de St-Pierre: am Fuße des Ortes, Tel./Fax 04 92 75 93 81, www.luberon-news.com/granges-st-pierre.html. Chambres d'hôtes in einer stilvoll restaurierten ehemaligen Scheune, Poolbenutzung, DZ inklusive Frühstück 54 €.

Kooperative für Parfümpflanzen: Mo–Do 13.30–17.30, Fr 8–12 Uhr, Tel. 04 92 75 93 12. Besichtigung und Verkauf von Essenzen.
Moulin de la Cascade: Route de Sigonce, Lurs. Olivenöl.

Festival alter Musik: Juli/Aug.,Tel. 04 92 75 90 14. Stimmungsvolle Konzerte in der Rotonde.

Südlich von Forcalquier

Oppedette und St-Michel-l'Observatoire

Provence-Atlas S. 233, E 2
In dem typischen Haute-Provence-Dorf **Oppedette** kann man von einem ausgeschilderten Aussichtspunkt einen Blick auf die Wanderfreunden bekannten Schluchten des Calavon werfen. Die geduckten Steinhäuschen des nicht minder malerischen **St-Michel-l'Observatoire** werden von einer bemerkenswerten romanischen Kirche überragt (Schlüssel beim Presbyterium in der Nähe der Bäckerei). Schon namentlich weist dieser Ort seit 1938 auf

Bistrots de Pays

Unter dem Signet ›Bistrots de Pays‹ haben sich Dorf-Cafés der Region zusammengeschlossen: Ob Infos oder Schwätzchen, ein Tagesgericht oder ein Bier, hier bekommt man alles. Z. B. Bistrot de Sigonce, Sigonce (auch die Post); Café du Nord, Limans, Tel. 04 92 73 07 48 (ausgezeichnete Küche).

DIE FARBE DER PROVENCE: LAVENDEL

»Seele der Hoch-Provence« hat Jean Giono den Lavendel genannt. Blau-violett während der Blütezeit Ende Juni bis Anfang September, graugrüne, lanzettblättrige Igelkolonnen davor und danach, schlängeln sich die geometrisch abgezirkelten Buschreihen über sanfte Hügel und karge, von Sonne und Wind heimgesuchte Hochplateaus. Zwischen Buis-les-Baronnies, Sisteron und Forcalquier liegt das Lavendel-Dreieck: Baronnies (die Landschaft nördlich des Mont Ventoux), Plateau d'Albion, Montagne de Lure und Pays de Forcalquier. Die Routes de la Lavande, mehrere eintägige, vom Französischen Fremdenverkehrsverein zusammengestellte Rundfahrten, führen durchs violette Land (Broschüre »Auf den Lavendelstraßen« mit vielen nützlichen Infos in Deutsch).

Zwei bis vier Jahre muss der Echte Lavendel alt werden, bevor sich eine Ernte lohnt. Der ergiebige, inzwischen am häufigsten angebaute Hybrid Lavandin liefert vom ersten Jahr an. Je heißer und trockener der Sommer, desto mehr Ertrag erhalten die Lavendelbauern – etwa 150–300 kg Blüten ergeben 1 l Parfümessenz. Die Ernte in den heißesten Wochen des Jahres, früher mit der Sichel besorgt, ist trotz Hilfe der Traktoren auch heute noch Knochenarbeit.

Anfang des 20. Jh. destillierten die Bauern die Blüten noch auf den Feldern, heute bringen sie die Ernte in die Täler, wo die Genossenschaftsdestillerien über genügend Wasser verfügen: In riesigen Destillierkolben wird der Lavendel erhitzt, die ätherischen Öle verdampfen, laufen über eine Kühlschlange und tropfen als pures Öl in Blechkannen, das dann für Arzneimittel, Parfüms, Seifen und Kosmetika verwendet wird. Ein Teil der getrockneten Pflanzen wandert, in provenzalische, bedruckte Stoffe eingenäht, als Duftspender in die Kleiderschränke der Welt. Nach einer Krise in den 1980er und 90er Jahren hat sich die Produktion der provenzalischen ›Nationalpflanze‹ wieder stabilisiert: Von etwa 1400 Unternehmen werden nun 90% der Lavandin und die Hälfte der Lavendelernte weltweit in den Departements Vaucluse, Drôme und Alpes-de-Haute-Provence eingefahren.

Im Weiler Coustellet (Gemeinde Cabrières d'Avignon) erläutert ein Lavendelmuseum die Geschichte der Destillation mit Hilfe von Apparaten vom 16. Jh. bis heute; in der Boutique kann man Duftwasser, Lavendelhonig und alles rund um den Lavendel kaufen (Juli–Sept. 10–12, 14– 19 Uhr, sonst bis 18 Uhr; Mo und Jan./Feb. geschl.).

Von weiß über rosa bis dunkelviolett blühen an die 150 verschiedene Lavendelgewächse im Jardin des Lavandes in Sault. Madame Cathy Couttolenc, eine Passionara des Lavendel, verkauft hier Pflanzen aus ihrer Gärtnerei, führt ein Geschäft rund um den Lavendel und bietet wechselnde Veranstaltungen (Tel. 04 90 64 10 74). Auch bei den Fêtes de la Lavande im Juli in Valensole und im August in Sault sowie in Riez dreht sich alles um den Lavendel.

das nahe gelegene Wunderwerk moderner Technik hin, das Observatorium der Haute-Provence, dessen viele Küppelchen vom Ort zu sehen sind. Die Sternwarte, wegen der klaren Luft der Haute-Provence an dieser Stelle errichtet, klagt nun über die durch Stauseen und Bewässerungssysteme zunehmende Luftfeuchtigkeit sowie die Luftverschmutzung, die den Forscherblick zu den Sternen vernebeln (Besuch der großen Kuppel Mi 15 Uhr).

Auberge de Reillanne: D 214, Reillanne, Tel./Fax 04 92 76 45 95. Individuelles provenzalisches Haus im Grünen, geräumige, mit Naturmaterialien eingerichtete Zimmer, gute Regionalküche, DZ 62–68 €.

Notre-Dame-de-Salagon

Provence-Atlas S. 233, F 2
Frieden und Stille strahlt die romanische Priorei Notre-Dame-de-Salagon am Ortsrand von **Mane** aus. Sie beherbergt in den spätmittelalterlichen Priorsgebäuden ein ethnologisches Museum, das das kulturelle Erbe der Haute-Provence wirkungsvoll in Szene setzt. Im mittelalterlichen Kräutergarten gibt es Beete zu Themen wie Frauenheilkunde, Wundbehandlung und Magie (Mai–Sept. 10–12, 14–19, sonst 14–18 Uhr).

Ganagobie und das Tal der Durance

Provence-Atlas S. 234, B 1
Der größte kunsthistorische Schatz der Region steht hoch über dem Durance-Tal: die romanische Benediktinerpriorei von **Ganagobie.** Die einschiffige Kirche besitzt ein skulptiertes Tympanon, das Christus in der Mandorla, umgeben von den vier Evangelistensymbolen und zwei Engeln zeigt, und darunter die zwölf Apostel, die ihre Füße auf eigenwillige Art in den Rundzacken des Gewändes unterbringen. Neben dem Kreuzgang fasziniert das großflächige, für die französische Romanik einzigartige Fußbodenmosaik von 1122 in der (rekonstruierten) Apsis und im Querschiff. Die in den Farben Schwarz, Weiß und Rot ausgeführten und – auch dies ein seltener Fall – vom Künstler Petrus Trutbert signierten Bilder zeigen Fabelwesen, Drachen tötende Ritter und wohl ganz allgemein den in jener Zeit oft dargestellten Kampf des Guten gegen das Böse (Di–So 15–17 Uhr).

Wenige Meter von hier lässt sich von der steil abfallenden Kante des Plateaus ein weiter Blick ins **Durance-Tal** werfen. Der bedeutendste Fluss der französischen Alpen, 320 km lang, entspringt in

Valsaintes

In der jüngst restaurierten Zisterzienserabtei Valsaintes, im 12. Jh. auf Resten eines keltischen Oppidums erbaut und im 17. Jh. erneuert, veranstaltet die Association Athre Führungen, Ausstellungen und astronomische Beobachtungen. Ein Garten mit alten Rosenarten liefert duftende Essenzen (5 km südöstlich von Simiane an der D 201, Atlas S. 233 E 2, Abtei tgl. 15–19, Kirche Mi–Mo 16–18 Uhr).

Die herbe Landschaft der Haute-Provence bei Simiane-la-Rotonde

der Dauphiné und mündet südlich von Avignon in die Rhône. Das seit neolithischen Zeiten von den Menschen als Verbindungsweg genutzte Flusstal bildet auch heute die Lebensader der Haute-Provence: In diesem einst trockenen Land wird heute intensiver, auf Bewässerung beruhender Anbau von Obst und Frühgemüse betrieben. In Ste-Tulle sitzt die ›Kommandozentrale‹ für die 18 hydroelektrischen Werke an Durance und Verdon. Den früher als ›Geißel‹ berüchtigten Hochwassern hat das nach dem Krieg in Angriff genommene Eindeichungs- und Stauprogramm der EdF (*Electricité de France*) einen Riegel vorgeschoben: Der Barrage de Serre-Ponçon hält 1,3 Mrd. m^3 Durance-, der Barrage de Ste-Croix 800 Mio. m^3 Verdon-Wasser zurück.

Sisteron

Provence-Atlas nördlich S. 234, C 1
In Sisteron (7000 Einwohner), wo sich die Durance zwischen zwei hoch aufragenden Felsmassiven ihren Einlass in die Provence erzwungen hat, macht sich in Architektur und Natur bereits alpines Flair bemerkbar. Schon für die Römer, welche die aus Italien kommende Via Domitia durch den strategisch wichtigen Felsdurchlass führten, war Segustero die ›Pforte zur Provence‹.

Die Grafen von Forcalquier im 11. und im 16. Jh. Jean Erard, der Festungsbaumeister Heinrichs IV., versuchten die Passage durch Errichtung einer **Zitadelle** zu kontrollieren. Ganz oben auf der Zitadelle, wo ein mittelalterlicher Turm steht, genießt man einen phantastischen Rundblick: nach Norden die Dauphiné, nach Osten der von Erosionsrinnen zerfurchte Kalkfelsen Rocher de la Baume (15. März–15. Nov. tgl. 9–18, Juli/Aug. 8–19 Uhr).

Zu Füßen der Zitadelle liegen steile Gässchen und Treppen, die von den für Sisteron charakteristischen Stützbogen, den *andrônes*, überspannt werden. Ein mit Pfeilen versehener Rundweg führt hinab durch die labyrinthische, etwas schmuddelig wirkende **Altstadt**, Schauplatz von Pierre Magnans Krimis um Inspektor Laviolette. Die **Kathedrale,** eine dreischiffige, dunkle Basilika mit achteckiger Vie-

rungskuppel, bietet ein Paradebeispiel alpin-provenzalischer Romanik: Insbesondere die Vorhalle mit den gestaffelten Säulen unterscheidet sie von den Kirchen der klassischen Provence. Vier trutzige **Rundtürme,** die eigenartig funktionslos die Allée de Verdun säumen, sind die einzigen Reste der mittelalterlichen Befestigung.

Office de Tourisme: pl. de la Mairie, Tel. 04 92 61 12 03, www.sisteron.com. Hier startet Juni–Sept. der *petit train,* ein Bimmelbähnchen, auf die Zitadelle.

Le Jas de la Caroline: Noyers-sur-Jabron, Tel. 04 92 62 03 48, Fax 04 92 62 03 46. Chambres d'hôtes – individuelle Gästezimmer in renovierter, ehemaliger Schäferei, ideal für Wanderungen, DZ 49–69 €, Abendessen 19 €.

L'Oustaou de la Foun: 2 km nördlich von Château-Arnoux an N 85, Tel. 04 92 62 65 30, So, Mo geschl. Junge Gourmetküche, Menüs 26–54 €.

Vormittags Markt.

Nuits de la Citadelle: Juli/August Theater und Musik.

Bahnhof: av. de la Libération, Tel. 08 36 35 35 35, Züge u.a. nach Lyon, Manosque, Grenoble.
Busbahnhof: gegenüber dem Office de Tourisme, Tel. 04 92 61 22 18.

THINK

REISEINFOS VON A BIS Z

Alle wichtigen Informationen rund ums Reisen auf einen Blick – von A wie Anreise bis Z wie Zeitungen

Extra: Ein Sprachführer mit Hinweisen zur Aussprache, Zahlen, wichtigen Redewendungen und einem Überblick über die provenzalische Speisekarte

Fisch für die Bouillabaisse: Restaurant in Marseille

INHALT

Anreise .211
- mit dem Flugzeug .211
- mit der Bahn .211
- mit dem Auto .211

Apotheken .211
Ärztliche Versorgung .212
Autofahren .212
Behinderte auf Reisen .212
Diplomatische Vertretungen .213
Einreisebestimmungen .213
Elektrizität .214
Feiertage .214
Fotografieren .214
Geld .214
Informationsstellen .214
Informationen im Internet .215
Karten und Pläne .215
Lesetipps .215
Notruf .217
Öffnungszeiten .217
Post .217
Radio & Fernesehen .217
Rauchen .217
Reisekasse .217
Sicherheit .218
Souvenirs .218
Telefonieren .218
Toiletten .219
Trinkgeld .219
Umgangsformen .219
Unterkunft
- Hotels .219
- Chambres d'hôtes .220
- Gîtes de France .220
- Jugendherbergen .220
- Camping .221

Verkehrsmittel .221
- Bahn .221
- Bus .221
- Mietwagen .221
- Taxi .222

Zeitungen .222
Zeitunterschied .222

Sprachführer .223
- Begrüßung .223
- Unterkunft .223
- Im Restaurant .223
- Unterwegs .223
- Im Krankheitsfall/Notfall .224
- Ortsbezeichnungen .224
- Wochentage/Zeitangaben .224
- Zahlen .224
- Kulinarisches Lexikon .225

Register .226

Provence-Atlas .231

Abbildungs-/Quellennachweis .222
Impressum .240

Anreise

. . . mit dem Flugzeug
Air France (Tel. 018 05/83 08 30, www.airfrance.de) und Lufthansa (Tel. 018 03/803 803 803, www.lufthansa.com) fliegen von verschiedenen Flughäfen – u. a. Berlin, Frankfurt, München, Zürich – nach Marseille/Provence.

Der Billig-Carrier Hapag-Lloyd-Express fliegt von Köln/Bonn nach Marseilles/Provence, Tel. 018 05/09 35 09, www.hlx.com.

. . . mit der Bahn
Bequem reist es sich mit dem reservierungs- und zuschlagspflichtigen Hochgeschwindigkeitszug TGV Méditerranée, z. B. in vier Stunden von Köln nach Paris und von dort in drei Stunden nach Marseille (www.tgv.com/mediterranee). Für eine Bahnfahrt mit ›normalen‹ Zügen empfiehlt sich ein Nachtzug, für den es recht unbequeme Sechser-Liegewagen-Abteile der 2. Klasse (*couchette*) und teils auch Schlafwagen der 1. und 2. Klasse mit 1–3 Personen pro Abteil gibt.

Buchungen und Infos an größeren deutschen Bahnhöfen und in Reisebüros mit Bahnangeboten sowie unter www.db.de.

Website der französischen Bahn (SNCF): www.sncf.fr.

Weitere Informationen in deutscher Sprache bekommt man bei der SNCF-Dienststelle in Straßburg (deutschsprachige Service-Hotline), Öffnungszeiten tgl. 7–22 Uhr, 20 place de la Gare, F-67000 Strasbourg, Tel. 0033/892 35 35 36, Fax 0033/388 15 85 01, www.voyages-sncf.com.

Buchungen und Infos für alle SNCF-Produkte, z. B. über die zahlreichen Sonderkonditionen und Ermäßigungen für die Schweiz und Österreich: Rail Europe, Gutenbergstr. 1, 3001 Bern, Tel. 031/380 19 49, Fax 031/380 19 44/45.

Der **DB AutoZug** fährt in der Sommersaison von Düsseldorf und Hamburg nach Avignon und Fréjus. Information, Beratung und Buchung unter Tel. 018 05/24 12 24 sowie unter www.dbautozug.de.

. . . mit dem Auto
Die schnellste Anreise mit dem PKW führt über durchgehende Autobahnen früher oder später auf die *Autoroute du Soleil* von Lyon nach Marseille. Die Strecke Bonn–Orange über Saarbrücken z. B. ist 1020 km lang (Gebühren s. u.).

Ca. drei bis vier Stunden länger dauern die landschaftlich reizvolleren Strecken durch die Alpen, die sog. Route Napoléon (N 85 Grenoble–Gap–Sisteron) oder die N 75 Grenoble–Serres–Sisteron. Für Österreicher ist die Anreise über Italien die Günstigste.

Apotheken

Eine mit einem grünen Kreuz ausgewiesene *pharmacie* gibt es nahezu überall. Vieles ist billiger als in Deutschland und ohne Rezept erhältlich. Öffnungszeiten: 9–12.30, 14–18.30 Uhr. Ein Aushang informiert über Notfallapotheken außerhalb dieser Öffnungszeiten.

Ärztliche Versorgung

EU-Bürger besorgen Sie sich vor Reiseantritt bei ihrer Krankenversicherung den Auslandskrankenschein E 111. Den muss man in Frankreich bei der Ortskrankenkasse *(caisse primaire d'assurance maladie)* gegen einen französischen Krankenschein tauschen, trotzdem aber bei Arzt und Apotheke Vorkasse leisten; die Kosten, meist nicht in voller Höhe, bekommt man zu Hause von den Krankenkassen erstattet. Das ist äußerst umständlich. Der Abschluss einer zusätzlichen Reisekrankenversicherung (für Nicht-EU-Bürger ohnehin obligatorisch) bei Versicherungsgesellschaften oder beim ADAC empfiehlt sich daher.

Autofahren

Straßen: Für alle Autobahnen ist eine Maut *(péage)* von ca. 5 € pro 100 km fällig. Meist zieht man sein Ticket bei der Auffahrt an der *station de péage* und bezahlt, auch mit Kreditkarten, bei der Abfahrt.

Auf den meist gut ausgebauten Nationalstraßen kommt man, weil sie durch die Ortschaften führen und viel Lastverkehr aufweisen, nicht ganz so zügig vorwärts. Diese *Routes Nationales (RN)* haben oft eine dritte Fahrspur in der Mitte zum Überholen in beiden Richtungen. Wenn man Zeit hat, sollte man die kleinen, oft engen Departementalstraßen (D) nehmen, die in der Regel geruhsames Fahren durch schöne Landschaften ermöglichen und sich häufig auch für Fahrradfahrer eignen.

Verkehrsregeln: Höchstgeschwindigkeiten: innerhalb geschlossener Ortschaften 50, außerhalb 90, auf Schnellstraßen 110, auf Autobahnen 130 km/h. Bei Nässe und wer seinen Führerschein noch kein ganzes Jahr hat, muss 10 bzw. auf Autobahnen 20 km/h langsamer fahren. Franzosen fahren in den Dämmerstunden gern mit Standlicht in geschlossenen Ortschaften, bei Regen- und Schneefall sowie in Tunnels ist Abblendlicht vorgeschrieben. Vorfahrtstraßen enden an den Ortsschildern, gelbe Streifen am Fahrbahnrand verkünden Parkverbot, in der städtischen *Zone Bleue* darf nur mit Parkscheibe geparkt werden. In den praktischen Kreisverkehren hat man Vorfahrt.

Promille 0,5; Anschnallpflicht und alle anderen Verkehrsvorschriften wie in Deutschland. Die Geldbußen für Verstöße sind saftig, vor allem bei Alkoholdelikten.

Pannenhilfe: Auf den Autobahnen und Fernstraßen stehen Notrufsäulen. Einen deutschsprachigen Notrufdienst des ADAC erreicht man jederzeit unter Tel. 04 72 17 12 22.

Tankstellen: Durchschnittliche Öffnungszeiten an Autobahnen durchgängig, an Hauptstraßen 7–24, an anderen Straßen 7–22 Uhr. Die Preise entsprechen in etwa denen in Deutschland.

Behinderte auf Reisen

Die Association des Paralysés de France, Délégation de Paris, 22 rue du Père Guerin, 75013 Paris, Tel. 01 40 78 69 00, gibt den regelmäßig aktualisierten kostenpflichtigen Hotelführer für Behinderte heraus (»Où ferons nous étape?«). Für die Anreise gibt es den »Guide général« beim Ministère des Transports, Tel. 01 40 81 21 22, Fax 01 47 20 39 22.

Generell sind die modernen Hotelketten geeigneter, da sie gesetzlich verpflichtet sind, einen bestimmten Prozentsatz rollstuhlgerechter Zimmer anzubieten. Ein Führer »Gîtes accesibles aux personnes handicapées« listet für Behinderte taugliche Ferienwohnungen auf (Prospekte s. Gîtes).

Diplomatische Vertretungen

Französische Botschaft
... in Deutschland
Kochstr. 6–7
10969 Berlin
Tel. 030/20 63 90 00
Fax 030/20 63 90 16
service@kultur-frankreich.de
www.botschaft-frankreich.de

... in Österreich
Technikerstr. 2
1040 Wien
Tel. 01/50 27 50
Fax 01/50 27 51 68
presse@ambafrvienne.at
www.ambafrance-at.org

... in der Schweiz
Schosshaldenstr. 46
3006 Bern
Tel. 031/359 21 11
Fax 031/359 21 91
presse@ambafrance-ch.org
www.ambafrance-ch.org

... in der Provence
Deutsches Generalkonsulat
338 av. du Prado
13008 Marseille
Tel. 04 91 16 75 20
Fax 04 91 16 75 28

Österreichisches Konsulat
27 cours Pierre Puget
13006 Marseille
Tel. 04 91 53 02 08
Fax 04 91 53 71 51

Schweizer Konsulat
7 rue d'Arcole
13006 Marseille Cedex 6
Tel. 04 96 10 14 10
Fax 04 91 57 01 03

Einreise-, Ausreise- und Zollbestimmungen

Personalausweis oder Reisepass und nationaler Führerschein sowie Fahrzeugschein genügen für Deutsche, Österreicher und Schweizer; die Internationale Grüne Versicherungskarte wird empfohlen, für Schweizer und Österreicher ist sie Pflicht. Kinder brauchen einen Kinderpass oder einen Eintrag im Reisepass von Papa oder Mama.

Seit der Öffnung des europäischen Binnenmarktes werden innerhalb der EU folgende Richtmengen (pro Person) als abgabenfrei bei der Ein- und Ausfuhr akzeptiert: 800 Zigaretten, 400 Zigarillos, 200 Zigarren oder 1 kg Pfeifentabak. An Alkoholika dürfen 10 l Spirituosen, 20 l sog. Zwischenerzeugnisse (z. B. Liköre), 90 l Wein (davon maximal 60 l Schaumwein) oder 110 l Bier ein- bzw. ausgeführt werden. Erst wenn größere als oben genannte Mengen über die Grenze gebracht werden, muss u. U. nachgewiesen werden, dass diese für den privaten Gebrauch bestimmt sind.

Haustiere, die älter als drei Monate sind, dürfen mitgenommen werden, wenn man eine Bescheinigung für eine Tollwutimpfung vorweisen kann, die mehr als einen Monat und weniger als zwölf Monate zurückliegt. Tätowierung oder Chip-Kennzeichnung wird empfohlen. Kampfhunde der Kategorie 1 dürfen nicht einreisen.

Elektrizität

Wie in Deutschland beträgt die Netzspannung 220 V. Für ältere Steckdosen kauft man sich am besten einen Adapter, z. B. einen Eurostecker.

Feiertage

1. Januar, Ostermontag, 1. Mai, 8. Mai (Waffenstillstand 1945), Christi Himmelfahrt, Pfingstmontag, 14. Juli (Nationalfeiertag), 15. August, 1. November, 11. November (Waffenstillstand 1918), 25. Dezember.

Fotografieren

Filmmaterial am besten mitbringen, da es in Frankreich teurer ist. Ein UV-Filter hilft bei der grellen Sonne.

Geld

Kreditkartenzahlung ist in Frankreich weit verbreitet. Hotels, Restaurants, Tankstellen und Geschäfte nehmen meist die gängigen Kreditkarten, Autobahnmautstellen immer. An mit einem blau-roten Symbol gekennzeichneten Geldautomaten bekommt man mit ec-Karte und Geheimnummer oder Kreditkarte Bargeld – Ersteres ist billiger, gezahlt wird ca. 3 € pro Abhebung. Banken, Wechselstuben und größere Hotels tauschen Reiseschecks in Euro. Die Banken lösen keine Euroschecks mehr ein.

Informationsstellen

Maison de la France – Französisches Fremdenverkehrsamt
... in Deutschland
Westendstr. 47
60325 Frankfurt/M.
Tel. 0190/57 00 25
Fax 0190/59 90 61
info.de@franceguide.com
www.franceguide.com

... in Österreich
Argentinier Str. 41a
1040 Wien
Tel. 0900/25 00 15
Fax 01/503 28 71
info.at@franceguide.com

... in der Schweiz
Rennweg 42, PF 7226
8023 Zürich
Tel. 0900/90 06 99
Fax 01/217 46 17
info.zrh@franceguide.com

Comité Régional de Tourisme Provence-Alpes-Côte d'Azur
Les Docks

10 pl. de la Joliette
Atrium 10.5
13567 Marseille Cedex 02
Tel. 04 91 56 47 00
Fax 04 91 56 47 01
information@crt-paca.fr

Informationen im Internet
www.franceguide.com (offizielle Internet-Adresse der Maison de la France für ganz Frankreich, Portal zu den Seiten der Regionen und Departements, auch in Deutsch)
www.crt-paca.fr (offizielle Internet-Adresse der Region Provence, Sehenswürdigkeiten, Kultur, Freizeit, auch in Deutsch)
www.visitprovence.com. (Website des Departements Bouches-du Rhône, auch in Englisch)
www.provenceguide.com (Website des Departements Vaucluse)
www.alpes-haute-provence.com (Website des Departements Alpes-de-Haute Provence, auch in Englisch)
www.cdt-gard.fr (Website des Departements Gard)
www.parcs-naturels-regionaux.tm.fr (alle französischen Regionalparks, auch in Englisch)
www.provenceweb.com (kommerzielles Web, auch in Englisch, jede Menge nützlicher Infos zu Städten, Veranstaltungen, Unterkunft u.v.m.)
www.index-paca.net (mit Links zu Hunderten von provenzalischen Sites)
www.luberon-news.fr (nützliche touristische Site zum Luberon, auch in Englisch, Rezepte und Infos zu Oliven, Kräutern etc.)
www.laprovence-presse.fr (»La Provence«-Tageszeitung: Aktuelles, Ausgehtipps, touristisch interessant auch der »Vorschlag des Tages«)

Karten und Pläne

Die gesamte Region deckt die Straßenkarte Provence-Côte d'Azur von Kümmerly+Frey im Maßstab 1:250 000 ab. Als Wanderkarten empfehlen sich die Cartes bleues des IGN, des Institut Géographique National, im Maßstab 1: 25 000 (www.ign.fr). Stadtpläne gibt es gratis bei den lokalen Offices de Tourisme.

Lesetipps

Für Wissendurstige

Droste, Thorsten: Provence. Kunst-Reiseführer, DuMont, Köln 2001

Duijker, Hubrecht: Provence – Zu Weingütern und historischen Stätten, Hallwag im GU, München 1998

Lueck, Andreas: Familien-Reiseführer. Provence mit Côte d'Azur, Companions, Hamburg 2001

Meuth, Martina u. Neuner-Dutenhofer, Bernd: Provence. Küche, Land und Leute, Droemer Knaur, München 2000 (opulenter Bildband)

Für Leseratten

Berard, Sophie: Lavendelnächte, Lübbe, Bergisch Gladbach 2001 (netter Liebesroman an der Durance).

Bosco, Henri: Der Esel mit der Samthose, Freies Geistesleben, Stuttgart 1999 (Der 1888 in Avignon geborene Bosco siedelte seinen phantastischen Roman in einer dem Luberon ähnelnden provenzalischen Kalkstein- und Garriguelandschaft an).

Charef, Mehdi: Harki, Beck & Glückler, Freiburg 1991 (Roman über algerische Franzosen und französischen Fremdenhass)

Daudet, Alphonse: Briefe aus meiner Mühle, Reclam, Ditzingen 1999 (der Erfolg der »Briefe« verdankt sich der liebevollen, lebendigen Schilderung der dörflichen provenzalischen Landschaft, Gesellschaft und ihrer Menschen)

ders.: Tartarin von Tarascon, Insel, Frankfurt/M. 1996 (Burleske um einen ›echten‹ Provenzalen, s. S. 89)

Fabre, Jean-Henri: Wunder des Lebendigen. Eine Auswahl aus den ›Souvenirs entomologiques‹, Diogenes, Zürich 1992

Giono, Jean: Der Mann der die Bäume pflanzte, Hanser, München 2000 (ein Denkmal für das erdverbundene, archaische Leben einfacher Menschen in der kargen Haute-Provence, s. S. 194; antiquarisch erhältlich: Der Berg der Stummen; Ernte)

Haefs, Gisbert: Das Doppelgrab in der Provence, Goldmann, München 1999 (vergnüglicher Krimi um Detektiv Baltasar Matzbach)

Handke, Peter: Die Lehre der Sainte-Victoire, Suhrkamp, Frankfurt/M. 1996 (Sprach- und Selbstfindung an Cézannes Berg aus der frühen, lesbaren Phase des Autors)

Le Clézio, J. M. G.: Wüste, Kiepenheuer & Witsch, Köln 1992 (ruhiger Roman um die Marokkanerin Lalla und ihren ›Ausflug‹ nach Marseille; Clézio, 1943 in Nizza geboren, gehört zu den bedeutendsten zeitgenössischen Autoren Frankreichs)

Loquai, Franz: Land des Lichts. Ein Provence-Lesebuch, Goldmann, München 2001

Magnan, Pierre: Tod unter der Glyzinie, Scherz, Bern u.a. 2001 (Die Mordermittlungen von Kommissar Laviolette in Sisteron führen in die Zeit der Résistance zurück)

Mayle, Peter: Mein Jahr in der Provence, Droemer Knaur, München 2000 (vergnüglicher Bestseller eines britischen ›Umsiedlers‹, Fortsetzungen »Toujours Provence« u.a.)

Niebelschütz, Wolf von: Die Kinder der Finsternis, dtv, München 1999 (sprachgewaltiger, spannender Roman aus der mittelalterlichen Provence – macht süchtig; nur noch antiquarisch erhältlich)

Pagnol, Marcel: Eine Kindheit in der Provence, Piper, München 1999 (*der* Provence-Roman des Übersetzers, Romanciers und Filmemachers – eine ideale Urlaubslektüre)

ders.: Die Wasser der Hügel, Piper, München 1997 (verfilmt mit Gérard Dépardieu, schildert der Roman das Scheitern des Städters Jean Florette auf der Suche nach dem alternativen Landleben)

Queffélec, Yann: Lena in der Nacht, Frankfurter Verlagsanstalt, Frankfurt/M. 1995 (Marseille-Thriller aus dem Rauschgiftmilieu)

Seghers, Anna: Transit, Aufbau, Berlin 1993 (deutsche Flüchtlinge im Marseille der Nazi-Zeit)

Sobin, Gustaf: Der Trüffelsucher, btb, Berlin 2001 (mitreißender Roman um den Avignoneser Professor Philippe Cabassac, der besessen ist von Trüffeln, Alt-Provenzalisch und seiner Frau Julieta).

Notruf

Polizeinotruf mit Unfallrettung *(Police Secours)* **17**
Notarzt *(SAMU)* **15**
Feuerwehr *(Pompiers)* **18**

Öffnungszeiten

Banken: Mo–Fr 9–12, 14–16, in großen Städten meist durchgängig 9–16.30 Uhr (vor oder nach Feiertagen in der Nähe des Wochenendes wird gerne am ›Anschlusstag‹ geschlossen).
Geschäfte: keine gesetzlichen Ladenschlusszeiten; Kernzeit 9–12, 14/15–19 Uhr; oft bis in den späten Abend geöffnet, auch Supermärkte teils bis 21 Uhr; Sonntagmorgens Bäckereien und Lebensmittelläden in den kleinen Orten meist offen; dafür montags oft geschlossen.
Hotels: Beim wöchentlichen Schließtag werden keine neuen Gäste aufgenommen, alte dürfen selbstverständlich bleiben; oft Okt. /Nov.–Febr./März geschl.
Kirchen: meist über Mittag geschl.
Museen: Kernzeit 10–12, 14–17 Uhr, meist Di geschl. (in Marseille Di–So 10–18, 11–17 Uhr im Winter)
Offices de Tourisme: 9–18 Uhr in großen Städten, in kleineren meist 9–12, 15–18 Uhr; viele kleine Büros öffnen nur während der Saison.
Restaurants: geschlossen oft So abends, Mo
Wochenmärkte: 8–12 Uhr

Post

Die mit einem gelben Schild PTT gekennzeichneten Postämter öffnen Mo–Fr 8–12, 14–18.30, Sa 8–12 Uhr, in größeren Städten auch durchgängig. Briefmarken und Telefonkarten gibt es aber auch in jedem *bureau de tabac;* Porto für Karte/Brief: 0,46 €. Die hellgelben Briefkästen haben zwei Einwurfschlitze, A für innerhalb der jeweiligen Stadt, B für alle anderen Destinationen.

Radio & Fernsehen

Deutsche Welle: Mittelwellenfrequenz 702. Radio Traffic auf 107.7 MHz FM, ein Verkehrssender, bringt alle 15 Minuten Verkehrsnachrichten für den Midi, zur vollen und halben Stunde zusätzlich in Englisch. Radio Provence auf 103.6 MHz FM: Nachrichten, Infos in Französisch, Musik. Frankreich hat drei öffentliche und drei private Fernsehkanäle, z.B. Nachrichten auf TF1 und Antenne 2, Arte und Planete.

Rauchen

Frankreich ist seit dem Gesetz vom November 1992 das restriktivste europäische Land in Sachen blauer Dunst. Unter Androhung hoher Bußgelder ist es untersagt, in überdachten öffentlichen Räumen, z. B. Bahnhöfen, Zügen etc. zu rauchen. In Restaurants und Bars wurden Raucher- (grüner) und Nichtraucherzonen (blauer Elefant) geschaffen, doch allzu ernst nehmen die Franzosen das Gesetz nicht.

Reisekasse

Das Preisniveau entspricht etwa dem in Deutschland, die Hotels sind etwas preiswerter. Ein Kaffee (Expresso) kostet ca. 1,10 €, ein Einzelfahrschein für den Bus 1,20 €, ein Drei-Gänge-Menü der Mittelklasse 28 €, ein Kinobesuch 6 €. Innerhalb Frankreichs gehört die Provence allerdings aufgrund der vielen betuchten Zweitwohnsitzler zu den teuren Regionen.

Sicherheit

Autoeinbrüche sind schon fast die Regel, besonders häufig an Parkplätzen vor touristischen Attraktionen, aber auch an einsamen kleinen Provinzstraßen, wo man es eigentlich nicht erwartet. Erste Regel: Absolut nichts im Fahrzeug liegen lassen, Handschuhfach und Kofferraum möglichst öffnen, so dass die Knackprofis sehen, dass es sich nicht lohnt. Auch ganze Autos werden gestohlen, bevorzugt der oberen Klasse.

Fälle von Vandalismus kommen vor. Taschendiebstahl ist weit verbreitet, auf dem Bahnhof, an Strand und Pool, im touristischen Gedränge etc. Vorsicht auch beim Tanken: Immer das Auto abschließen! Am besten nimmt man nur das Nötigste an Bargeld mit, trägt Wertsachen und Kreditkarten versteckt am Leib. Eine Anzeige beim örtlichen *Commissariat de Police* ist Voraussetzung für die Schadensregelung bei der deutschen Versicherung.

Souvenirs

Beliebt sind glasierte Tonwaren und Keramik, z.B. die *vases d'anduze,* die ubiquitären Zikaden (*cigales)* oder Santons. Die farbig bedruckten Baumwollstoffe (*indiennes)* werden zu Tischdecken, Lavendelsäckchen und Kleidung im provenzalischen Landhausstil verarbeitet: Das Firmen-Trio Souleïado, Les Olivades und Les Indiennes de Nîmes hat mehrere Niederlassungen in den Städten. Typische Mitbringsel aus dem Lebensmittelsektor sind Olivenöl, Duftstoffe, Nougat, Calissons, Honig und natürlich Wein. Auf den Wochenmärkten bekommt man all dies häufig preiswerter als in Geschäften und direkt vom *producteur.* Dazu hat die Provence eine Vielzahl von Künstlern und Kunsthandwerkern angezogen, die in Ateliers Gemälde, Textilkunst, Skulpturen u. ä. produzieren und verkaufen.

Telefonieren

Die öffentlichen Telefone in Frankreich funktionieren fast nur noch mit *télécartes* – Telefonkarten, die man an Postschaltern, Tabakgeschäften (*tabacs)* und Supermarktkassen sowie in Bahnhöfen erhält (zu 50 oder 120 Einheiten). In Telefonzellen mit dem Symbol der blauen Glocke kann man sich anrufen lassen. In Cafés und Bars ersteht man *jetons* zum Telefonieren. Besonders billig sind die Tarife ab 23 Uhr, doch schon ab 18 Uhr wird's ein bisschen günstiger.

Bei Anrufen nach Frankreich wählt man 0033, gefolgt von der Teilnehmernummer ohne die erste 0. Nach Deutschland: 00 49, nach Österreich 00 43, in Schweiz 00 41 und sodann die Ortsvorwahl ohne die 0. Auskunft national: 12.

Per Handy kann man in vielen Netzen telefonieren, es setzt allerdings deftige Zusatzgebühren, wenn man einen französischen Netzanbieter nimmt.

Roaming kann teuer werden – in dem herrschenden Tarifdschungel sollte man vor der Reise beim jeweiligen Netzanbieter die aktuellen Preise erfragen. Auch für den im Ausland Angerufenen kostet es.

Toiletten

Im Midi sind die traditionellen Stehklos noch weit verbreitet: Nase zu und weg, bevor die Spülungswelle kommt. Öffentliche WCs sind relativ spärlich gesät.

Trinkgeld

Ist zwar offiziell im Preis enthalten *(service compris)*, doch üblich ist ein Trinkgeld *(pourboire)* von 5–10 % der Rechnung in Restaurants und Taxis. Selbst beim *café* rundet man mit ein paar Cents auf.

Umgangsformen

Die Franzosen legen großen Wert auf die korrekte Beherrschung des Französischen. Anders als in den angelsächsischen Ländern wird nicht jeder radebrechende Versuch überschwänglich gelobt. Die Höflichkeit verlangt es, zum *Bonjour, Au Revoir* und *Merci* ein *Madame, Monsieur* oder auch *Mademoiselle* hinzuzufügen; Letzteres hat nicht das leicht Despektierliche des deutschen »Fräulein!«

An Jeans, Turnschuhen und Goretexjacke erkennt man Sie gleich als Touristen. Mit modernem City-Schick ist man vor allem in den Städten unauffälliger. In guten Restaurants darf man sich ruhig etwas feiner anziehen. Hier setzt man sich nicht einfach an einen Tisch, sondern wartet, bis der Ober einen an selbigen führt.

Unterkunft

Hotels

Hôtels de Tourisme sind entsprechend staatlicher Kontrolle nach Ausstattung – nicht nach ›Schönheit‹ – in vier Kategorien eingeteilt. Vier Sterne: Luxus, ab ca. 230 €; drei Sterne: sehr komfortabel, ab ca. 85 €; zwei Sterne: komfortabel, d. h. fast alle Zimmer mit Dusche und WC, ab ca. 40 €; einfach: nur einige Zimmer mit Dusche und WC, ab ca. 20 €. Die hier und bei den Empfehlungen genannten Preise gelten jeweils für zwei Personen im Doppelzimmer – Einzelzimmer oder eine Person im Doppelzimmer kostet nur geringfügig weniger. Das kleine Frühstück kommt immer extra, je nach Hotelstufe ca. 6–14 €. Man kann es auch in der nächsten Café/Bar einnehmen. Die Hotels in den Touristenzentren sind teurer als die in abgelegeneren Gegenden. Preis-Spitzenreiter sind Avignon, Aix und Marseille.

Die meisten Hotels, besonders auf dem Land, haben ein Restaurant. Im Logis de France sind meist einfachere, familiäre Häuser mit zwei Sternen und Restaurant zusammengeschlossen, zu erkennen am gelben Kamin auf grünem Grund (Fédération Régionale des Logis de France, 8 rue Neuve St-Martin, 13222 Marseille Cedex 01, Tel. 04 91 14 42 00, Fax 04 91 14 42 45, www.logis-de-france.fr).

Günstig, mitunter schon ab ca. 23 €, sind ebenfalls einige in letzter Zeit wie Pilze auch aus dem provenzalischen Boden schießenden Hotelketten wie Formule 1, Ibis, Arcade, Arcotel oder Campanile. Sie konzentrieren sich in den Gewerbegebieten: unschöne, aber verkehrsgünstige Lage, keine Atmosphäre, aber meist standardmäßig zufriedenstellend ausgestattete Zimmer und hohe Bettenkapazitäten.

Schlösser und Herrenhäuser mit um so mehr Atmosphäre und um so höheren Preisen sind der Relais & Châteaux-Vereinigung angeschlossen (Reservierung Tel. 00800/ 20 00 00 02, www.relaischateaux.com).

Chambres d'hôtes
Eine gute, meist preisgünstigere Alternative zu Hotels sind oft Privatunterkünfte, Chambres d'hôtes. Manchmal handelt es sich um sehr schlichte Unterkünfte beim Bauern, manchmal um liebevoll restaurierte historische Gebäude mit künstlerisch ausgestalteten Zimmern und allem Komfort. Frühstück ist inklusive, oft verstehen sich Wirtin oder Wirt auf provenzalische Landhausküche. Vor allem in Luberon und Alpilles verwöhnen luxuriöse Mas im provenzalischen Landhausstil ihre Gäste. Die Preise divergieren stark von ca. 40–115 €. Prospekte s. Gîtes.

Gîtes
Gîtes sind wochenweise vermietete Ferienwohnungen auf dem Land, klassifiziert mit ein bis vier Ähren (*épis*). Jedes Departement gibt einen gebührenpflichtigen Katalog mit Abbildungen und allen Einzelheiten heraus und nimmt, wenn nicht der Vermieter selbst dies tut, Buchungen entgegen:

Gîtes de France

Alpes-de-Haute-Provence: Maison du Tourisme, Rond-Point du 11 Novembre, 04000 Digne Cedex, Tel. 04 92 30 30 40, Fax 04 92 32 32 63, www.gites-de-france-04.fr

Bouches-du-Rhône: Domaine du Vergon, 13370 Mallemort, Tel. 04 90 59 49 39, Fax 04 90 59 16 75, gitesdefrance@visitprovence.com

Gard: Comité du Tourisme, 3 pl. des Arènes, 30007 Nîmes Cédex 4, Tel. 04 66 27 94 94, Fax 04 66 27 94 95

Vaucluse: pl. Campana, La Balance, 84008 Avignon Cedex 1, Tel. 04 90 85 45 00, Fax 04 90 85 88 49, www.itea.fr/GDF/84

Bei diesen Adressen erhält man auch die kostenpflichtigen Kataloge für ganz Frankreich: für *chambres d'hôtes*, Wandererunterkünfte (*gîtes d'étape*), wo man preiswert mit Schlafsack im Schlafsaal unterkommt und meist eine Kochgelegenheit findet, sowie für Angler, Reiter, Wintersportler oder Familien mit Kindern.

Jugendherbergen
Man braucht einen Internationalen Jugendherbergsausweis. Die französischen *auberges de jeunesse* sind von einfachen bis zu großen, ganzjährig geöffneten und auch mit Doppelzimmern ausgerüsteten Häusern mit ein bis vier Tannen-Symbolen bewertet. Durchschnittlicher Preis für eine Übernachtung: ca. 11 €.

In den meisten Herbergen bekommt man Frühstück (ca. 3 €) und ein

Abendmenü (ca. 8 €). Das Empfangsbüro hat in der Regel 7.30–20 Uhr geöffnet. Oft sind Sportmöglichkeiten und eine Küche vorhanden.

Eine komplette Liste mit genauen Infos erhält man bei der Maison de la France oder bei der Fédération Unie Auberges de Jeunesse (FUAJ), 27 rue Pajol, 75018 Paris, Tel. 01 44 89 87 27, Fax 01 44 89 87 10, www.fuaj.fr.

Camping

Da Camping in der Provence sehr beliebt ist, gibt es eine entsprechend große Auswahl, wie die Hotels staatlich kontrolliert und in Kategorien von 1 bis 4 Sterne eingeteilt. Für neu eröffnete oder renovierte Plätze gehören Schwimmbad und Sportanlagen mittlerweile zum Standard. *Camping à la ferme,* Camping auf dem Bauernhof, bietet viel Atmosphäre und dafür etwas weniger Komfort (Prospekte s. Gîtes). Wildes Campen ist an Küste, Seen und Flüssen und in Waldgebieten wegen der Waldbrandgefahr strengstens verboten. Will man auf einer Wiese zelten, muss man beim jeweiligen Besitzer oder in der Mairie des nächsten Ortes vorher die Genehmigung einholen. Da die Franzosen selbst sehr gerne campen, sollte man in der Hochsaison unbedingt vorbestellen.

Verkehrsmittel

Bahn

Tickets müssen vor Fahrtantritt an den orangefarbenen *composteurs* entwertet werden. An allen Bahnhöfen gibt es den kostenlosen »Guide régional des Transports«, der alle Bus- und Bahnverbindungen auflistet. An vielen Bahnhöfen kann man Mietwagen ›Train & Auto‹ mieten. Kinder unter vier Jahren werden kostenlos, von 4–12 Jahren zum halben Fahrpreis befördert.

Bus

Nur die größeren Städte werden mit häufigen, für Touristen praktischen Verbindungen bedient. Kleinere Orte fahren die meist privaten Busunternehmen auf ihren Überlandtouren in der Regel nur einmal morgens und einmal abends an, an Sonn- und Feiertagen oft gar nicht.

Fahrkarten und Fahrpläne gibt es in den Bussen, an den *gares routières* (Busbahnhöfen) in größeren Orten oder an Kiosken, in Bars und Tabac-Läden, vor denen die Busse in kleineren Orten starten. Hier oder bei den lokalen Fremdenverkehrsämtern kann man sich vor Ort über die genauen Abfahrtszeiten erkundigen.

Marseille, Avignon, Nîmes und Aix verfügen über ein gut ausgebautes lokales Busnetz, Marseille sogar über eine U-Bahn.

Mietwagen

Für die Hauptsaison empfiehlt sich eine Vorbestellung von zu Hause, was oft auch preisgünstiger ist, vor allem in Verbindung mit Anreise per Flugzeug oder Bahn. Man muss mindestens 21 Jahre alt sein und seinen Führerschein seit einem Jahr haben. Eine Kaution, zahlbar meist mit Kreditkarte, wird verlangt. Achten Sie auf *kilométrage illimité*, unbegrenzte Kilometerzahl. Für

Spontanbuchungen in der Region sind Gesellschaften wie ADA oder Rent-a-Système meist die preiswertesten (pro Woche für einen Kleinwagen ab 190 €).

Taxi

Transportiert werden maximal drei Personen, der Beifahrersitz ist tabu. Schwere Gepäckstücke kosten extra. Wenn man ein Taxi am Straßenrand anhält oder in einem Taxistand zusteigt, kommt es billiger als bei Anruf/Bestellung und Zusteigen in Bahnhof/Flughafen. Ein Kilometer kostet 0,60–1,50 €, am teuersten sind Taxifahrten an den Wochenenden.

Zeitungen

Die führende, neutrale Regionalzeitung ist »La Provence«, entstanden aus einer Fusion des linksliberalen »Le Provençal« und des konservativen »Le Méridional« (Mittwochs Rubrik »Sortir« zu kulturellen Veranstaltungen). Daneben gibt es »Midi libre« und die linke »La Marseillaise«. Das kostenlose, jeden Mittwoch erscheinende »César« ist das Kulturblatt der Regon PACA, Schwerpunkt Arles. Deutsche Printmedien kommen mit ca. einem Tag Verspätung in den *maisons de presse* der Städte und in den Touristenorten an.

Zeitunterschied

Es gilt die Mitteleuropäische Zeit, von Ende März bis Ende September die Sommerzeit, wenn die Uhren um eine Stunde vorgestellt werden – alles wie in Deutschland.

SPRACHFÜHRER

Begrüßung

Guten Morgen/ Guten Tag!	Bonjour!
Guten Abend!	Bonsoir!
Wie geht's?	Comment ça va?
Danke.	Bien, merci.

Unterkunft

Haben Sie ein freies Zimmer?	Avez-vous une chambre de libre?
Wie viel kostet das Zimmer?	Quel est le prix de la chambre?
Wir sind ausgebucht.	Nous sommes complet.
Bad	salle de bains
Bettwäsche	draps
Decke	couverture
Doppelzimmer	chambre à deux lits
Dusche	douche
Einzelzimmer	chambre à un lit
Frühstück	petit déjeuner
Gepäck	bagages
Jugendherberge	auberge de jeunesse
Kinderbett	lit pour enfant
Schlafsaal	dortoir
Schlafsack	sac de couchage
Schlüssel	clé
Schwimmbad	piscine
Toilette	toilettes
Vollpension	pension
Waschbecken	lavabo
Zimmer	chambre

Im Restaurant

Ich möchte einen Tisch für zwei Personen reservieren.	Je voudrais réserver une table pour deux personnes.
Ich nehme ...	Je prendrai ...
Hat es geschmeckt?	C'etait bon?
Danke, ausgezeichnet.	Merci, c'était excellent.
Die Rechnung bitte.	L'addition, s'il vous plaît.
Abendessen	dîner
Flasche	bouteille
Gabel	fourchette
Getränk	boisson
mit Kohlensäure	gazeux
Glas	verre
Löffel	cuillère
Messer	couteau
Mittagessen	déjeuner
Nachspeise	dessert
Rechnung	addition
reservieren	réserver
Speisekarte	carte, menu
Tagesgericht	plat du jour
Teelöffel	petite cuillère
Teller	assiette
Tisch	table
trinken	boire
vegetarisch	végétarien
Vorspeise	hors d'œuvre
Wasser	de l'eau
Weinkarte	carte des vins

Unterwegs

Auto	voiture
Autovermietung	location de voitures
Bahnhof	gare
Bus	autobus

Busbahnhof	gare routière
bleifrei	sans plomb
Diesel	gas-oil
Fahrkarte	billet
Fahrplan	horaire
Fahrrad	vélo
Fahrradweg	piste cyclable
geradeaus	tout droit
Haltestelle	arrêt
Innenstadt	centre-ville
links	à gauche
Motorrad	moto
Normalbenzin	ordinaire
Parkplatz (bewacht)	parking (gardé)
rechts	à droite
Schiff	bateau
Straße	rue
Touristeninformation	office de tourisme
Zug	train

Im Krankheitsfall/Notfall

Antibiotikum	antibiotique
Apotheke	pharmacie
Arzt	médecin
Feuerwehr	pompiers
Fieber	fièvre
Hustensaft	sirop contre la toux
Kopfschmerzen	maux de tête
Krankenhaus	hôpital
Krankenwagen	ambulance
Notfall	urgence
Pannendienst	service de dépannage
Pflaster	sparadraps
Rezept	ordonnance
Unfall	accident
Versicherung	assurance
Zahnarzt	dentiste

Ortsbezeichnungen

Abtei	abbaye
Altstadt	vieille ville
Ausstellung	exposition
Besichtigung	visite
Brücke	pont
Brunnen	fontaine
Burg	château
Fußgängerzone	zone piétonne
Gehsteig	trottoir
Hauptstraße	rue principale
Kapelle	chapelle
Kirche	église (katholisch), temple (protestantisch)
Palast	palais
Rathaus	hôtel de ville/ mairie
Stadtrundfahrt	tour de ville
Stadtteil	quartier

Wochentage/Zeitangaben

Sonntag	dimanche
Montag	lundi
Dienstag	mardi
Mittwoch	mercredi
Donnerstag	jeudi
Freitag	vendredi
Samstag	samedi
Feiertag	jour férié
heute	aujourd'hui
gestern	hier
morgen	demain
morgens	le matin
mittags	à midi
nachmittags	l'après-midi
abends	le soir
nachts	la nuit

Zahlen

1	un
2	deux

3	trois
4	quatre
5	cinq
6	six
7	sept
8	huit
9	neuf
10	dix
11	onze
12	douze
13	treize
14	quatorze
15	quinze
16	seize
17	dix-sept
18	dix-huit
19	dix-neuf
20	vingt
21	vingt-et-un
30	trente
40	quarante
50	cinquante
60	soixante
70	soixante-dix
80	quatre-vingt
90	quatre-vingt-dix
100	cent
200	deux cent
1000	mille

Kulinarisches Lexikon

agneau	Lamm
anchois	Sardelle
asperge	Spargel
bœuf	Rind
brochette	Spieß
bulot	Meerschnecke
canard	Ente
charcuterie	Wurst
chèvre	Ziege, Ziegenkäse
coq	Hahn
coquillages	Muscheln
côte d'agneau	Lammkotelett
côte de veau	Kalbskotelett
courgette	Zucchini
crevettes	Garnelen
crudités	Rohkostsalate
épinard	Spinat
escalope	Schnitzel
escargots	Weinbergschnecken
faux-filet	Lendenstück vom Rind
fenouil	Fenchel
fleurs de courgette	Zucchiniblüten
foie	Leber
gigot	Keule
haricots verts	grüne Bohnen
homard	Hummer
huîtres	Austern
légumes	Gemüse
lièvre	Hase
lapin	Kaninchen
morue	Stockfisch
moules	Miesmuscheln
nouilles	Nudeln
oignon	Zwiebel
pain	(Weiß)brot
plat de fruits de mer	Meeresfrüchteplatte
poisson	Fisch
pommes de terre	Kartoffeln
porc	Schwein
poulpe	Tintenfisch
riz	Reis
rognons	Nieren
saumon	Lachs
tellines	kleine Herzmuscheln
tomate	Tomate
tripes	Kutteln
veau	Kalb
violet	Seeigel

REGISTER

Aigues-Mortes 22, 118, 129ff.
Aiguines 199
Aix-en-Provence 32, 40, 144, 152, **166ff.**
- Cours Mirabeau 170ff.
- Fondation Vasarély 175
- Hôtel d'Arbaud 170
- Hôtel d'Estienne de St-Jean 169
- Hôtel de Châteaurenard 169
- Hôtel de Ville 169
- Kathedrale St-Sauveur 167
- Les Deux Garçons, Brasserie 176
- Musée d'Histoire Naturelle 170f.
- Musée Granet 168, **175**
- Palais de Justice 171
- Palais de l'Archevêché 167f.
- Pavillon Vendôme 170
- Place des Cardeurs 170
- Quartier Mazarin 174
- Rotonde 172
- Ste-Marie-Madeleine 172
- Tour de l'Horloge 169
Albaron 104
Alpilles 34, **92ff.**
Ansouis 193
Apt 40, 182, **186f.**
Arles 32, 34, 36, 37, 102, **104ff.,** 119
- Alyscamps 115
- Amphitheater 105
- Espace Van Gogh 114
- Fondation Van Gogh 105
- Hôtel Arlatan 116
- Kreuzgang 110f.
- Kryptoportiken 111
- Märkte 112
- Musée de l'Arles Antique 115
- Musée Réattu 115
- Museon Arlaten 33, **111f.**
- Notre-Dame-de-la-Major 108
- Pont de Langlois 116
- Römisches Theater 108
- St-Jean-le-Moustier 108
- St-Trophime 110
- Thermen 115
Aubagne 33, **161**
Avignon 18, 19, 20, 32, **73ff.,** 84, 85, 186
- Hôtel des Monnaies 77
- Kathedrale Notre-Dame-des-Doms 77
- Livrée Ceccano 81
- Musée Angladon 81
- Musée Calvet 81, **82**
- Musée Lapidaire 81
- Palais des Papes **73ff.,** 99
- Pont-St-Bénézet **77,** 85
- Rocher des Dom 77
- St-Agricol 80
- St-Didier 81
- St-Pierre 80

Balcons de la Mescla 199
Banon 202
Barbegal 100
Bastide La Pauline 173
Baume Bonne 200
Beauduc 118
Beaumes-de-Venise 63, **86**
Bédoin 65
Bonnieux 188

Cadenet 188
Calanques 158ff.
Camargue 15, 17, 39, **118ff.**
Camargue-Museum 125
Cap Canaille 161
Carpentras 19, 20, **65ff.,** 186
Carry-le-Rouet 20, **163**
Cassis 20, **160f.**
Cavaillon 19, **185f.**
Cézanne, Paul **36,** 37, 169, **175,** 178, 179
Chaîne de l'Estaque 163
Chartreuse-du-Val-de-Bénédiction 85
Château La Nerthe 87
Château Talaud 63
Château-Gombert 20, **155**
Châteauneuf-du-Pape 86, **88**
Colorado provençal 185
Comtat Venaissin 69ff.
Corniche Sublime 199
Coustellet 188, 204
Crau 19, 37, 115
Crestet 64
Cucuron 192

Daudet, Alphonse 30, 89, 100
Dentelles de Montmirail 62ff.
Digue à la Mer 118, **128**
Domaine de Méjanes 128

Écomusée de la Crau 115
Écomusée de la Forêt méditerranéenne 16
Entremont 168
Étang de Berre 20, 21, **162f.**
Etang de Vaccarès 124f.
Eygalières 103

Fabre, Jean-Henri 37
Fontaine-de-Vaucluse 33, **71f.**
Fontvielle 100f.
Forcalquier 201
Forêt des Cèdres 182

Ganagobie 205
Gap 31
Gardanne 16
Gigondas **63,** 86
Giono, Jean 12, 169, 192, **194,** 195
Gogh, Vincent van 30, **37,** 93, 115
Gordes 181
Gorges du Regalon 190
Gorges du Verdon 198f.
Gorges du Véroncle 69
Grambois 191
Grand Canyon du Verdon 199
Grand Luberon 191ff.
Gréoux-les-Bains 197
Grotte Cosquer 158
Grotte de Thouzon 72

Haute-Provence 15, **194ff.**

Joucas 69

L'Isle-sur-la-Sorgue **71,** 186
La Capellière 128
La Ciotat 161
La Ferme aux Crocodiles, Pierrelatte 196
La Palissade 128
La Palud-sur-Verdon 198
La Tour d'Aigues 188, **193**
Lac de Ste-Croix 199
Lacoste 182, **188**
Le Barroux 63
Le Beaucet 69
Le Paradou 103
Le Sambuc 104
Le Tholonet 178
Le Thor 72
Les Baux-de-Provence 32, 33, **95ff.,** 98
Les Goudes 158
Les Milles 20, 152
Les Stes-Maries-de-la-Mer 20, 32, 37, 119, **120ff.,** 124, 126
Limans 202
Lourmarin 182, **191f.**
Luberon 19, 182, **188ff.**

Maillane 100
Maison de la Ste-Victoire 178
Maison du Cheval Camargue 127
Malaucène 64
Manosque 20, **194,** 196
Marcoule 196
Marseille 14, 20, 31, 32, 39, **144ff.**
- Alter Hafen (Vieux Port) 40, **145f.**
- Château Borély 154
- Château d'If 145
- Château de la Buzine 155
- Château-Gombert 20, **155**
- Cité Radieuse 154
- Cours Julien 150
- Fischmarkt 145
- Kathedrale La Major 149
- La Canebière 150
- La Corniche 154
- La Treille 155
- Marché des Capucins 150
- Musée Cantini 150f.
- Musée d'Art contemporain (MAC) 154
- Musée d'Histoire de Marseille 148
- Musée de Faïence 154
- Musée de la Mode 150
- Musée des Docks Romains 149
- Musée du Vieux Marseille 33, **149**
- Musée Grobet-Labadié 150
- Notre-Dame-de-la-Garde 151
- Palais Longchamps 150
- Panier-Viertel **148f.,** 152
- Parc Borély 154
- Prado-Strand 154
- Rathaus 149
- St-Ferréol 145
- St-Victor 151
- Vallon des Auffes 154
Martigues 20, **163**
Mas de la Cure 127
Mas des Barres 98
Mas du Pont de Rousty 125
Mas Gourgonnier 98
Mas St-Bertrand 128
Mas-Thibert 104
Maussane-les-Alpilles 98, **103**
Mayle, Peter 12, 71, 189

Ménerbes 189
Mérindol 182, **190**
Mistral, Frédéric **31,** 86, 114
Mont Ventoux 64f.
Montagne de Lure 204
Montagne Ste-Victoire 175, **178f.**
Montmajour, Abbaye de 101f., 119
Moulin de Daudet 100
Mouriès 99, **102**
Mourre Nègre 182
Moustiers-Ste-Marie 197
Murs 69
Musée de Préhistoire, Quinson 200

Nîmes 19, 21, 34, 87, **132ff.**
- Amphitheater 137
- Carré d'Art 136f.
- Castellum Divisorum 136
- Kathedrale Notre-Dame et St-Castor 137
- Maison Carrée 34, **136**
- Musée Archéologique 137
- Rathaus 137
- Tempel der Diana 136
- Tour Magne 136

Notre-Dame-de-Salagon 205
Notre-Dame-du-Groseau 64

Oppède-le-Vieux 86, **189f.**
Oppedette 203
Orange 31, 32, **54ff.,** 58

Pagnol, Marcel 9, 12, 72, 145, **155,** 161, 191
Parc de Cordes 102
Parc Régional du Luberon 182f.
Pays de Forcalquier **201ff.,** 204
Pernes-les-Fontaines 70f.
Petit Luberon 188ff.
Pierrelatte 196
Plage d'Arles 128f.
Plateau d'Albion **202,** 204
Point Sublime 198
Pont du Gard 34, **141**
Pont Flavien 162
Pont Julien 188
Port St-Louis 128
Pourrières 179

Rasteau 86
Riez **195,** 204
Roquepertuse 168
Roussillon 185
Route des Crêtes 161
Route des Vaudois en Luberon 182
Rustrel 185

Sablet 62
Saignon 193
St-Antonin-sur-Bayon 178
St-Chamas 162
St-Christol 203
St-Gabriel 35
St-Gilles 35, 36, **130f.**
St-Martin-de-Crau 20, 115
St-Martin-de-la-Brasque 188
St-Maximin-de-la-Ste-Baume 119
St-Michel-l'Observatoire 203
St-Pierre-de-la-Sagno 101
St-Quenin 60
St-Rémy-de-Provence 34, 37, **92ff.**
St-Saturnin-lès-Apt 185
St-Tulle 206
Sts-Cosme-et-Damien, Sablet 63
Saliers 104
Salin-le-Giraud 22, 104, **128**
Salins du Midi 22, **130**
Salon-de-Provence 161f.
Sault 204
Sausset-les-Pins 163
Séguret 32, 52, **62**
Sénanque, Abbaye de 180
Sentier Martel 200
Sérignan-du-Comtat 38
Silvacane, Abbaye de 191
Simiane-la-Rotonde 203
Sisteron 206f.

Tarascon 89
Tour Carbonnière, Aigues-Mortes 129
Tricastin 19
Trigance 199

Uzès 139ff.

Vacqueyras 63, 86
Vaison-la-Romaine 21, 57ff.
Valensole 204
Valréas 20
Valsaintes 205
Vauvenargues 179
Venasque 69
Village des Bories 181f.
Villeneuve-lès-Avignon 84f.

PROVENCE-ATLAS

LEGENDE

1 : 350.000

0 — 10 km

Autobahn mit Nr. und Anschlussstelle	Schloss, Burg; Schloss-/Burgruine
Schnellstraße mit Europastraßennr. und Anschlussstelle	Kirche; Kirchenruine
Fernstraße mit Nationalstraßennr.	Kloster; Klosterruine
Hauptstraße mit Departementstraßennr.	Kapelle; Sehenswürdigkeit
Nebenstraße	Sendeturm
Fahrweg	Berggipfel; Höhenpunkt; Pass
Fußweg	Archäologische Stätte; Höhle
Eisenbahn	Seilbahn
Departementgrenze	Wasserfall; Leuchtturm
Naturparkgrenze	Hütte; Windmühle
Sperrgebiet	Aussichtspunkt
Internationaler Flughafen; Flugplatz	Quelle; Badestrand

A
B
C
1
2
3
4
Robiac
St-Ambroix
Le Martinet
Molières-sur-Cèze
St-Victor-de-Malcap
St-Jean-de-Maruéjols
Féreyrolles
Le Mattas
Montclus
St-André-de-Roquepertuis
Ancienne Chartreuse de Valbonne
Cèze
St-Jean-de-Valériscle
St-Denis
Rivières
Theyrargues
325 m
Frigoulet
Cornillon
Les Mages
Méjannes-le-Clap
Goudargues
St-Julien-de-Cassagnas
St-Gély
Le Castelas 397 m
Château d'Allègre
Allègre
La Bastide
Gorges de l'Aiguillon
Parc ornithologique des Isles
Château de Rousson
Rousson
Fons-sur-Lussan
La Roque-sur-Cèze
Gouffre des Aiguières
Verfeuil
St-André-d'Olérargues
Salindres
Malataverne
Tour
Navacelles
Auzonnet
Aiguillon
Tour
Vendras
Lussan
Les Opiats
Mazac
Servas
Bouquet
Saussines
St-Privat-des-Vieux
Les Plans
Guidon du Bouquet
Audabiac
St-Marcel-de-Careiret
Alès
Brouzet-lès-Alès
Vallérargues
Cavillargues
Mons
St-Just
Seynes
340 m
La Bruguière
St-Laurent-la-Vernède
Tave
Méjannes-lès-Alès
GARD 30
Larnac
Le Chabian
Belvézet
La Bastide-d'Engras
St-Hilaire-de-Brethmas
Monteils
Euzet
Bourdiguet
Deaux
St-Hippolyte-de-Caton
Marignac
Aigaliers
Larnac
St-Quentin-la-Poterie
Vézénobres
St-Etienne-de-l'Olm
Baron
Foissac
Labaume
Serviers
St-Victor-des-Oules
Ribaute-les-Tavernes
St-Jean-de-Ceyrargues
Moulin-Neuf
Duché
St-Césaire
St-Maurice-de-Cazevieille
Montaren
Uzès
Flaux
Cassagnoles
Massanes
Castelnau-Valence
Aubussargues
St-Siffret
Maruéjols-lès-Gardon
Cruviers
Collorgues
Arpaillargues
Museon di Rodo
St-Maximin
Castelnau
Boucoiran
Garrigues
Bourdic
Castille
Domessargues
Moussac
Sagriès
Argilliers
Aigremont
St-Chaptes
Alzon
Lauriol
Sauzet
Blauzac
Sanilhac
Collias
Pont du Gard
St-Geniès-de Malgoirès
La Tour
Campagnac
Pont St-Nicolas
St-Théodorit
Gouffre Espeluca
Ste-Anastasie
Gard ou Gardon
St-Privat
Montagnac
Rouvière
Dions
Russan
Gorges du Gardon
Autodrome
Moulézan
Montignargues
Le Castélas 171 m
Poulx
St-Bauzély
La Calmette
Ledenon
Fons
Pic de Guerre
Cabrières
Montmirat
St-Mamert-du-Gard
Gajan
204 m
Cannes
Massillan
Crespian
Vallongue
St-Gervasy
Bezouce
Baraques-de-Montpezat
Mas de Ponge
Courbessac
Parignargues
Marguerittes
Vic-le-Fesq
Combas
Nîmes-Est
St-Pierre-de Vacquière
Montpezat
Nîmes
Lecques
St-Côme-et-Maruéjols
Arènes
Clarensac
Caveirac
St-Etienne-d'Escattes
Rodilhan
Manduel
Salinelles
Souvignargues
Sinsnas
Nîmes-Ouest
Nîmes-C.
Langlade
St-Dionisy
Caissargues
Bouillargues
Nages
Calvisson
Solorgues
Milhaud
Aujargues
Boissières
Garons
Sommières
Congénies
Bizac
Bernis
La Tuilerie
Boisseron
Aubais
Aubord
Garons
Nîmes-Arles-Camargue
Aigues-Vives
Uchaud
Vergèze
Vestric
S. 236
N110
N106
N113
A 9
A 54
E 15

D
E
F
1
2
3
4
St-Paulet-de-Caisson
Pont-St-Esprit
St-Ariès
Rochegude
Ste-Cécile-les-Vignes
Roaix
Vaison-la-Romaine
Crestet 5 km
N. D. d'Aubusson
Séguret
Carsan
St-Alexandre
Mondragon
Massillan
Lagarde-Paréol
Carainne
Rasteau
Alcyon
St-Georges
Mornas
La Galle
St-Estève
Sérignan-du-Comtat
Le Martinet
Sablet
St-André
St-Nazaire
Vénejan
St-Etienne-des-Sorts
Aiguevillee
Piolenc
Travaillan
Camaret-sur-Aigues
Gigondas
Bagnols-sur-Cèze
Le Jonquier
Orange-N.
Violès
Dentelles de Montmirail
Chusclan
Arc de Triomphe
Malijay
Vacqueyras
Montmirail
Dent de Signac
Aigues
ORANGE
Causans
Chabert
Beaumes-de-Venise
236 m
Orsan
Orange
Les Roques
Codolet
Théâtre Antique
Jonquières
Laudun
Lascours
Caderousse
Orange-S.
Aubignan
Connaux
Ribas
L'Ardoise
Cal. de Pierrelatte
Courthezon
Torreau
Verclos
Vaudieu
Sarrians
Loriol-du-Comtat
GARD
Montfaucon
Le Montellier
St-Victor-la-Coste
St-Laurent-des-Arbres
Château de l'Hers
Châteauneuf-du-Pape
Les Tailladdes
Carpentras
St-Geniès-de-Comolas
Fortia
Bédarrides
Le Castella
Le Clary
Roquemaure
Auzon
Lirac
Les Fines-Roches
Monteux
Ste-Baume
Sauveterre
Roquemaure
Entraigues-s.-la-Sorgue
Tavel
Aqueria
Sorgues
Althen-des-Paluds
Pernes-les-Fontaines
Brot
Tringuevédel
Pujaut
Rhône
Guerre
St-Pierre
N.D. de Grâce
Insolas
Avignon-N.
Les Valayans
S. 232
St-Hilaire-d'Ozilhan
Rochefort-du-Gard
Parc du Soleil et du Cosmos
Villeneuve-lès-Avignon
Le Pontet
St-Saturnin-lès-Avignon
Velleron
Pont St-Bénézet
Grotte de Thouzon
Remoulins
Estézargues
Les Angles
Palais des Papes
Morières-lès-A.
Le Thor
Saze
Les Issarts
Domazan
AVIGNON
Montfavet
Sorgue
Fournés
TGV
Châteauneuf-de-Gadagne
Théziers
St-Amand
109 m
Barbentane
Rognonas
Avignon-Sud
Velorgues
Tour
Aramon
Durance
Châteaurenard
Caumont-s.-Durance
Les Vignères
Montfrin
Noves
Ste-Marie
Cabannes
St-Pierre-de-Mézoargues
Boulbon
Graveson
St-Sauveur
Cavaillon
Verquières
Eyragues
St-Andiol
Abbaye de St-Roman
La Motte
Maillane
Église romane
Bournissac
Paluds-de-Noves
Musée
Plan-d'Orgon
Lagoy
Mollégès
Beaucaire
Tarascon
Le Roubian
Mas-Blanc-des-Alpilles
Massane
St-Rémy-de-Provence
Orgon
Mas des Tourelles
Goubelet
St-Paul-de-Mausole
Valdition
N. D. de Beauregard
Le Grand Castelet
St-Etienne-du-Grès
Les Antiques
Ruines de Glanum
Mas de Ranguy
Lansac
Chaîne des Alpilles
Romanin
St-Sixte
Eygalières
Les Plaines
Canal des Alpilles
St-Gabriel
Val d'Enfer
Les Baux-de-Provence
B.-DU-RHÔNE
S. 237
Pierredon
365 m
Viguier
Maussane
Fontvieille
Mas de
E 15
A 7
A 9
N7
N86
N580
N100
N570
N942
TGV

A
B
C
1
2
3
4
Cirque de St-Amand
Crestet 3 km
Les Alazards
1156 m
Savoillan
Reilh
Col des Tempêtes
1909 m
1841 m
Suzette
N. D. du Groseau
Malaucène
Violès
Gondas
Dentelles de Montmirail
Lafare
Le Barroux
Mont Ventoux
Jas-des Melettes
Le Ventoure
Plateau de Perrache
Vacqueyras
Montmirail
Beaumes-de-Venise
Les Roques
Crillon-le-Brave
Bédoin
Ste-Colombe
Caromb
St-Pierre-de-Vassols
Flassan
Aubignan
Rocan
Modène
La Gabelle
Torreau
Sarrians
Loriol-du-Comtat
Serres
Monieux
Montellier
Mormoiron
Villes-s.-Auzon
Les Talliades
Carpentras
Mazan
Cimetière
Rocher du Cire
St-Estève
Auzon
Gorges de la Nesque
Malemort-du-Comtat
Blauvac
St-Hubert
Aven Jean Nouveau
Monteux
Méthamis
890 m
Nesque
Pernes-les-Fontaines
St-Didier
Unang
Javon
Althen-des-Paluds
Vaucluse 84
Venasque
Gorges
Plateau de Vaucluse
Les Valayans
Le Beaucet
Bézaure
St-Saturnin-lès-Avignon
La Roque-s.-Pernes
St-Gens
Fontjouvale
Velleron
632 m
Murs
Lioux
Grotte de Thouzon
Cambuisson
Saumane-de-Vaucluse
Les Bassacs
Abbaye de Senanque
Bourgane
Joucas
Le Thor
L'Isle-sur-la-Sorgue
Fontaine-de-Vaucluse
Châteauneuf-de-Gadagne
Gordes
Roussillon
Gargas
Bories
S. 231
Velorgues
Lagnes
Cabrières-d'Avignon
Moulin des Bouillons
Chaussée des Géants
Carrière d'Ocre
Caumont-s.-Durance
Le Petit Palais
St-Pantaléon
Le Chêne
Les Vignères
Les Huguets
Coustellet
Beaumettes
Goult
Pont-Julien
Calavon
Cabannes
Robion
Maubec
St-Sauveur
Cavaillon
Coulon
Oppède-le-Vieux
Ménerbes
Lacoste
Bonnieux
Buoux
St-Andiol
Taillades
Noves
Plan-d'Orgon
Bastidon-du-Pradon
Prieuré St-Symphorien
Mollégès
Cheval-Blanc
Montagne du Luberon
Orgon
619 m
629 m
532 m
Valdition
N. D. de Beauregard
L'Aumône
A 7
Le Logis Neuf
Gorges du Régalon
Fontenille
Lourmarin
Mérindol
Les Borrys
Le Perier
Redon
St-Sixte
Eygalières
Les Plaines
Sénas
La Tapie
Durance
Lauris
Cadenet
Bouches-du-Rhône 13
365 m
314 m
La Baronnerie
Mallemort
La Roque-d'Anthéron
Castelas de Roquemartine
Pont Royal
Charleval
Destet
Grottes de Calès
Anc. Abbaye de Silvacane
Aureille
Alleins
Can. de Marseille
457 m
TGV
Eyguières
Cazan
Chaîne des Côtes
Vernègues
Bas
Pit St-Paul
Temple romain
La Jasse
Aurons
Aiguebelle
Mas-Neuf
Badasset
Lambesc
Rognes
Salon-Nord
Le Merle
Bel-Air
Salon-de-Provence
S. 238

D
E
F
1
2
3
4
Montagne de Lure
Signal de Lure
1826 m
Refuge de Lure
N. D. de Lure
Combe de la Sapée
Mallefougasse
Cruis
St-Etienne-les-Orgues
St-Joseph
St-Sébastien
Lardiers
N. D. des Anges
L'Hospitalet
Saumane
Le Contadour
1388 m
Ferrassières
La Gabelle
St-Trinit
Revest-du-Bion
N. D. de l'Ortiguière
Plateau d'Albion
Gouffre du Caladaire
Banon
Grou de Banc
Le Rer-d'Ongles
St-Christol
Le Crozat
N. D. de Lamaron
La Résclave
Aven
Lagarde-d'Apt
Montsalier
Simiane-la-Rotonde
Valsaintes
Val Martine
Revest-des-Brousses
La Pourcine
Limans
Forcalquier
Fontienne
Sigonce
Prieuré de Ganagobie
N. D. du Plan
Lurs
Pierrerue
N. D. des Anges
Mane
N. D. de Salagon
N. D. de Bellevue
Observatoire de Haute Provence
Vachères
Oppedette
1062 m
Rustrel
Gignac
Niozelles
La Brillanne
N. D. de la Roche
Sauvan
Tour
St-Maime
Dauphin
Ste-Croix-à-Lauze
St-Michel l'Observatoire
Parc Régional du Luberon
Viens
Caseneuve
Reillanne
St-Martin-les-Eaux
Volx
S. 234
St-Clément
Saignon
563 m
St-Martin-de-Castillon
La Bégude
Céreste
Tour d'Embarbe
Les Granons
645 m
Montfuron
Mont d'Or
St-Jean
Manosque
Castellet
Glorivette
Mourre Nègre
1125 m
1064 m
830 m
Vitrolles-en-Lubéron
721 m
St- Elzéar
Pierrevert
Les Naisses
Villedieu
La Fuste
Auriol
Manosque
Ravin de
Rousset
Gréoux-les-Bains
Cabrières-d'Aigues
654 m
Peypin-d'Aigues
598 m
La Cavalerie
Régusse
Ste-Tulle
Cucuron
La Motte-d'Aigues
St-Martin-de-la-Brasque
Fiéraque
Pradine
Grambois
La Bastide-des-Jourdans
Porchère
Corbières
Pontoise
Sannes
602 m
Beaumont-de-Pertuis
Forêt de Vinon
Pigette
Aurabelle
Ansouis
La Tour-d'Aigues
414 m
Marcounieou
Vinon-s.-Verdon
Verdon
Villelaure
Les Auquiers
St-Paul-lez-D.
Malaurie
Boutre
Pertuis
La Bastidonne
Mirabeau
Centre d'Etudes de Cadarache
Pont-de-Mirabeau
St-Paul-lez-Durance
Castellane
Mt. de Malacoste
Les Vagues
475 m
Mallabé
Ginasservis
Le Puy-Ste-Réparade
Le Logis-d'Anne
La Roque
Les Bour
N.D. de Consolation
Peyrolles-en-Provence
Vauclaire
Mgne. de Vautubière
La Bastide-Blanche
La Raphèle
La Cride
Bèdes
Notre-Dame
Meyrargues
Jouques
S. 239
Traconnade
Canal de Provence
St-Antoine
Silo
Durance
Calavon
Largue
Laye
Lauzon
Beveron
Encrème
Canal de Manosque
Dôa
A 51
N96
N100
E 712

A
B
C
1
2
3
4
Signal de Lure
1826 m
Refuge de Lure
Montagne de Lure
N. D. de Lure
Combe de la Sapée
Le Contadour
Saumane
L'Hospitalet
Aubignosc
Châteauneuf-Val-St-Donat
St-Jean
Volonne
Lac de l'Escale
Château-Arnoux
St-Auban
Mirabeau
Cruis
Mallefougasse
951
A 51
N85
Lardiers
N. D. des Anges
St-Joseph
St-Etienne-les-Orgues
St-Donat
Peyruis
Malijai
Rochers des Mées
Les Mées
St-Sebastien
Banon
950
Le Rer-d'Ongles
13
Laye
Lauzon
Fontienne
Prieuré de Ganagobie
Sigonce
Bois de Lurs
Chén
Calavon
51
Salier
La Pourcine
Val Martine
Revest-des-Brousses
Limans
N. D. du Plan
Lurs
Dabisse
Puimichel
Paillerol
Canal d'Oraison
Ravin du Vau
Forcalquier
Beveron
Largue
Pierrerue
N. D. de Bellevue
N. D. de Salagon
N100
N. D. des Anges
Durance
Le Castellet
Entrevennes
Observatoire de Haute Provence
Mane
Niozelles
La Brillanne
Rancure
Valbonette
Sauvan
Oraison
Tour
St-Maime
N. D. de la Roche
Ste-Croix-à-Lauze
St-Michel l'Observatoire
Dauphin
N96
St-Pancrace
907
Brunet
Asse
14
Reillanne
St-Martin-les-Eaux
Volx
Le Bars
S. 233
Canal de Manosque
St-Clement
E 712
Les Granons
645 m
Encrème
Valensole
Mont d'Or
St-Jean
Montfuron
St-Elzéar
Manosque
Les Naisses
Villedieu
La Trinité
Naturel
Vitrolles-en-Lubéron
Pierrevert
La Fuste
Bel-Air
583 m
721 m
Auriol
Ravin de Vallongue
La Cavalerie
Régusse
Pinet
Ravin de Pinet
Ste-Tulle
Rousset
Ravin de Laval
Allemagne-en-Provence
La Bastide-des-Jourdans
Porchere
Gréoux-les-Bains
St-Martin-de-Brômes
Pradine
Lauris
Grambois
Corbières
Pontoise
Albiosc
Forêt de Vinon
Sorbiou
602 m
Beaumont-de-Pertuis
Pigette
Esparron-de-Verdon
Aurabelle
Bois du Défends
La Cherine
414 m
Canal du Verdon
Lac d'Esparron
Marcouniéou
Verdon
Vinon-s.-Verdon
595 m
Les Auquiers
Pheline
Quinson
952
l'Eclou
Les Rouvières
973
St-Paul-lez-D.
Boutre
Malaurie
Les Bernes
Bois de Malassoque
Bois de la Roque
Mirabeau
Centre d'Etudes de Cadarache
St-Julien-le-Montagnier
Pont-de-Mirabeau
St-Paul-lez-Durance
554
Canal de Provence
Le Pardigaou
Le Neuve
de Malacoste
Ginasservis
Grd. Blé
Mallabé
E.D.F.
Le Logis-d'Anne
La Roque
Les Bourdas
N. D. d'Eglise
691 m
N.D. de Consolation
Peyrolles-en-Provence
Mgne. de Vautubière
La Bastide-Blanche
23
La Raphèle
30
Bèdes
Notre-Dame
490 m
La Verdière
Bois de Queirau
N. D. de Bel
Traconnade
St-Antoine
Silo
Jouques
Canal de Provence
Notre Dame
Orat
Pigoudet
Bois de Mont Major
St-Antonin
561
S. 239
Rians
Varages
Colline

D
E
F
1
2
3
4
DIGNE-LES-BAINS
N. D. du Bourg
Champtercier
1140 m
Les Sieyes
St-Pancrace
La Peine
Plan-de-Chaude
Thorame-Basse
La Bâtie
Haute
Font-Gaillarde
908
Col de la Colle St. Michel
1431 m
Pic de Rent
1974 m
Vauclus
Issole
Montagne de Maurel
Somt. de la Sapée
1702 m
Lambruisse
Encure
Asse de Clumanc
Laubre
Valaury
Montagne de Coupe
N85
Entrages
St-Michel de Cousson
Le Chaffaut-St-Jurson
Carmejane
N. D. des Cornettes
Châteauredon
Clue de Chabrières
Mézel
Chaudon
Somt. de Mouchon
1593 m
Chaudon-Norante
Plus-Haut
Creisset
Asse
1598 m
Palus
N. D. de Liesse
Montagne de Beynes
La Bse-Palud
Moriez
Tour
St-André-les-Alpes
La Mure
Allon
Crête de Chama
955
Verdon
907
St-Jeannet
Estoublon
Estoublaisse
Barrême
N202
Asse de Moriez
Asse de Blieux
N85
Clue de Vergons
Vergo
St-Julien-du-Verdon
Somt. du Castellard
1725 m
Lac de Castillon
Somt. Crémon
1760 m
Asse
La Bégude-Blanche
St-Georges
St-Jurs
La Sapée
1682 m
Majastres
Senez
N. D. des Clots
La Tuilière
Col des Leques
1148 m
Clue de Taulanne
Allès
Parc
Auvestre
Colostre
Chiran
1905 m
Blieux
Lac de Chaudanne
N. D. du Roc
Castellane
Chaudanne
N85
Ségriès
Moustiers-Ste-Marie
Crête de Montdenier
Berbené
1771 m
Chasteuil
Brans
952
La Garde
St-Martin
Verdon
Eoulx
Mont
St-Maxime
Campagne
957
952
Régional
Clue de Casteuil le Règles
St-Thyrse
722 m
Col de l'Olivier
711 m
La Palud-s-Verdon
Point Sublime
Soleils
Le Bouguet
Ste-Anne
Châteauvieu
Brenon
11
Les Salles-s.-Verdon
Croix
19
Aiguines
Mayreste
Belvédère de Mayreste
Boulogne
1028 m
Grand Canyon du
gnac
111
Ste-Croix-de-Verdon
Les Roux
Cirque de Vaumale
Trigance
Riblaquon
955
Le Castellas
Jabron
Verdon
Lac de Ste-
Corniche Sublime
71
71
Balcons de la Mescla
Jabron
1171 m
Artuby
957
Bauduen
Font-Castellan
1300 m
Pont de l'Artuby
71
21
N. D. de Baudinard
Mocrouis
1052 m
Tels-de-Fayet
1011 m
Canyon de l'Artuby
Bois de Fayet
Comps-s.-Artu
Chamay
1152 m
Camp Militaire
1027 m
Grand Plan de Canjures
Serrière de Lagne
1108 m
Bruyère
955
Paresse
La Colle
49
Fontayne
du Verdon
Bois St-Jean
Collet de l'Aigle
1118 m
de Canjuers
Artuby
Mgne. de Barjaude
La Cabrière
Peygros
941 m
Blaque Meyanne
1032 m
Bois du Defens
Régusse
30
Moissac-Bellevue
618 m
N. D. de Liesse
Vérignon
1131 m
Mgne. de Beau-Soleil
Nartuby
19
Bois de Pélenq
9
Aups
St-Priest
Favas
Bargemo
Cresson
904 m
Couan
St-Martin
Montferrat
Claviers
551 m
Fabrègues
Taurenne
Ampus
Châteaudouble
955
Callas
Cormeil
Gorges de Châteaudouble
Bresc
22
557
Tourtour
St-Pierre-de-Tourtour
La Garde
54

A
B
C
1
2
3
4
S. 230
Montpezat
de Vacquière
St-Côme-et-Maruéjols
Clarensac
Caveirac
NÎMES
Arènes
Lecques
Fontanes
St-Etienne-d'Escattes
Salinelles
Souvignargues
Sinsans
St-Dionisy
Langlade
Nîmes-Ouest
Nîmes-C.
Rodilhan
Manduel
Caissargues
Bouillargues
Calvisson
Aujargues
Nages
Solorgues
Boissières
Milhaud
Sommières
Congénies
Bizac
Bernis
La Tuillerie
Garons
Saussines
Boisseron
Aubais
Aubord
Nîmes-Arles-Camargue
Aigues-Vives
Villetelle
Vergèze
Vestric
Uchaud
Générac
St-Christol
St-Seriès
Gallargues
Codognan
Molines
Restinclières
Vérargues
La Bruyère
Gallargues-le-Montueux
Beauvoisin
Rantin
Ste-Colombe
Lunel
Vauvert
Petit Rhône
Aimargues
St-Gilles
Lunel-Viel
La Margue
Lunel
Marsillargues
Le Cailar
Saliers
Valergues
St-Just
Franquevaux
Figarès
Lansargues
Mudaison
St-Nazaire-de-Pézan
St-Laurent-d'Aigouze
Mas Bourry
Gallician
Espeyran
Etang de Grey
Etang de Scamandre
La Fosse
Mas de la Vigne
Candillargues
P. des Tourradons
Etang du Charnier
Albaron
Mas Psalmody
Mas des Iscles
Grand-Canavère
Cabanes de Lunel
Tamariguières
Tour Carbonnière
Mas Ste-Cécile
Quatret
Le Paty-de-la-Trinité
Petit Rhône
Mauguio
Les Bruns
Montcalm
Aigues-Mortes
Arène
Etang du Ponant
Mas du Bosquet
Mas de Capette
Château d'Avignon
La Grande-Motte
Etang de la Ville
Etang du Lairan
Sylvéréal
Le Boucanet
Mas de Pioch
Le Grau-du-Roi
Etang du Repausset
Etang de Caitives
Les Frignants
Port-Camargue
Cabanes de Cambon
Pioch-Badet
Pointe de l'Espiguette
Etang du Roi
Pin-Fourcat
Mas d'Icard
Etang de l'Arameau
Pont de Gau
Golfe d'Aigues-Mortes
Petit Camargue
Parc ornithologique
Phare de l'Espiguette
Etang des Salants
Etang de Malégal
Etang du Cabri
Maguelonne
Le Grand-Radeau
Digue à la Mer
Etang des Launes
Etang d'Icard
Grau d'Orgon
Stes-Maries-de-la-Mer
Golf
Mer Méditerranée
(Mittelmeer)

D
E
F
S. 231
S. 232
S. 238
1
2
3
4
Beaucaire
Tarascon
St-Rémy-de-Provence
Les Baux-de-Provence
Fontvieille
ARLES
Maussane-les-Alpilles
Mouriès
St-Martin-de-Crau
Miramas
Istres
Fos-sur-Mer
Port-St-Louis-du-Rhône
Port-de-Bouc
Salin-de-Giraud
Golfe de Fos
Etang de Vaccarès
Parc Régional de Camargue
Plaine de la Crau
Plaine de la Camargue
Chaîne des Alpilles
B.-DU-RHÔNE 13
Grand Rhône
Rhône
Abbaye de St-Roman
Mas des Tourelles
Musée
Moulin de Daudet
Aqueducs romains
Meunerie
Anc. Abbaye de Montmajour
Tours de Castillon
Les Antiques
Ruines de Glanum
Écomusée de la Crau
Parc militaire de Beaussenq
Centre d'essais
Aérodrome d'Istres-le-Tubé
Zone Industrielle
Tour du Valat
Phare de la Gacholle
Phare de Beauduc
Phare de Faraman
Phare de St-Louis
La Palissade
Plage de Piémanson
Plage d'Arles
Pointe de Bonnieu
A 54
E 80
N113
N568
N569
N570
N453
N268
N7

S. 232
Salon-de-Provence
La Samatane
Le Merle
Pélissanne
La Barben
Zoo
St-Cannat
Salon-Ouest
Suffren
Beauchamp
Camp milit.
Grans
Salon-Sud
Lançon-Provence
Caseneuve
Les Quatre-Termes
Camaïsse
Entressen
Miramas
Le Pont-de-Rhaud
Le Val de Sibourg
Vestiges Antiques
Centre d'essais
Miramas-le-Vieux
Champ de Tir
Cornillon-Confoux
La Fare-les Oliviers
Coudoux
Canal d'Istres
Sulauze
St-Chamas
Pont Flavien
Calissanne
Les Baisses
Les 4 Tours
Ventabren
Arc
Velaux
Aérodrome d'Istres-le-Tubé
Oppidum du Castellan
Mauran
St-Esteve
Aqueduc de Roquefavour
St-Pons
La Suzanne
Raffinerie
la Merindolle
Istres
Berre-l'Étang
Rognac
La Tour d'Arbois
N. D. de Caderot
Res. du Réaltor
Varage
Vitrolles
St-Mitre-les-Remparts
Étang de Berre
Étang de Vaïne
Étang de Lavalduc
Le Ventillon
Fouilles de St-Blaise
Marseille-Provence
Chaîne de Vitrolles
Fos-sur-Mer
Étang de l'Estomac
Plage de Jai
Mariagne
Les Pennes-Mirabeau
Marignane
St-Victoret
Pas-des-Lanciers
Plage-de-Fos
N. D. des Marins
Martigues
La Mède-Ouest
La Mède-Est
Port-de-Bouc
M.-Nord
Châteauneuf-les-Martigues
Les Pennes
S. 237
Raffinerie
M.-Sud
M.-Centre
La Mède
Gignac-la-Nerthe
Le Rove
Le Rove Gignac
Ponteau
Les Ventrons
St-Julien-les-Martigues
Carry
Golfe de Fos
L'Estaque
Agut
Chaîne de l'Estaque
E.D.F.
Ensuès-la-Redonne
La Folie
Sausset-les-Pins
La Madrague-de-la-
Pointe de Bonnieu
La Redonne
Niolon
La Couronne
Carro
Carry-le-Rouet
Madrague-de-Gignac
Rade de Marseille
Cap Couronne
25 m
MARSEILL
50 m
100 m
Iles du Frioul
Ile Pomègues
Château d'I
Cap Caveaux
Cap Croisette
Ile Tiboulen
Ile de Planier
Ile Maire
Ile de Ja
Mer Méditerranée
(Mittelmeer)
200 m

D
E
F
1
2
3
4
S. 233
Meyrargues
Aqueduc Romain
Jouques
Citrani
St-Antonin
Traconnade
Notre-Dame
Rians
Bois de Mont Major
Notre Dame
Silo
490 m
St-Antoine
Ganay
Venelles
Meyrargues
Clos-Guiot
Canal de Provence
Concors
779 m
Le Taulisson
Colline St-Pierre
Artigues
Esparron
La Campane
Mgne. des Ubacs
Bas-Vacon
Mgne. d'Artigues
La Bérarde
Fontenouille
Les Platanes
630 m
Orat
598 m
Les Vernes
Gorges
Lambruisse
Bois de la Gardiole
Le Puits-de-Rians
Oppidum d'Entremont
St-Marc-Jaumegarde
Vauvenargues
Infernet
Le Puits-d'Auzon
Oppidum Pain de Munition
Pain de Munition 612 m
57 m
Les Selves
AIX-EN-PROVENCE
609 m
Champ de Tir
Mgne. Ste-Victoire
Pic des Mouches 1011 m
Puyloubier
Séouve Somt. 609 m
Eglise romane
Le Tholonet
La Croix de Provence 945 m
Bois de Pourrières
588 m
Beaurecueil
Richeaume
Picolin
Pourrières
Seillons-Source-d'Argens
Aix-Est
Le Canet
Châteauneuf-le-Rouge
Logis-de-la-Colle
St-Pancrace
St-Hilaire
446 m
Ollières
Les Milles
Meyreuil
Les Bannettes
Rousset
Mas de Cadenet
Arc
Luynes
Château Gardanne
A 8
E 80
Pourrières
Pourcieux
L'Arc
Olympe 880 m
St-Maximin-la-Ste-Baume
708 m
Bouc-Bel-Air
Gardanne
Fuveau
Les Michels
Peynier
Trets
Les Puits
Cité Biver
La Diote
Gréasque
Belcodène
St-Jean-du-Puy
Bas
Simiane-Collongue
Mimet
Mgne. de Regagnas
Kirbon
Pas de la Couelle 500 m
Brandine
La Jauberte
Cauron
Canal de
Le Pigeonnier
Cadolive
651 m
La Bouilladisse
St-Zacharie
Chaîne l'Etoile
Les Termes
Pas-de-Trets
Mont-Vert
N. D. d'Orgnon
Châteauneuf
Rougiers
Grottes Loubière
La Destrousse
Auriol
Huveaune
Nans-les-Pins
Le Pujol
Plan-de-Cuques
Roquevaire
730 m
Les Bosq
844 m
La Ste-Baume
Les Glacières
Croix-Rouge
Tête de Roussargue 749 m
Plan-d'Aups-Ste-Baume
St-Pilon
1147 m
Allauch
La Treille
Pont de l'Etoile
Massif de la Sainte Baume
Col de Espigoulier 728 m
994 m
Le Latay
St-Julien
Aubagne-N.
La Valentine
Aubagne
Gémenos
Le Pied-de-la-Colle
602 m
Latay
Parc de St-Pons
551 m
Chibron
Aubagne-E.
Mt. Cruvelier
Cuges-les-Pins
St-Marcel
La Penne-s.-Huveaune
581 m
Parc d'attraction
733 m
Carnoux
Carnoux-en-Provence
Julhans
Col de l'Ange 218 m
Le Camp-du-Castellet
Autodrome Circuit du Castellet
Chaîne de St-Cyr
La Gélade
Roquefort
Col de la Gineste 327 m
Roquefort-la-Bédoule
564 m
La Bédoule
Ste-Anne-du-Castellet
Grand Caunet 473 m
Orat
Luminy
Cassis
Le Brulat
Rocher de
605
Ceyreste
La Ciotat
Les Lecques
Le Castellet
La Cadière-d'Azur
Le Beausset
Cal. de Morgiou
Cal. de Sormiou
Cap Morgiou
Cap Canaille
362 m
399 m
Clos-des-Plages
St-Cyr-sur-Mer
Le-Plan-du-Castellet
Ste-Anne-d'Evenos
Calanques
Cal. d'En-Vau
Sémaphore
La Ciotat
Ile Verte
Les Lecques
les Baumelles
Rampale
Bandol
Le Gros Cerveau
429 m
St-Roch
Ollioules
Cap de l'Aigle
50 m
100 m
200 m
500 m
Bandol
Ile de Bendor
Sanary-sur-Mer
A 52
A 50
N96
N7
N8
N6
N4
N560
N396
N1

Fotonachweis
Fulvio Zanettini/laif (Köln) S. 10
Heiko Specht/laif (Köln) S. 133
Hartmut Krinitz/laif (Köln) S. 17, 21, 28, 33, 35, 52, 55, 68, 96, 108, 114, 122, 125, 142, 148, 153, 167, 174/75, 181, 190
Jürgen Richter/look (München) Umschlag vorne, S. 2/3, 36, 62, 164, 183, 206/07
Karl Johaentges/look (München) S. 75, 82, 110
Werner Richner (Saarlouis) S. 12/13, 102
Achim Käflein (Freiburg) S. 50
Ralf Freyer (Freiburg) S. 159
Martin Thomas (Aachen) S. 1, 24, 30, 41, 42, 45, 47, 48, 70, 80/81, 87, 90, 99, 113, 127, 130, 140, 172, 184, 187, 199, 202

Abbildungen
Titelbild: Lavendelfeld auf dem Plateau de Valensole
Vignette S. 1: Boule
Seite 2/3: Roussillon

Kartografie
DuMont Reisekartografie
© DuMont Reiseverlag, Köln

Das Copyright für das Zitat auf S. 9 liegt bei Buchverlage Ullstein Langen Müller

2., aktualisierte Auflage 2004

Grafisches Konzept: Groschwitz, Hamburg
Druck: Rasch, Bramsche
Buchbinderische Verarbeitung: Bramscher Buchbinder Betriebe

ISBN 3-7701-5955-1